『人文新媒体前沿研究』系列丛书

新媒体与舆论

十二个关键问题【第二版】

张志安 编著

“本书系中山大学粤港澳发展研究院（中山大学港澳珠三角研究中心）、广东省舆情大数据分析与仿真重点实验室、广州大数据与公共传播重点研究基地成果。”

中国传媒大学出版社
·北京·

图书在版编目（CIP）数据

新媒体与舆论：十二个关键问题 / 张志安编著. -- 2版.
-- 北京：中国传媒大学出版社, 2019.12（2024.1重印）
ISBN 978-7-5657-2681-1

Ⅰ. ①新… Ⅱ. ①张… Ⅲ. ①传播媒介—舆论—研究
Ⅳ. ①G206.2

中国版本图书馆CIP数据核字(2019)第293421号

新媒体与舆论：十二个关键问题（第二版）
XINMEITI YU YULUN: SHIERGE GUANJIAN WENTI（DI-ER BAN)

编　　著	张志安			
责任编辑	张莉莉　曾婧娴			
封面设计	拓美设计			
责任印制	李志鹏			
出版发行	中国传媒大学出版社			
社　　址	北京市朝阳区定福庄东街1号	**邮　　编**	100024	
电　　话	010-65450532　65450528	**传　　真**	65779405	
网　　址	http://cucp.cuc.edu.cn			
经　　销	全国新华书店			
印　　刷	唐山玺诚印务有限公司			
开　　本	787mm × 1092mm　1/16			
印　　张	11			
字　　数	270千字			
版　　次	2019年12月第2版			
印　　次	2024年1月第2次印刷			
书　　号	ISBN 978-7-5657-2681-1 / G · 2681	**定　　价**	50.00元	

本社法律顾问：北京嘉润律师事务所　郭建平

目 录

第三编　方法与引导

导言　人工智能对新闻舆论及意识形态的影响*

张志安

近年来，以算法、机器学习等为核心技术的人工智能，在新闻生产与传播领域的应用对新闻舆论和意识形态工作产生了一定的影响，也产生了不少争议。比如 2017 年 9 月，人民网针对以今日头条为代表的算法推送导致的负面传播效果，发表了一系列批评文章，今日头条也通过增加人工编辑、强化内容审核来进行算法矫正，并以说明算法规则等方式来积极回应。本书聚焦于新闻传播行业中算法、人工智能的应用现状及其趋势，分析人工智能给新闻舆论和意识形态工作带来的机遇与挑战，并在此基础上针对如何在人工智能时代做好新闻舆论与意识形态工作提出一些建议。

一、人工智能在新闻传播领域的应用及趋势

在新技术浪潮的影响下，人工智能已得到越来越多媒体和企业的采纳，算法推荐、机器人写作、个性化推荐、语音机器人等人工智能技术被日益频繁地应用于新闻传播领域的选题策划、信息采集、内容生成和产品分发等环节，以职业媒体人为主体的传统新闻生产正在逐渐进入多元行动主体参与、专业化与智能化并重的时代。

针对人工智能如何影响新闻业，有新闻学者和从业者认为，人工智能既通过机器人写作改造新闻内容的生产环节，又通过智能算法推荐改造内容分发环节。① 我们认为，算法、人工智能在新闻传播领域的应用，主要体现在以下方面：

1. 新闻内容的生产环节

作为人工智能的核心技术之一，机器学习通常包括监督式和无监督式两种，新闻领域内运用的人工智能技术主要是前者。监督式学习主要输入和输出已知信息，把数据“喂”

---

* 本文首发于《人民论坛 · 学术前沿》2018 年第 8 期，收入本书时略有改动。中山大学传播与设计学院博士生汤敏对本文有贡献。

① 冯怡 . 从机器人小冰看《钱江晚报》人工智能 + 新闻的创新探索 [J]. 中国记者 ,2017(6).

给算法后按照既定规则填充公式化的表达，继而生成新闻报道。①

“机器人写稿”一般就是采用监督式学习进行自动化新闻写作的应用，主要运用程序算法，通过开放平台的数据接口或授权，快速抓取、生成、发布和推送垂直领域的动态消息。目前，“机器人写稿”较早应用在证券新闻、赛事新闻、地震新闻等数据容易模板化的报道领域，主要由机构网站提供信息接口，由机器快速抓取而后生成并推送新闻。②

例如，2017 年四川九寨沟发生 7.0 级地震，中国地震台网的机器人仅用 25 秒时间就快速生成和推送了关于地震的快讯报道，其中包括了速报参数、震中地形、热力人口、周边村镇 / 县区、历史地震、震中简介、震中天气等内容③，各新闻要素一应俱全。这种动态消息的生成和发布，尽管只是融合新闻报道的前端环节，发挥的是快速播报、信息提醒作用，尚未涉及更多的深度信息或讲故事层面，但再专业的记者也难以在半分钟内完成这样的快速编写。④

可见，人工智能与新闻业的结合，首先要解决的是新闻报道和推送的速度问题。它带来新闻传播的新时效，直接改变了突发事件报道的新闻生产流程。⑤

2. 新闻产品的呈现环节

人工智能还被应用于新闻产品的呈现环节，让新闻的呈现方式更加智能化、互动化，由此提升用户消费内容的交互体验。《2017 未来媒体报告》曾预言，未来的新闻是用来体验的，而非仅仅用来阅读。⑥随着语音识别、语音处理技术的不断成熟，中外互联网公司近年来也推出了一系列“语聊机器人”产品，比如苹果“Siri”、微软“小冰”和百度“小度”等。

此外，一些媒体也将此应用到新闻报道领域，推出智能新闻机器人。如美国数字新闻网站 Quartz 旗下的移动新闻客户端，其 APP 界面打开后就出现一个聊天窗口，会以聊天方式推荐新闻，如果用户感兴趣想知道更多详情，可通过窗口下方的选项与 APP 进行互动和追问，这个过程中，不时还会穿插各种有趣的表情包。Quartz 副总裁兼执行主编扎克·西沃德表示，“聊天式新闻大大提高了用户黏性，用户停留的时间变长了”⑦。

类似的技术运用，将新闻从过去以内容为主导的单向传播变成了以技术为驱动的互动对话，把过去的“看新闻”“读新闻”变成了“问新闻”“答新闻”；同时，这些拥有人工智能技术的新闻平台，还能在产品和用户的互动中收集用户兴趣、资讯反馈等相关行为数据，用于优化产品和洞察需求。⑧

3. 新闻资讯的流通与消费环节

上述“机器人写稿”和“语聊机器人”主要是人工智能技术对新闻内容生产和呈现环

---

① 仇筠茜，陈昌凤 . 黑箱：人工智能技术与新闻生产格局嬗变 [J]. 新闻界 ,2017(1).

② 张志安，刘杰 . 人工智能与新闻业：技术驱动与价值反思 [J]. 新闻与写作 ,2017(11).

③ 中国地震台网 . 四川阿坝州九寨沟县发生 7.0 级地震 [EB/OL].(2017-08-08)[2018-7-13].http://mp.weixin.qq.com/s/qHf2ln1sFwftkZyOyZ8yRA.

④ 张志安，刘杰 . 人工智能与新闻业：技术驱动与价值反思 [J]. 新闻与写作 ,2017(11).

⑤ 张志安，刘杰 . 人工智能与新闻业：技术驱动与价值反思 [J]. 新闻与写作 ,2017(11).

⑥ 李钊 . 人工智能先驱预测未来媒体十大趋势 [N]. 科技日报 ,2016-10-27(1).

⑦ 刺猬公社 . 在人工智能和新闻的结合上，国外媒体已经飞起来了？ [EB/OL].(2016-12-06)[2018-7-12].http://mp.weixin.qq.com/s/pwAkf9-VLNoKLOpwEMIIvg.

⑧ 张志安，刘杰 . 人工智能与新闻业：技术驱动与价值反思 [J]. 新闻与写作 ,2017(11).

节的优化和改造，而资讯在终端的智能分发和个性化推荐方面则是人工智能技术对新闻流通与消费环节的变革。[①]

过去，无论是报纸版面还是门户首页，都主要由人工编辑根据新闻价值和媒体定位来筛选稿件，他们推荐什么、读者才能看到什么，新闻的筛选和排列主要基于职业新闻工作者的价值判断，且考虑更多的是大众的普遍需求、内容的权威性和公共性，而非用户的个人兴趣。如今，包括腾讯新闻、网易新闻等商业门户网站的资讯客户端，和今日头条、一点资讯等聚合型资讯分发平台，依托对每个用户兴趣的精准捕捉、需求极致化满足的算法推荐机制而建立起了强大的传播优势。

有调查显示，在新闻推荐资讯的精准性方面，2017 年算法首次在用户感知上超越新闻和社交推荐。[②] 也就是说，相比于编辑的人工推荐和社交网络的"协同过滤"，算法推荐在用户个性需求精准化感知和极致化满足上更有优势。今日头条算法既根据用户选择的"频道推荐"，又结合用户浏览不同内容的行为记录和时间场景，同时记录用户所在的地理位置等信息，比较精准地捕捉用户对不同内容的个性需求，继而向用户推荐个性化、定制化的资讯，增强其使用黏度和阅读时长。目前，基于智能算法为主导的内容筛选和分发机制，今日头条成为资讯聚合分发平台领域的领先者。

越来越多的媒体平台和资讯终端开始采纳以今日头条为代表的"算法 + 推荐"模式，即基于用户阅读新闻的倾向性和个性化偏好，通过算法为不同的用户推送和呈现他们所感兴趣的内容。让内容主动"找到"对它感兴趣的人，新型分发机制为内容与用户间的匹配提供了新的传播方式。[③] 这种以用户兴趣为导向的智能化分发方式，导致了新闻资讯消费环节的革命性变化，其所产生的传播效果乃至对传媒生态的影响是全新而深刻的。

单纯依托算法进行的内容推送和信息传播，也引发了一些主流媒体的隐忧和部分用户的反思。比如，过度推崇算法推荐的平台可能存在一定程度上的价值观偏差，算法推荐内容可能对用户制造"信息茧房""过滤气泡"等负面效应。尽管算法推荐新闻引发了不少争议，但算法推荐对资讯分发效率的提升、对用户个性需求的满足，使其已经成为新闻分发的主导机制。

随着人工智能在新闻传播领域应用的普及和深化，以及物联网兴起或"万物皆媒"时代的到来，从智能收集与编写新闻，到智能推送与分发新闻，再到智能传感器采集更广阔类型的生产生活信息和发布新闻，人工智能所带来的生产流程和传播机制变革，将在新闻传播领域持续进行。

二、人工智能给新闻舆论与意识形态工作带来的机遇与挑战

作为新闻传播行业中先进生产力的代表，人工智能对推动主流媒体和新兴媒体的融合

---

① 张志安，刘杰. 人工智能与新闻业：技术驱动与价值反思 [J]. 新闻与写作，2017(11).

② 企鹅智酷. 中国新媒体趋势报告 2017：通向媒体新星球的未来地图 [EB/OL].(2017-11-16)[2018-7-13].https://xw.qq.com/cmsid/20171116A0AB6200.

③ 张志安，刘杰. 人工智能与新闻业：技术驱动与价值反思 [J]. 新闻与写作，2017(11).

发展无疑是具有积极的促进作用。但如果从技术的政治社会属性角度来看，先进的技术并不一定会完全造就积极的社会后果，尤其在注重社会效益的新闻舆论与意识形态工作领域。总体上，人工智能给新闻舆论与意识形态工作既带来机遇，也带来新的挑战。

1. 人工智能对新闻舆论与意识形态工作带来的机遇

（1）人工智能可以提升主流资讯传播的力度

推动传统媒体与新兴媒体融合发展，是需要用互联网的思维方式来创新表达方式与技术形态的，而不仅仅是内容在渠道层面从传统介质向数字化介质平移。人工智能在新闻传播领域上述几个层面的应用表明，至少在新闻生产与传播的形式上，它是极其具备互联网基因的。

快速反馈、灵活交互、精准匹配与个性化服务，这些是确保主流媒体的内容始终具备先进传播力的基石。比如，围绕重大突发事件进行的新闻传播，基于人工智能的技术优势，能快速地生成报道、推送和分发，这样可极大地提高“网络辟谣、阻击谣言、披露真相”的效率，从而避免因不实消息的传播所导致的情绪割裂和意识形态激化等问题。因此，人工智能可让主流媒体的新闻舆论与意识形态工作在传播形态上更具有互联网属性，包括更快速的信息采集与内容生成、更友好用户体验的内容呈现、更具个性化优势的资讯分发，从而增强新闻舆论工作的感染力和传播力。

（2）人工智能可以提升主流资讯传播的精度

人工智能的背后，是以大数据的收集、分析和处理作为其技术基础的。在突发性事件或具有社会争议性公共问题的讨论中，不同的人群往往会形成不同的价值观和诉求。基于大数据技术的成熟，运用人工智能的精准化推送，主流新闻的内容流通可以围绕用户画像而变得更加的精准。也就是说，通过大数据分析和人工智能推送机制，主流媒体可针对关注公共议题的特定人群进行更加智能化、针对性的时政内容推送，从而提高舆论引导的针对性和精准性。

（3）人工智能可以提升主流资讯传播的效度

习近平总书记多次强调，新闻舆论工作要增强时、度、效，其中的“效”以往主要由领导批示、同行肯定来进行评价，而大数据分析方法和人工智能技术的运用可以捕捉分析网民的“瞬间情绪”、追踪研判新闻内容的传播规律进而对网民的态度改变和行为倾向做出预判。用这些新数据、新工作和新方法来指导新闻舆论和意识形态领域的工作实践，可提升舆情监测和意识形态引导的效果。

此外，支撑起人工智能的大数据分析方法，可以从情绪、态度、价值倾向等层面，提升重大议题的舆论生成过程和内在规律分析等相关研究的科学性。

2. 人工智能对新闻舆论与意识形态工作造成的挑战

（1）新闻传播领域内人工智能当下的应用场景更多还是感性化与实用性的，无法促进受众公共意识的培育

当前，基于人工智能的信息推荐更多的是针对人的感性需求，信息消费主要立足于感官刺激或实用需求的满足，而且往往是需求与供给的相互强化。这就很易造成新闻消费与网络空间的过度娱乐化、碎片化乃至低俗化，从而极大地降低公众对严肃新闻、对主流新闻的关注度，降低公共意识弱化的趋势。此外，社交网络传播所产生的“回声室”（echo chamber）效应，导致信息在封闭的小圈子中得到传播，受众对新闻内容的重要性判断会有所偏差。比如，受众会过度依赖某类信息，或接触到的信息会相对同质化，由此较难观

察到重大公共事务背后不同立场的观点和信息。

实际上，算法技术的运用中既会考虑个性化特点，还会考虑相似人群的需求、信息消费的时空场景等因素。因此，经由算法推送导致的娱乐化、煽情化信息过剩的传播效果，其责任主体并非由平台设定的机制而决定的，而是由用户行为、兴趣和相似人群的需求特点所共同决定的。

（2）人工智能的资讯推荐易造成“信息茧房”，加剧社群区隔，从而不利于主流意识形态的整合

基于人工智能的信息分发，以用户的个性化需求为导向，只给他“喜欢的”，甚至是只给他“愿意听的”，很容易导致人视野窄化和观点极化的“信息茧房”，加重社会不同人群的心理区隔，从而在公共交往层面不利于不同社群的相互认知和相互理解，给主流意识形态的统合性引领工作带来挑战。

信息窄化容易造成用户的认知偏狭，使其被情绪化的片面信息所影响，对整体社会和公共议题的判断可能会有失平衡或理性。此外，还可能会逐渐降低用户对公共议题的关注度，降低他们参与公共事务讨论和行动的意愿。① 仅仅由机器或者由用户自身决定信息的分发，既在实质上消解了传统主流媒体的“把关人”功能，也将导致一部分受众弱化了完整接收信息的能力。为此，一点资讯负责人认为，有价值的内容推送不能由机器发挥全部作用。②

（3）人工智能对网络内容建设、传播格局的影响，将突出体现在平台媒体优势强化、主流媒体影响弱化方面

从内容建设的角度来看，人工智能辅助生产新闻的数量将相对有限，而经由人工智能技术推送的新闻将更加偏向软性化和娱乐化。由此，导致严肃新闻所获得的点击量和到达率会受到客观限制，这可能使得传统主流媒体在融合转型过程中，特别是针对移动端内容的生产和传播，产生更加注重吸引眼球、强化点击效果的内容偏好。

从传播格局的角度来看，平台型媒体依托算法等人工智能技术，将形成更大的传播优势和盈利能力，传统主流媒体由于缺乏技术、资本、盈利能力而面临更加边缘化和影响力弱化的风险。移动互联网时代的本质是实现“所有人跟所有人之间的连接”，信息传播的强势入口必然是具有强社交属性的，这方面，以微博、微信和今日头条为代表的“社交＋资讯”平台比传统主流媒体相对狭窄的“资讯”定位更加具有吸引力和用户黏性。

（4）人工智能对传媒业生态和传播效果的评价体系具有革命性影响，导致主流媒体面临进一步被边缘化的风险

由人工智能和算法塑造的传播效果评价机制，总体上偏向于用户主导、情感主导和兴趣主导，从而导致严肃型内容不可能占据评价体系上的优势。因为传统严肃型的主流新闻报道和正面宣传其评价体系主要由领导批示、同行赞誉和专业奖项来构成，相对来说，传播效果的评估是相对封闭的。而经由算法辅助进行的传播，内容的传播效果往往可以通过

① 张志安，李霭莹.2017 年中国新闻业年度发展报告 [J]. 新闻界，2018(1).

② 传媒大观察 . 解读：一点资讯为何能率先拿到“新闻牌照”[EB/OL].(2017-11-1)[2018-7-13].https://www.weiwenku.org/d/103433607#new.

精准的数据形式而被透明化呈现。比如，按规定推送在“今日头条”头部位置的主流时政新闻，每天有多少人在点击、多少人在评论，都是非常直观显示的。由此，针对宣传效果的评价权和话语权会面临透明化、数据化的风险，这实质上也会深层次影响主流媒体长期承担的意识形态传播主导权。

三、人工智能时代如何做好新闻舆论与意识形态工作

人工智能将深度地影响新闻业。一方面，机器人写作在重大突发事件的快速报道中将有可能取代记者，职业新闻从业者无法跟机器比拼速度，只能通过抵达现场、深度阐释、逼近真相来弥补机器人写作存在的短板。另一方面，人工智能将发挥大数据信息抓取、分析和解读优势，实时监测新闻热点的受众浏览、收藏、转发、点赞和评论等行为，这种技术驱动下的新闻生产对用户的需求满足将更智能化和高效化。[①] 除了影响新闻业之外，人工智能对网络舆论、意识形态的影响，值得高度重视和深入探讨。

基于新闻传播领域中人工智能的应用情形及其给新闻舆论和意识形态工作所带来的机遇与挑战，本书围绕如何在人工智能时代做好新闻舆论与意识形态工作，主要给出以下对策建议：

1. 推动主流媒体跟上人工智能化的发展潮流

人工智能是先进传播力的代表，只有跟上技术潮流才能充分利用好技术给新闻舆论和意识形态工作带来的新的机遇。所以，国家要通过政策或资金扶持的方式，强化主流媒体对人工智能技术的采纳应用，重点扶持人民网、新华社客户端、封面传媒、澎湃新闻等中央和地方主流客户端的技术升级，提升它们的智能化水平，从而切实提升主流媒体内容生产、智能分发的技术水平和竞争优势。

这方面，今日头条采取的向主流媒体新闻客户端输出算法和部分数据支撑的做法，可以有所鼓励。相关的技术合作，可以帮助区域化的主流媒体更精准地掌握本地用户需求、更智能地推送个性化内容、更有针对性地进行舆论引导。

2. 针对新闻传播智能化的负面效果进行必要矫正

鉴于资讯传播的人工智能化存在弱化公共性、降低严肃内容传播优势、加剧社群区隔等负面效果，政府有必要采取行政手段对商业网站的智能分发和算法推送机制进行适当引导，推动其形成理性把关意识、承担更大的社会责任，更好把握用户个性需求和优质内容推送、算法推荐和人工编辑的平衡关系。

具体对策上可采用以下做法：①对优质的正面宣传作品和报道，进行优先推荐，在频道设置、内容推送方面强化“优先权”；②严格审核过度煽情的不良内容，对发布导向存在长期偏差的自媒体账号进行关闭处理，从源头上减少负面信息的供应量；③在算法推送的规则之外更加强化人工编辑的作用和价值，尤其针对“两会”新闻等重大主题策划进行的宣传报道，要借助多种技术手段的辅助，实现更大范围、更强效果的传播。

① 张志安，李霭莹 .2017 年中国新闻业年度发展报告 [J]. 新闻界，2018(1).

3. 探索人工智能时代网络舆论和网络意识形态治理研究

新闻舆论与意识形态工作离不开学术研究的科学指导与理性支撑，要充分利用人工智能技术和大数据分析方法，建立更加高效、科学、精准的综合舆情研判和分析体系，尤其是优化研究网民情绪、态度、归因逻辑和行为预测的方法论。此外，鼓励采用跨学科方法实现科研的文理交叉，运用“舆情仿真”等系统建立人工模拟社会系统，从而强化舆情预判和风险预警水平，提高网络意识形态引导的能力。

当然，在人工智能时代做好新闻舆论与意识形态工作，既需要在线上基于先进传播技术的支撑来实现主流意识形态的传播与引领，更要在线下做好矛盾化解、利益协调与社会的公平正义维护等相关工作。

第一编

概念与时空

问题一　网络舆论的概念认知、分析层次与引导策略*

张志安　晏齐宏

习近平总书记在“2·19”讲话中，针对新时期党的新闻舆论工作提出“48字”工作方针。其中，“高举旗帜、引领导向，围绕中心、服务大局”是导向和方针，“团结人民、鼓舞士气，成风化人、凝心聚力”是目的和结果，“澄清谬误、明辨是非，联接中外、沟通世界”是手段和要求。他的讲话既具有系统性、全局性，也具有紧迫性和挑战性，对新时期尤其是新媒体语境下网络舆论引导提出了更高要求。如何准确把握舆论生态、尊重传播规律，真正创新传播形态、转变引导范式，是摆在党和政府面前的重要挑战。

围绕习近平总书记关于新闻舆论工作的讲话精神，学者们近期进行了多方面的解读，主要从我国面临的国内外严峻形势出发，总结党的新闻舆论工作面临的问题和挑战，强调舆论尤其是网络舆论在当前政府治理、社会发展中发挥的重要作用。具体议题包括：如何认识党的新闻宣传工作正在向新闻舆论工作转变，怎样在舆论引导中坚持主流价值观、营造网络正能量，政府、媒体等多元利益主体的舆论引导机制如何建设和创新，网络环境下官方舆论场、民间舆论场、境外舆论场的结构性变化，舆论引导过程中的话语策略和范式创新等。

我们认为，要真正理解网络环境下舆论对于中国社会发展的重要意义，以及将网络对社会进步的推动作用进一步释放出来，需要我们重新认识网络舆论的本质内涵、科学地研究和判断网络舆论、实施具有实效性的引导策略。

一、概念认知：把握网络舆论的本质

习近平总书记在“4·19”讲话中指出：“老百姓在哪儿，民意就在哪儿。我国有7亿网民，传统方式和网络渠道共同构成了现在反映民意、了解民意、沟通民意的新途径。”网络是民意汇聚的重要平台，网络舆论也是整体民意的重要组成部分，对其概念、本质和意义的

---

* 本文首发于《新闻与传播研究》2016年第5期。晏齐宏为北京交通大学语言与传播学院讲师，中山大学传播与设计学院博士。

认知，有助于我们更好地理解民意。

网络舆论直接反映出公众在网络空间中对社会议题的看法或观点。相比于传统媒体代表或建构舆论的环境，网络舆论的兴起对舆论生态产生了结构性影响。伍哈德·切尔德斯等在《公共舆论：特性、形式和作用》中总结了公共舆论的50种定义，并将其归于这样两个概念[①]：一是，在民主政治里，公共舆论的功能是在意见的形成和做出决定的过程中起到合理化的作用；二是，公共舆论作为社会控制的功能是整合社会，并且保证社会中的行动和决定达到足够的一致程度。该定义是从过程和结果两个角度对舆论进行的界定，由此，把握网络舆论的概念内涵，也可以从作为结果的舆论和作为过程的舆论来理解。

1. 作为结果的网络舆论：更加直观地反映真实民意

舆论，一般指公众针对公共事务而形成相对一致的看法和观点，与民意有共通之处。在传统媒体主导的语境中，人们之间的交流大多通过人际传播、大众传播等方式进行，由此形成的舆论大多是个体意见的总和。其中，人际传播受地域因素等限制，交流网络的信息流通性不强、同质性较高，并不利于展开激烈的辩论和充分的讨论；再加上讨论范围有限、意见影响力有限，无法形成真正意义上的舆论。而大众传播以新闻反映舆论，实则是对部分个体意见的反映，或者是对舆论的主观建构。总体上，传统媒体环境下人际传播和大众传播生发的舆论，主要反映的是“作为结果的舆论”。

在网络环境下，互联网从信息传播平台发展为互动参与平台，为公众讨论营造了相对自由的交流氛围，公众拥有了前所未有的表达机会和表达空间，由此形成的舆论可以比较直接、真实地反映出部分民意。特别是随着 web 技术从 1.0 走向 2.0，甚至向 3.0 的过渡，舆论不仅仅停留在原来的新闻舆论的阶段，而是真正进入了网络舆论阶段，即在相对宽松、低门槛的表达情境中经过激烈讨论而形成的意见汇聚。尽管囿于政治控制或技术偏向的因素，网络意见的表达未必足够自由和充分，舆论未必总是趋于理性或达成共识，网络舆论环境与哈贝马斯设想的理想的公共领域还有距离，但不得不承认的现实却是，相较于传统媒体主导的舆论环境，网络舆论生态的真实性、多元化和活跃度都已经有了质的提升。表达空间的自由、个体意见的交锋、不同观点的互动，这种“作为结果的舆论”更能够真实全面地反映民意。

严格来说，“作为结果的舆论”在网络舆论和民意的连接实现中具有极大的困难。网络舆论可以更加直接地反映部分民意，却无法体现整体民意，主要原因有二：一方面，大部分网络舆论尽管非常活跃、鲜活，但主要聚焦于层出不穷的热点事件，而非相对稳定的社会议题，因此更多是事件型网络舆论而非议题型网络舆论，由此，会极大地制约网民对公共事务形成共识性观点。另一方面，由于网民数量目前只占中国总人口的一半，当下应用最普遍的微博、微信、客户端和网络论坛等，最多也只是呈现了数千万或上亿活跃网民的意见，而非整体网民的观点共识。同时，当下的网络表达还面临诸多限制，相关部门在治理网络的过程中也时常采取行政干预手段，导致网民尤其是精英社群针对重大公共议题特别是敏感议题的表达还存在不少顾虑。从这个角度看，倡导“作为过程的舆论”更加侧重于强调网络上不同意见的互动交锋，也更加侧重于通过网络平台真实地反映社会民意。

---

① 诺尔－诺依曼．沉默的螺旋：舆论——我们的社会皮肤 [M]. 董璐，译．北京：北京大学出版社，2013:232–233.

2. 作为过程的网络舆论：更加积极地促进公众表达

舆论的生成要素包括舆论主体、舆论客体、中介、议题、场域、反馈等。① 舆论客体和议题决定了舆论主体的表达态度，从而形成了舆论场的整体氛围。在传统媒体语境下，舆论更多针对政治议题特别是政府善治问题，通过传统媒体的报道来发挥舆论监督的作用。公众的政治参与度普遍较低，容易将政府作为权威的化身、作为外在于自身的主体，公众与政府的关系更侧重于对政府权力的制约，而非对公共表达权利的实践。

在网络语境下，公众的社会参与能力整体有了提升，不但参与政治公共事务等宏观议题的表达，也参与其他微观社会议题的讨论，尤其在收入、医疗、住房、教育等民生问题的表达中，公众的参与度普遍更高。公众对这些议题的关注和表达，发挥了一定的网络舆论监督作用，也扩大和实践了公众的表达权利。公众针对自己关心的问题发表意见、进行讨论，才能够有在实践表达权利的基础上达成共识的可能。从这个角度看，网络舆论更侧重于对公众日常表达需求和利益诉求的满足，更侧重于通过"日常生活化"的意识形态实践来发挥舆论监督的功能。正如习近平总书记强调的那样，"要把权力关进制度的笼子里，一个重要手段就是发挥舆论监督包括互联网监督作用"。

默顿认为，舆论具有显功能和潜功能，显功能是那些对系统的控制产生的影响和客观的结果，是可以被有意识地感知的。潜功能指不是有意造成的影响和结果，也不是可被认识到的。在传统媒体语境下，政府和媒体主要以新闻宣传的手段来开展舆论引导工作，舆论更多扮演社会控制的角色。这种单向传播的方式不太注重满足受众的内心感受和信息需求，而是通过科层制的组织结构和主观性的报道策划来实现思想灌输、观念改造和社会动员，潜移默化地形成舆论对公众的约束力。在这种传统的舆论引导范式中，作为社会控制的舆论具有无形但有力的效应，反映了传统主流媒体建构舆论的潜功能，也为社会发展和观念统合提供了相对有效的保障。

不过，网络环境为舆论的形成提供了新的表达和讨论空间，公众由过去相对被动的接受者变成了更加积极的消费者，其角色也从单纯的"消极受众"逐步转变成既接收信息又生产信息的"积极受众"。舆论形成的理想过程是，具有理性反思能力和公共关怀意识的个体，通过倾听他人的意见、不断反省自身，再通过相互讨论和观点博弈，达成较为一致的意见。由于这一过程更强调表达和讨论本身，所以不论共识能否达成，公众都能够从讨论中有所收获，包括提高对整个社会复杂性的认识，在尊重个人利益的前提下最大程度维护个人合法权益等。因此，作为过程的网络舆论，可以更直接地发挥舆论的显功能，更好地促进和保障公共表达。

如果从作为结果的舆论来看，互联网中个体利益诉求多而杂，网络上的舆论很难在绝对数量上达到一致。在这个意义上，互联网中的意见不能代表民意或歪曲民意的地方，要比现实社会的意见表达的情形多一些。② 但是，如果从作为过程的舆论来看，互联网的开放平台确实提供了讨论的空间，也能够相对全面反映不同利益的诉求。

通过上述分析可见，网络舆论是通过将个体意见整合而形成的局部、鲜活、真实的民意；区别于传统媒体语境下的功能指向，网络舆论实现了针对公权力监督之外的针对个体

---

① 童兵．舆论引导新格局的建构：体制和机制 [J]. 当代传播 ,2014(6).

② 陈力丹，林羽丰．再论舆论的三种存在形态 [J]. 社会科学战线 ,2015(11).

表达权利的实践；网络舆论以达成共识但不局限于共识的沟通机制和互动过程，反映着舆论的显在功能。“作为结果的舆论”更加直观地反映真实民意，“作为过程的舆论”更加注重倡导和保障公众表达，认识到网络舆论的本质内涵和现实意义，有利于我们把握网络环境下的舆论格局和探索网络民意推动社会进步的有效路径。

二、研究路径：网络舆论的分析层次

网络环境下舆论的存在形态更为多样，民意的表现方式也更为丰富。这就要求网络舆论的分析更加全面、科学和精细。对于网络舆论的分析要把握舆论类型背后的逻辑，提出更具有研究价值的分类体系，从而有利于更精准地把握民意。正如习近平总书记指出，“要更好地运用信息化手段感知社会态势、畅通沟通渠道、辅助科学决策”。

一般来说，舆论有潜舆论、显舆论、行为舆论等三种存在形态。潜舆论是指存在于特定事件之前的公众对社会事物的既有情绪和意见，显舆论是指事件爆发后得到公开表达的各种意见，行为舆论是以行动做表征的意见。[①] 网络环境下舆论存在形态发生了变化，比如潜舆论显性化、显舆论复杂化、行为舆论虚拟化等特点，因此更应该注重情绪分析的视角引入。[②] 由于网络舆论的层次更为丰富，具体分析不同层次的网络舆论，可以从必要性和可操作性两个方面来考量。

第一，网络空间的交互性和涌现性，是网络舆论层次性研究的动因。

习近平总书记指出：“网络空间是亿万民众共同的精神家园。网络空间天朗气清、生态良好，符合人民利益。网络空间乌烟瘴气、生态恶化，不符合人民利益。谁都不愿生活在一个充斥着虚假、诈骗、攻击、谩骂、恐怖、色情、暴力的空间。”网络环境中的交互具有多样性，有人际关系的交互、意见观点的交互、人机互动的交互、情感思绪的交互、现实虚拟的交互，由此网络社会呈现多元复杂的状态。同时，网络社会较为开放，规则和约束较少，新奇和涌现现象不断出现。涌现的本质是由小生大，由简入繁，也有可能不合规则，于是“天朗气清”和“乌烟瘴气”的状况都可能出现。网络社会的多元复杂与涌现现象的合规则化，对网络舆论的分层次研究提出了较高的要求。

第二，基于计算机的网络分析技术，是网络舆论层次性研究的基础。

传统社会对潜舆论的考察比较困难，特别体现在对情绪的测量方面，而以互联网为代表的新型技术的发展，为不同层次的舆论测量提供了契机。网络技术使一切网络信息代码化、数据化，包括情绪在内的任何网络信息都有量化的可能性。以情绪分析为例，情绪在网络平台上实现了时间和空间的切实存在：从时间上看，网络的实时记录可以保存情绪的历时性变化动态。从空间上看，以情绪为代表的潜舆论以文本的方式存在于网络平台上，并将这种看不见的意见气候“实物化”，将现实中个人普遍存在的情绪代码化。同理，网络也为其他层次的舆论提供了测量的可能性。

随着社会结构性矛盾的加深、参与平台和机会的增多、公众参与能力的提高，社会舆论越来越具有情绪性、观点性、行动性的趋向。依托于互联网平台的网络舆论更是将社会

① 陈力丹. 舆论学——舆论导向研究 [M]. 上海：上海交通大学出版社 ,2012：33.

② 陈力丹，林羽丰. 再论舆论的三种存在形态 [J]. 社会科学战线 ,2015(11).

舆论的特性显性化和外在化，由此网络舆论的层次也更为丰富。我们认为，网络舆论研究可以从情绪层次、态度层次、行动层次等三个层次入手。

1. 情绪层次的网络舆论研究，需明晰情绪与情绪化的界限

“情绪”是指个体或群体对某一特定事件的心理体验和情感反应，是一种正常的生理—心理反应。情绪不同于情感、感性，但三者常常被混淆，进而将情绪与理性对立。实际上，情绪不一定是非理性的，理性的并不一定是非情绪的，情绪与非理性之间并不存在对等关系。当然，情绪化和理性化存在对等关系，情绪化在一定程度上是非理性的。情绪的产生经历了“认知—评价”的过程，情绪是人与环境相互作用的产物，人们的情绪会改变对事件的认知，形成不同的社会舆论态势。① 情绪化则是带有情绪地对特定事件的认知过程，具有非理性特征。

对情绪层次网络舆论的分析，要从语法层面走向语义层面，这就要求特别注意情绪词语代表的真实含义及其现实映射。在具体分析中，情绪词典的建构要有针对性和代表性，如愤怒、失望、同情、理性、不信任等。情感挖掘与分析中要注重情绪构成的比例及其在动态演化过程中的强度变化，找到网络情绪转化为情绪化表达，甚至转变为态度和行为舆论的节点，以便于探测出是正常的情绪还是已经过渡到情绪化的阶段；同时，也要注意极端情绪研究对认识社会的重要意义，有学者以用户为单位分析极端情绪，其研究在一定程度上会弥合以用户为中心的研究和以话语为中心的研究之间的隔阂，有助于加深我们对中国网络社会的认识。②

2. 态度层次的网络舆论研究，需注重量变与质变的转化

网络舆论较为理想的状态是公众针对某一议题进行充分讨论，而要达到相对一致的意见，则是通过态度变化这一中介因素实现的。从是否表达的角度来看，态度是潜在的、隐蔽的心理预设或倾向，可以通过意见或行为来推断。从核心内容的角度来看，态度更多地指向情感和情绪。从产生环境的角度来看，态度是受到普遍刺激而产生的综合的、固定的反应倾向，是意见产生的固有原料和深层动机。③

态度的变化包括量变和质变。从态度变化的结果和态度变化的原因来看，则包括两个层面的量变和质变。从态度变化结果来看，态度变化包括程度和方向的改变，可以分别视为态度的量变和质变。从心理学角度来讲，从人的本性出发探讨个人在意见环境中的态度变化，反映了讨论的结构化效应。麦奎尔从态度的角度出发，认为大众传媒效果类型包括无变化、小变化、强化、结晶、改变等。同样，网络舆论中经过相互讨论，个体或坚持原来的意见，或被其他意见所同化，或对某一事件的意见更为强化等，也是量变与质变的体现。在具体分析中，我们要找到量变达到质变的阈值，争取使正面态度保持在阈值之内，使负面态度跨越阈值向正向方向发展。

从态度变化原因来看，影响态度变化的内生性因素和外生性因素，可以分别视为态度的量变和质变。在态度层次的网络舆论研究中，内生性因素指个体既有态度的影响因素，

---

① 张静，赵玲．论网络舆论理性化与情绪化的博弈 [J]. 现代情报，2013(6).

② 桂勇，李秀玫，郑雯，黄荣贵．网络极端情绪人群的类型及其政治与社会意涵——基于中国网络社会心态调查数据 (2014) 的实证研究 [J]. 社会，2015(5).

③ 于家琦．“舆情”社会内涵新解 [J]. 天津大学学报 (社会科学版),2011(2).

如兴趣偏好、议题认知、社会信任度、意见坚持度等，是个体态度的基准线；外生性因素指舆论过程中生发的态度的影响因素，如舆论议题、讨论氛围、媒介环境等，是在内生性因素基础上舆论过程对个人态度的影响，反映的是态度增量的变化。具体分析中还要注意区分是个人既有的态度倾向还是舆论生发的态度改变。

3. 行为层次的网络舆论研究，需实现线上与线下的整合

现实社会中以集体行为为代表的行为舆论非常活跃，以互联网为中介的行为舆论更是此起彼伏。这里的行为舆论，不仅表现为由网络引发的现实集体行为，也表现为现实集体行动者在互联网上进行的话语抗争。特别是随着移动互联网的兴起和普及，公众可以实时直播集体行动，也可以通过转发、评论等参与话语抗争。由此，基于互联网的线上抗争行为舆论和以互联网为中介的线下集体行动，成为研究网络舆论的重要层次。

从总体上来看，线上线下的互动机制，大致有三种：其一，网络作为组织工具，通过网络发起线下政治活动；其二，线上带动线下，网络作为平台，直接进行线上活动，进而带动线下活动；其三，线下带动线上，传统线下活动组织为了拓展其活动范围，扩大活动规模，将线下活动复制到线上。当然，第一种作用机制中，网络只起到联络作用。第二、三种机制中，网络起到了关键性作用，实现了现实与虚拟的互动，促进了公众的社会参与和集体行动。有研究者对英国 2003—2005 年牛津互联网调查数据研究发现，现实政治参与比网络政治参与更具有适应性，网络促进线下政治参与，线下积极参与者也会积极参与网络活动。① 线上抗争行为舆论体现了线下对线上的影响，而以互联网为中介的线下集体行为体现了线上对线下的影响，因此分析过程中要实现线上和线下的整合，注重对其互动关系进行深度研究。

三、引导策略：网络舆论的调适原则

认清网络舆论的本质、分析不同类型的网络舆论，进而提出具有建设性和实效性的引导策略是网络舆论研究的价值体现。正如习近平总书记指出的，要“让互联网成为我们同群众交流沟通的新平台，成为了解群众、贴近群众、为群众排忧解难的新途径，成为发扬人民民主、接受人民监督的新渠道”。网络舆论引导要顺应系统运作规律，将互联网视为利益协调平台、对话沟通的重要机制。当前，网络舆论引导面临着新挑战，如表达者的群体失衡和复杂诉求、平台的割裂与传播的偏向、观点的分化和共识的缺乏②，这也对网络舆论引导提出了更高的要求。所以，我们要在把握网络舆论本质和研究维度的基础上，根据社会不同系统的运行规律与舆论主体的利益诉求，探索和总结相应的引导策略。

1. 遵循网络舆论引导的系统规律

网络舆论通过表征信息意涵、展示个人心理，从而反映社会现实。网络舆论引导要遵循信息系统、心理系统、社会系统的运行规律，突破传统舆论引导的瓶颈，从管理控制主导转向信息沟通主导，从短期信息调控转向长期心态调适。

---

① CORINNA DG, DUTTON W. The Internet and the public: online and offline political participation in the United Kingdom[J]. Parliamentary affairs, 2006, 59(2).

② 张志安，张美玲．互联网时代舆论引导范式的新思考 [J]. 人民论坛 · 学术前沿 ,2016(5).

首先，网络舆论引导要从信息管控主导转向信息沟通主导。在网络环境下，舆论引导要从舆论管理理念转向舆论引导理念。当下中国社会存在利益失衡和发展矛盾、部分群体的心态比较消极、社会信任结构面临失衡风险等问题，基于这些社会性问题而生发的舆论，仅仅靠强势管理或控制的方式进行舆论引导，无法真正起到良好的效果，由此应当从传播、信息的角度，以信息为中介、以沟通为机制，展开理性的对话和具有说服力的交流，在尊重公众独立思考和理性意志基础上促进共识的形成。

其次，网络舆论引导要从短期信息调控转向长期心态调适。短期信息调控能够为舆论场提供新能量，驱动舆论场的演化和发展。但是短期信息调控通常主要是对具体事件和议题的“运动式”调控，可以解决“入眼”清朗的问题，无法达到“入脑入心”的说服效果。比较而言，社会心态具有即时性、动态性、直接性等较“表面性”的特征，是较易被感知、被认识到的心理层面的内容。[①]社会心态也是整个社会的情绪基调、社会共识和社会价值取向的总和，这三个层次是由表及里的。[②]研判社会心态，可以从表面的社会情绪基调入手，再深入分析内里的社会共识甚至社会价值取向。研究社会心态，更容易把握个人的社会心理和公众对社会的整体评价，超越短期的信息调控、实施长期的心态调适，有利于构建舆论引导的长效机制。

2. 坚持网络舆论引导的导向原则

舆论演进的过程实际上是各利益主体不断进行博弈的过程，要达到理想的博弈状态，需要网络舆论引导以充分发挥各主体的功能、充分尊重各主体的利益为原则，即坚持权威性、合理性、公共性导向。

（1）权威性导向：发挥舆论引导主体的能动性，以理性话语调节情绪化表达

一方面，要逐步提高公众的理性认知能力。舆论引导主体主要包括政府、媒体、意见领袖，在具体引导中，政府要加强与公众的意见交流，以开放、透明的态度公布政府信息，提高公众对政府的信任度以及政治效能感。媒体要对公众普遍关注的、关系到社会长久发展的议题进行议程设置，运用社会深层意识解释客观事件，超越审视问题时简单的非黑即白立场，努力用理性思维去客观剖析问题，以更好地提高公众对社会复杂性的认识水平。如习近平总书记在“8·19”讲话中指出：“在事关大是大非的政治原则问题上，必须增强主动性、掌握主动权、打好主动仗，帮助干部群众划清是非界限、澄清模糊认识。”

另一方面，要积极疏导公众的极端情绪。当前，网络舆论场存在泛政治化、泛道德化、泛娱乐化的情绪化表达，只有依托于政府、媒体、网络意见领袖这些具有权威性和影响力的主体引导，才能最大限度遏制情绪扩散、疏导极端情绪，引导更多公众进行理性化的表达。对于极端化的情绪，舆论引导中要运用更为有效的话语方式，建立情绪应对的“话语包”，不讲假话、大话、空话，更多运用理性、朴实、平等的公共话语，以事实来说服人，以理性来引导人。

（2）合理性导向：重视舆论引导的方法论，以科学性提高效用性

一方面，要基于数据挖掘和计算机技术，最大限度了解公众的真实诉求。按照统计学和概率论的原理，如果对不同群体、不同议题、不同交互平台进行精准统计分析，一定程

---

① 马广海 . 论社会心态 : 概念辨析及其操作化 [J]. 社会科学 ,2008(10).

② 杨宜音 . 个体与宏观社会的心理关系 : 社会心态概念的界定 [J]. 社会学研究 ,2006(4).

度上可以把握相对具有代表性的舆论。值得注意的是，社会化媒体正在对舆论研究产生重要影响，[①] 比如，公众的舆论表达机会增多，研究者能够更为全面地获取公众的意见信息；社会化媒体的数据采集方式与传统的调查等方式相比在数量上呈指数倍上升，研究者有机会从非抽样的数据中挖掘公众舆论的某些新的规律和特征。其实，即便不做科学研究，只要能够保持比较活跃的网络使用率和网络参与的主动性，就能更贴切地了解网络舆论的基本态势。如习近平总书记指出："很多网民称自己为'草根'，那网络就是现在的一个'草野'。网民来自老百姓，老百姓上了网，民意也就上了网。群众在哪儿，我们的领导干部就要到哪儿去，不然怎么联系群众呢？"

另一方面，要把握舆论发展和演化的规律，建立舆论引导的长效机制。一是注重突发事件中的舆论引导。要针对不同阶段进行适度干预，如事件发生前，政府要尽量做到信息透明，健全新闻发布机制，减少不必要的误解，同时建立必要的风险预警和舆情监测机制；事件发生初期，首要任务就是公开信息，及时讲真话，避免谣言扩散和风险放大。二是注重倾听民意、了解民心、容忍民怨。如果领导干部能经常性地倾听网民的意见，既能够从不同声音中找到公众关切的焦点，及早地发现和解决问题，也能够增强对不同意见的包容意识，避免处理突发事件过程中一些不必要的冲突和情绪。正如习近平总书记要求各级领导干部"经常上网看看，潜潜水、聊聊天、发发声，了解群众所思所愿，收集好想法好建议，积极回应网民关切、解疑释惑"。

（3）公共性导向：尊重舆论引导对象，积极回应民众诉求

一方面，要基于表达自由建构宽容的话语策略。表达权是公民的基本权利之一，网络为公民实现表达权提供了良好而便利的条件。网络舆论形成的前提是公众在相对宽松的环境下进行自由地表达和激烈地讨论，因此，舆论引导过程中要尽可能地尊重公民的表达权。同时，对公众不恰当或非理性的表达要有更多的包容。正如习近平总书记所描述的那样，"网民大多数是普通群众，来自四面八方，各自经历不同，观点和想法肯定是五花八门的，不能要求他们对所有问题都看得那么准、说得那么对。要多一些包容和耐心"。

另一方面，要基于社会主流价值通过扩大对话来凝聚共识。习近平总书记曾指出，要"依法加强网络空间治理，加强网络内容建设，做强网上正面宣传，培育积极健康、向上向善的网络文化，用社会主义核心价值观和人类优秀文明成果滋养人心、滋养社会，做到正能量充沛、主旋律高昂"。网络舆论场正能量的释放，必须首先围绕关乎公共利益和社会发展的重大话题进行公共表达、凝聚社会共识。在这方面，主流媒体的主要使命就是积极生产网络内容、加强网络文化建设，运用更加创新的形态和更加有效的方式来积极弘扬核心价值观，同时，也要着力于加强舆论引导的"时、度、效"。如习近平总书记在"8・19"讲话中指出，要"把握好时、度、效，增强吸引力和感染力，让群众爱听爱看、产生共鸣，充分发挥正面宣传鼓舞人、激励人的作用"。

---

① 张伦．受众、内容与效果：社会化媒体公共舆论传播的国际研究 [J]. 新闻记者 ,2014(6).

结语

深入学习和落实习近平总书记的系列重要讲话精神，既需要学者的科学研究和规律探索，也需要政府和相关行动主体的观念变革和积极实践。我们在对网络舆论进行“作为结果的舆论”和“作为过程的舆论”划分的基础上，更需要把握网络舆论的现实意义，把网络舆论跟舆情、民意等概念结合在一起进行辨析，并真正理解舆论对社会发展的民主功能。网络舆论研究的层次性分析中，要注重研究的科学性和现实性，既对网络数据进行更科学的挖掘，又不要单纯被网络舆论所左右。总体上，挖掘方法和社会洞察必须有效结合，线上舆论和线下舆论应该有效对接。在科学引导策略上，我们要发挥舆论引导主体的权威性、研究本身的专业性、舆论引导对象的公共性，探索专业化、科学化、实效化的网络舆论引导新范式。

问题二
党的领导人舆论观及其变迁逻辑 *

张志安　晏齐宏

习近平总书记在“2 · 19”党的新闻舆论工作座谈会、“8 · 19”全国新闻宣传工作会议上，专门针对新闻舆论工作做出重要指示。这也是党的领导人首次系统地对舆论工作进行深入的阐述。习近平指出：“随着形势发展，党的新闻舆论工作必须创新理念、内容、体裁、形式、方法、手段、业态、体制、机制，增强针对性和实效性。要适应分众化、差异化传播趋势，加快构建舆论引导新格局。要推动融合发展，主动借助新媒体传播优势。要抓住时机、把握节奏、讲究策略，从时度效着力，体现时度效要求。要加强国际传播能力建设，增强国际话语权，集中讲好中国故事，同时优化战略布局，着力打造具有较强国际影响的外宣旗舰媒体。”[①] 习近平这里谈的是新闻舆论工作，而在历史上，中国共产党的领导人对于舆论工作也有论述。这些论述中都会提及坚持党性原则、舆论引导、舆论导向、舆论监督等舆论工作思想。但是他们对舆论工作有不同的侧重及提法，从舆论引导的角度来看，领导人舆论观表现为舆论动员（毛泽东）、舆论宣传（邓小平）、舆论导向（江泽民）、舆论引导（胡锦涛）等。[②] 这些不同的提法背后具有怎样的演变逻辑？不同领导人的舆论观始终都强调要坚持党性原则，但对于舆论引导、舆论导向、舆论监督有不同的论述，那么如何实现始终坚持党性原则的“不变”与各种提法和内涵“变化”之间的协调？这一问题值得思考。

领导人舆论观始终作为治国理政方略的重要构成部分，舆论观的论述可以反映中国政治运作的逻辑。从传播的视域来看，领导人舆论观的变迁也反映了中国政治传播的社会生态及中国共产党的自我建设路径。领导人舆论思想也始终作为重要的论述对象出现在领导人的讲话中，包括在全国宣传部长会议、全国宣传思想工作会议、中央政治局集体学习等各种会议或工作报告，以及在视察人民日报社、新华社、解放军报社等主流媒体机构的讲话中。不同时期中国共产党领导人的舆论观有哪些特征？其舆

---

* 本文首发于《当代传播》2018 年第 2 期。晏齐宏为北京交通大学语言与传播学院讲师，中山大学传播与设计学院博士。

① 习近平在党的新闻舆论工作座谈会上强调 坚持正确方向 创新方法手段 提高新闻舆论传播力引导力 [N]. 人民日报 ,2016-02-19(1).

② 陈一收 . 中国共产党提升舆论引导能力研究 [D]. 福州 : 福建师范大学 ,2012.

论观经历了哪些重要变迁？领导人舆论观中继承了什么，又有何发展？这些继承与发展是如何实现和成为可能的？本文试图分析当代党的领导人舆论观及其变迁，并尝试分析舆论观的继承及发展逻辑。通过对这些问题的思考，我们可以更深入地认识中国政治的运作逻辑以及中国共产党舆论观的实践路径。

一、功能、中介、主体：领导人舆论观的分析维度

党的领导人舆论思想散见于其工作报告、媒体调研和各类讲话中。同时，舆论论述大多见于领导人新闻工作、宣传工作的实践①中，如毛泽东《为什么要出版〈政治周报〉》、邓小平《在西南区新闻工作会议上的报告》、江泽民《关于党的新闻工作的几个问题》等，虽然是针对新闻工作的，但也提及了舆论。虽然以前领导人专门针对舆论工作的论述并不多，但是近年来也有增多的趋势，如习近平在2013年8月19日全国宣传思想工作会议、2016年2月19日调研《人民日报》、新华社、中央电视台并在党的新闻舆论工作座谈会上的讲话中，专门阐述了对于舆论的思考和对舆论工作的要求。可见，领导人对舆论工作越来越重视。

通过梳理领导人关于舆论的原始资料②、研究者的学习体会③以及媒体的解读④等可以发现，党的领导人的主要舆论观点大致如下（见表2–1）：

---

① 目前关于领导人舆论思想的分析，大都散见于对其新闻理论的分析中，作为新闻思想的一个分支而呈现。如刘见初的《毛泽东新闻思想研究》（2009）、李雪的《邓小平新闻理论与中国新闻改革》（2003），仅有的对舆论观进行系统论述的是陈富清的《江泽民舆论导向思想研究》（2003）、陈一收的《中国共产党提升舆论引导能力研究》（博士论文,2012）。

② 党的领导人关于舆论的论述，大多散见于讲话和会议工作报告，这些材料大多收录在《毛泽东文选》《毛泽东新闻工作文选》《邓小平文选》《十五大工作报告》《中国共产党宣传工作文献选编》《十四大以来重要文献选编》等。

③ 研究者对领导人舆论观点的论述，大多以学习体会的形式呈现。例如，陈力丹的《毛泽东论舆论》（2014）、《社会主义市场经济条件下的舆论导向——学习〈邓小平文选〉》（1994）、《胡锦涛总书记新闻、宣传的新思维》（2006）；童兵的《舆论“对敌人一律对人民不一律”——毛泽东新闻思想要点之四》（1993）、《从范畴认知深化马克思主义新闻观——科学工作讲话提出的十对范畴的思考》（2016）；雷跃捷的《讲求舆论引导艺术　提高舆论引导水平——江泽民舆论导向思想学习体会》（2006）、《把握舆论引导特点　提高舆论引导能力——人民日报社考察工作时的讲话札记》（2008）；尹韵公的《舆论导向至关重要》（2006）；郑保卫的《坚持正确的政治方向和舆论导向——学习胡锦涛考察解放军报社讲话》（2006）、《学习胡锦涛“在人民日报社考察工作——坚持正确舆论导向　构建舆论引导新格局”》（2008）、《学习实践科学发展观与媒体责任笔谈——胡锦涛总书记关于学习实践科学发展观的讲话》（2008）、《习近平新闻宣传舆论观的形成背景及理论创新》（2016）；刘建明的《正确、积极、创新运用于引导网络舆论——胡锦涛总书记在人民日报社考察工作时的讲话》（2008）。

④ 在领导人相关工作会议之后，媒体会对其舆论观点进行解读。例如，在习近平2013年8月19日全国宣传思想工作会议后，媒体对其舆论思想进行解读。人民日报社发表8篇社论：《把宣传思想工作做得更好》《中心工作与意识形态工作要两手抓》《凝聚在共同理想的旗帜下》《坚持党性和人民性相统一》《弘扬主旋律传播正能量》《在创新中赢得主动权》《客观认识当代中国与外部世界》《构建全党动手的大宣传格局》。习近平视察人民日报社、新华社、中央电视台后，《人民日报》发表3篇社论：《从全局出发把握新闻舆论工作》《把坚持正确方向摆在首位》《不断提高新闻舆论工作的能力和水平》。

表 2-1 党的领导人主要舆论观点

	舆论观点
毛泽东	舆论动员坚持党性原则； 报纸是新闻舆论宣传的武器； 舆论动员要贯彻群众路线； 宣传工作要通过调查研究了解宣传对象； 舆论动员要正面引导反面警示； 舆论一律和舆论不一律； 舆论监督：批评与自我批评。
邓小平	新闻宣传要维护和发展安定团结的政治局面； 舆论宣传要讲党性； 舆论宣传要提高群众的社会主义觉悟； 舆论宣传要讲社会效应； 舆论监督； 新闻媒体在舆论引导时要讲真话； 办报是领导工作的一种方法。
江泽民	新闻宣传必须坚持党性原则、把握正确的舆论导向； 新闻媒体要引导舆论； 新闻是教育、动员人民群众的一种舆论形式； 人民有舆论监督权利； 网络媒体也要把握正确的舆论导向。
胡锦涛	新闻媒体要坚持党性原则，把握正确的舆论导向； 坚持改革创新，增强舆论引导的针对性和实效性； 加强主流媒体和新型媒体建设，形成舆论引导新格局； 加强网上思想舆论阵地建设，掌握网上舆论主导权； 加强舆论引导，促进虚拟社会管理； 尊重舆论宣传规律，讲究舆论宣传艺术； 舆论监督是提高政府工作效率的重要方式； 媒体要做好舆论监督，保障人民的监督权。
习近平	新闻媒体发展关系到治国理政、定国安邦； 舆论引导要坚持党性原则； 坚持正确的舆论导向； 网络舆论引导的时效度； 网络舆论监督； 党的新闻舆论引导力； 舆论引导要坚持党性与人民性一致。

由上表可知，党的领导人舆论观点中都提到了坚持党性原则、舆论引导、舆论监督、舆论导向等。虽然相同的提法背后有不同的内涵和指向，但是如果仅仅从领导人舆论观点本身来分析其舆论观，不足以反映舆论观的复杂内涵及其变迁的政治意涵。具体来看，从舆论自身看，舆论由三个要素构成：主体（如公众）、客体（评价对象）和本体（意见、观点、信念）。但是，领导人舆论观点中很少谈及舆论自身层面的本体和客体。从政治意涵来看，舆论始终具有某种功能指向，并为政治目的服务，是领导人政治思想的重要组成部分。所以，对领导人舆论观特别是不同领导人舆论观变迁的分析，需要跳出对舆论本身

的论述，即主体、客体和本体的框架；而更应该将舆论观置于中国政治传播的深层逻辑中，考察舆论观与时代特征、政治制度之间的关系。

从政治传播的角度来看，领导人舆论观中有三个重要的行动者：党、媒体[①]和人民。他们是现实政治行动者在舆论观中的映射，行动者之间的互动构成三角关系。

第一，舆论功能是政党合法性的重要建构方式。对于政党来说，舆论观中最为重要的是舆论始终要维护政党的合法性，而这种合法性是以话语建构的形式起作用的。所以对于舆论功能的论述就显得尤为重要。领导人舆论观点中，有舆论宣传、新闻舆论、舆论引导、新闻舆论宣传等不同的提法，一般来讲，舆论主体是人民；而政党通过媒体来宣传其思想，并通过媒体来引导舆论；不同时代不同的提法也都是用来服务整个政治建设的。

第二，媒体是重要的舆论传播中介。媒体是联系党和人民的纽带，也是党和人民关系在新闻舆论工作中的具体体现。中国共产党的领导人特别重视意识形态建设，重视思想观念对人民的影响，也特别重视新闻事业。同时，领导人常常将新闻、舆论、宣传等结合使用。媒体是政党宣传其政治思想、教育人民的重要手段和渠道，研究领导人舆论观中媒体的论述，可以深入了解媒体在其舆论观中的重要位置。

第三，人民是舆论的重要主体和来源。从本质上来讲，舆论是人民的意见、公众的意见。人民也是政治中的核心概念和行动者，重视人民的意见是政治合法性的重要来源和维护政治稳定的基石。同时，国家建立的目的是实现个人良好的发展、实现人之善。中国共产党是人民的公仆，始终为人民利益而奋斗。所以，领导人舆论观对人民角色的把握也是重要的分析维度。

由此，我们提出领导人舆论观分析的三个重要维度：领导人舆论观的舆论功能、舆论主体（人民）、舆论传播中介（媒体）。这三个维度的分析，有助于我们深刻认识政党、人民、媒体这三个重要的行动者在不同舆论观论述中呈现的特征，进而帮助我们更为深刻地了解舆论观背后中国政治的运作逻辑和政治传播视域下舆论观的演进逻辑。

二、政治与社会：领导人舆论观中的舆论功能变迁

西方经典研究并未对舆论的内涵给出一致回答。一般认为，舆论是公众关于现实社会以及社会中的各种现象、问题所表达的信念、态度、意见和情绪表现的总和，具有相对的一致性和持续性，对社会发展及有关事态的进程产生影响，其中混杂着理智和非理智的成分。[②]在中国，舆论是一种公众的意见；这些意见涉及多数人普遍关心的重要问题；表达这些意见的人们具有共同的利益。[③]但是领导人舆论思想中舆论的具体内涵是围绕政治意涵进行阐释的，具体是从其政治立场和利益出发，对舆论工作给予指导，以维护社会思想意识的正确性，所以其舆论观具有很强的功能性色彩。

---

① 社会行动者可以以多种形式出现，除了个体外，还包括具有决策能力和行动能力的公司、机构以及国家政府、宗教组织或国际组织等，所以媒体也属于行动者。具体参见：叶敬忠，李春艳. 行动者为导向的发展社会学研究方法——解读《行动者视角的发展社会学》[J]. 贵州社会科学，2009(10).

② 邱沛篁. 新闻传播百科全书 [Z]. 成都：四川人民出版社，1998:23.

③ 中国大百科全书总编辑委员会. 中国大百科全书・新闻出版卷 [M] 北京：中国大百科全书出版社，1990:457.

1. 毛泽东：舆论是一种革命力量

毛泽东没有对舆论本身下过定义，但从他运用这个概念来看，舆论是分散的、自然状态的意见。①毛泽东说：“上层建筑，包括思想、舆论。”②毛泽东这里的舆论是一种力量，能够动员群众参与革命，推翻旧政权。同时，这种舆论也给予夺取新政权以一定的合法性。毛泽东至少两次谈到舆论在夺取政权中的作用。1959—1960年间，他在学习苏联《政治经济学》教科书的小组上说：“首先制造舆论，夺取政权，然后解决所有制问题，再大大发展生产力，这是一条规律。”③1962年9月，在八届四中全会上，他再次谈到这个问题，指出“凡要推翻一个政权，总要先造成舆论，总要先有意识形态方面的工作。革命的阶级是这样，反革命的阶级也是这样”④。在毛泽东这里，舆论是可以被制造的，被制造的舆论是夺取政权的重要力量。

那么，如何理解舆论是可以被制造的？这可以理解为报纸能组织教育群众、进而生发舆论。1944年3月22日，毛泽东在《报纸是指导工作教育群众的武器》一文中谈道：“我们地委的同志，应该把报纸拿在自己手里，作为组织一切的一个武器，反映政治、军事、经济，又指导政治、军事、经济的一个武器，组织群众和教育群众的一个武器。”⑤“报纸的作用和力量，就在它能使党的纲领路线，方针政策，工作任务和工作方法，最迅速最广泛地同群众见面。……在报纸上正确地宣传党的方针政策，通过报纸加强党和群众的联系，这是党的工作中的一项不可小看的、有重大原则意义的问题。”⑥

报纸可以通过调查获取舆论并组织舆论。“做宣传工作的人呢，对于自己的宣传对象没有调查，没有研究，没有分析，乱讲一顿，是万万不行的。”⑦“不作调查没有发言权。”“不作正确的调查同样没有发言权。”⑧同时，报纸可以将了解到的民意反映出来，并对相关问题进行分析和说明。

2. 邓小平：舆论是政治宣传工具

舆论宣传工作是经济建设的重要推动力之一。邓小平时期面临的重要任务是阶级革命和经济建设，而经济发展的前提是社会稳定。他曾指出：“加强思想政治工作，改进宣传工作……巩固安定团结的政治局面的一项极端重要的任务，摆在全党同志面前。”⑨《邓小平文选》中，他两次具体表扬报纸工作，均是由于报纸在维护稳定方面做出了成绩。1979年10月，邓小平说：“十月二十二日，文章把道理讲清楚了，上访很快就减少了。这说明什么呢，说明单单是报纸的舆论就可以发生这样大的影响。”⑩另一次是在1986年12月，当时一些地方闹学潮。邓小平说：“《人民日报》三篇文章写得不错，《北京日报》

---

① 陈力丹 . 毛泽东论舆论 [J]. 东南传播 ,2014(10).
② 毛泽东 . 毛泽东选集（第五卷）[M]. 北京 : 人民出版社 ,1977.
③ 毛泽东 . 毛泽东文集（第八卷）[M]. 北京 : 人民出版社 ,1999.
④ 毛泽东 . 建国以来毛泽东文稿（十卷）[M]. 北京 : 中央文献出版社 ,1996.
⑤ 毛泽东 . 毛泽东选集（第四卷）[M]. 北京 : 人民出版社 ,1991:1318.
⑥ 毛泽东 . 毛泽东选集（第四卷）[M]. 北京 : 人民出版社 ,1991:1318.
⑦ 毛泽东 . 毛泽东选集（第三卷）[M]. 北京 : 人民出版社 ,1999:837.
⑧ 毛泽东 . 毛泽东选集（第一卷）[M]. 北京 : 人民出版社 ,1991:118.
⑨ 邓小平 . 邓小平文选（第一卷）[M]. 北京 : 人民出版社 ,1994:364.
⑩ 邓小平 . 邓小平文选（第二卷）[M]. 北京 : 人民出版社 ,1983:200.

的社论《大字报不受法律保护》写得也不错。”①

舆论要面向广大群众宣传党和政府的声音。邓小平主政西南地区时，曾多次强调新闻宣传工作的重要性。邓小平指出，“各家报纸接触面不同，要各方面努力，才能把党和政府的声音普遍传播到各阶层群众中去”②。同时，他也强调在宣传工作具体实践中，要注意稿件的写作技巧。“拿笔杆子中，作用最广泛的是写文章登在报纸上和出小册子，再就是写好稿子到广播电台去广播。出报纸、办广播、出刊物和小册子，而又能做到密切联系实际，紧密结合中心任务，这在贯彻实现领导意图上，就比其他方法更有效、更广泛，作用大得多。……但首先还是要领导同志亲自写，新闻工作同志主动帮助，有计划地组织稿件。这样可以逐步解决领导机关、领导同志运用报纸、领导报纸的问题。办好报纸有三个条件：结合实际、联系群众、批评与自我批评。这三条离开了领导也搞不好，报纸就没有力量，容易变成‘有闻必录’。所以办好报纸的前提在领导。”③

可以发现，在邓小平的论述中，舆论基本指的是报纸及其承载的新闻，是一种宣传工具，一定程度上可以认为他将舆论等同于新闻。同时，他也强调政治领导办好报纸的重要性。

3. 江泽民：舆论是国家形象和社会面貌的重要反映

江泽民舆论思想最核心的观点是舆论导向，即舆论的主导方向和立场应该是正面的、积极的、有助于社会建设的。如果说舆论是人民的意见，人民的意见可能是自发的、盲目的、有失规范的，那么舆论的导向不可能总是正面的。而江泽民强调的舆论导向，更侧重于媒体的导向，其隐含的假设是媒体的导向是正确的，可以引导人民的意见。江泽民对舆论导向的重视，也回应了他提出的这一说法，即“舆论反映着国家的形象和社会的精神面貌”④。

江泽民舆论导向具体以“三个代表”重要思想为指导，也体现了舆论对经济、文化、人民的重要意义。正如有研究者分析所言，“以‘三个代表’重要思想为指导，就会有符合‘三个代表’要求的新闻舆论导向，就能为实现‘三个代表’营造良好的舆论环境”⑤。

党的十五大报告指出：“新闻宣传必须坚持党性原则，坚持实事求是，把握正确的舆论导向。”⑥这是第一次将“舆论导向”这一概念写进党的文件。⑦此外，江泽民明确规定了坚持正确舆论导向的价值取向，这就是著名的五条标准，他指出：“坚持正确的舆论导向，就是要造成有利于改革开放，建立社会主义市场经济体制，发展社会生产力的舆论；有利于加强社会主义精神文明建设和民主法制建设的舆论；有利于鼓舞和激励人们为国家富强、人民幸福和社会进步而艰苦创业、开拓创新的舆论；有利于人们分清是非，坚持真善美，抵制假恶丑的舆论；有利于国家统一、民族团结、人民心情舒畅、社会政治稳定的舆论。”⑧可见，坚持正确的舆论导向，关系到国家和社会的发展。

---

① 邓小平. 邓小平文选（第三卷）[M]. 北京：人民出版社, 2001:197.
② 邓小平. 邓小平文选（第一卷）[M]. 北京：人民出版社, 1994:150.
③ 邓小平. 在西南区新闻工作会议上的报告 [J]. 新闻战线, 1997(3).
④ 陈富清. 江泽民舆论导向思想研究 [M]. 北京：新华出版社, 2003:21–23.
⑤ 陈富清. 江泽民舆论导向思想研究 [M]. 北京：新华出版社, 2003:15.
⑥ 江泽民. 江泽民文选（第二卷）[M]. 北京：人民出版社, 2006:34.
⑦ 尹韵公. 舆论导向, 至关重要——学习江泽民新闻思想的体会 [J]. 新闻战线, 2006(10).
⑧ 中共中央文献研究室. 十四大以来重要文献选编（上册）[M]. 北京：人民出版社, 1996.

4. 胡锦涛：舆论是社会治理的重要抓手

舆论工作是社会治理的重要方面。胡锦涛时期国家面临的一个重要任务是社会建设，在改革开放经济飞速发展之后，出现了一些社会问题，亟待提高社会治理水平。同时，在社会舆论整体不良的情况下，新闻媒体也要加强对社会舆论的引导。

舆论是社会治理的重要抓手，营造良好的社会舆论氛围，可以实现高效的社会治理。胡锦涛在视察人民日报社时指出："新形势下，新闻宣传工作要高举旗帜、围绕大局、服务人民、改革创新，坚持正确舆论导向，提高舆论引导能力，营造良好舆论环境，更好地发挥宣传党的主张、弘扬社会正气、通达社情民意、引导社会热点、疏导公众情绪、搞好舆论监督的重要作用。"① 同时，网络舆论引导是虚拟社会管理的重要方面。胡锦涛在省部级主要领导干部社会管理及其创新专题研讨班开班仪式上指出："进一步加强和完善信息网络管理，提高对虚拟社会的管理水平，健全网上舆论引导机制。"②

推进行政管理体制改革要求加强社会监督，舆论成为重要的监督形式之一。胡锦涛在中共中央政治局第二十七次集体学习时指出，要积极稳妥推进行政管理体制改革。他说："要完善对行政管理权力的监督机制，强化对决策和执行等环节的监督，建立体现科学发展观和正确政绩观要求的干部实绩考核评价制度，认真推行政务公开制度，完善人大、政协、司法机关、人民群众、舆论依法进行监督的机制。要研究完善政府机构设置，实现机构职能、编制、工作程序的法定化，提高行政效率，降低行政成本。通过舆论监督加强政府行政能力建设，提高社会治理水平。"③

5. 习近平：舆论是治国安邦的大事

面对复杂的国际局势，全球网络化的冲击，新媒体社会舆论的繁荣发展，习近平重新提出深化对新闻舆论工作在政治战略定位中的认识。

习近平在党的新闻舆论工作座谈会上强调，"新闻舆论工作是党的一项极端重要的工作，是治国理政、定国安邦的大事。做好党的新闻舆论工作，事关旗帜和道路，事关贯彻落实党的理论和路线方针政策，事关顺利推进党和国家各项事业，事关全党全国各族人民凝聚力和向心力，事关党和国家前途命运。必须从党的工作全局出发把握党的新闻舆论工作，做到思想上高度重视、工作上精准有力"④。

政治发展要重视对民意的了解。舆论本来就存在，存在于现实中，在当今社会通过网络体现出来。同时，我们可以从网上了解民意。正如习近平在网络安全和信息化工作座谈会上的讲话中指出的："网民来自老百姓，老百姓上了网，民意也就上了网。群众在哪儿，我们的领导干部就要到哪儿去，不然怎么联系群众呢？"⑤

同时，习近平强调要加强新闻对社会舆论的引导作用。新媒体发展后，社会舆论氛围

---

① 唱响奋进凯歌 弘扬民族精神——记胡锦涛总书记在人民日报社考察工作 [N]. 人民日报 ,2008-06-21(1).

② 胡锦涛 . 加强和创新社会管理 健全网上舆论引导机制 [N/OL]. 中新社，(2011-04-25)[2017-11-18]. http://www.zj.xinhuanet.com/special/2011-04/25/content_22614915.html.

③ 胡锦涛在中共中央政治局第二十七次集体学习时强调 积极稳妥推进行政管理体制改革 [N]. 四川日报 ,2005-12-22(1).

④ 习近平在党的新闻舆论工作座谈会上强调 坚持正确方向创新方法手段 提高新闻舆论传播力引导力 [N]. 人民日报 ,2016-02-19(1).

⑤ 习近平主持召开网络信息化工作座谈会强调 在践行新发展理念上先行一步 让互联网更好造福国家和人民 [N]. 人民日报 ,2016-04-20(1).

复杂多样，有些甚至直接危害人民团结、社会发展，所以需要对不良舆论进行引导。而且这种引导的职责主要放在传统媒体身上，主流媒体要发挥引导网络媒体的作用，进而引导社会化媒体中的舆论。在目标指向上，他在“2・19”讲话中用48个字概括了在新时代条件下党的新闻舆论工作的职责和使命：高举旗帜、引领导向，围绕中心、服务大局，团结人民、鼓舞士气，成风化人、凝心聚力，澄清谬误、明辨是非，联接中外、沟通世界。[①]

从整体来看，中国共产党领导人舆论观大体经历了从革命到建设、再到治国理政的变迁。在毛泽东的舆论思想中，舆论基本与政治缠绕在一起，是革命的力量。在邓小平的舆论思想中，舆论也与政治联系在一起，是政治宣传工具。在江泽民的舆论思想中，舆论开始从政治中剥离出来，并逐渐与社会事务对接与融合。在胡锦涛的舆论思想中，舆论工作成为社会治理的重要手段，成为一种能动性工具。在习近平的舆论思想中，舆论既掺杂了政治性，又融入了现代舆论的社会性。可以发现，领导人舆论思想的侧重点从其政治意涵（如毛泽东、邓小平）转向其社会意涵（如江泽民、胡锦涛），再转向其政治社会意涵（如习近平）。舆论呈现出与政治工作相分离、与社会相结合的倾向。舆论本质上具有社会性，这个转变说明了舆论工作越来越独立。当然，这并不是说舆论的政治意涵有所减弱，而是说因不同时期政治发展的任务不同，领导人舆论观中舆论功能的演变始终与政治结构相适应，始终坚持在中国共产党的领导下进行革命和建设，也更加反映了舆论始终与中国共产党的治国方略相一致。

三、新闻与媒体：领导舆论观中的舆论传播中介变迁

广义的舆论即指“社会舆论”，它范围宽广，人们常说的官方舆论、国际舆论、新闻舆论、公众舆论等都可以归入其中。狭义的“舆论”一般情况下限定在“公众舆论”层面上，这样可以将“舆论”与它和其他词语组合产生的相关概念区别开来。[②]在领导人舆论的论述中，新闻与舆论经常被同时使用，即新闻舆论。

1. 毛泽东：新闻可以组织、反映舆论

毛泽东的舆论思想，多用新闻这种媒体的成果形式，新闻可以组织、反映舆论，也可以组织、教育群众。由于毛泽东时期，媒体主要指的是报纸，舆论是群众的声音，报纸（工作人员）可以调查舆论，将舆论组织起来并以新闻形式呈现，反过来新闻也可以教育群众。也就是舆论“从群众中来，到群众中去”。可以发现，毛泽东的舆论观将群众置于首位，先有群众的存在，然后报纸调查收集群众的舆论；同时报纸也宣传党的路线、方针，让群众成为“信息知晓者”。新闻是党群关系的重要纽带，政党同群众可以通过新闻而见面，“报纸的作用和力量，就在它能使党的纲领路线、方针政策、工作任务和工作方法，最迅速最广泛地同群众见面”[③]。群众的声音是舆论，来源于群众的舆论也就有了一种革命的力量。同时，由于党与群众的目标是一致的，党是群众的领导者，为了让群众认识自己的利益、为自己的利益奋斗，更多了解党的路线、方针、政策，则需要运用报纸来大力宣传这些政

---

① 黄楚新. 强化互联网思维，遵循一体化发展理念 [N]. 网络传播 ,2015-12-29.

② 邹军. 试论网络舆论的概念澄清和研究取向 [J]. 新闻大学 ,2008(2).

③ 毛泽东. 毛泽东选集（第四卷）[M]. 北京 : 人民出版社 ,1991:1318.

治纲领。所以，新闻可以组织、反映舆论，但作为群众意见的舆论始终是新闻工作的出发点和立足点。

2. 邓小平：新闻能够代表舆论

在邓小平的舆论思想中，新闻就是舆论或者新闻能够代表舆论。邓小平的论述中常有以下提法，“舆论宣传要增强党性”“舆论要宣传四项基本原则”“舆论宣传要提高群众的社会主义觉悟”。可以发现，他将舆论等同于新闻，或者认为新闻能够代表舆论（这不同于反映舆论），并且强调新闻的宣传作用。由于宣传带有自上而下的意涵，更强调宣传本位，即政党的主导性。邓小平认为，在党从革命党向执政党转变之后，党报不仅要向群众传达党的方针政策，直接地发挥组织领导的作用，还使得原本的思想政治教育和舆论引导工作得以进一步的提升和强化。①他的舆论观，高度重视新闻的宣传作用，新闻是可以代表舆论的，并且能够代表舆论。从本质上来看，舆论只能来自人民，媒体不能完全代表人民意见。而从实践来看，当时的政治社会实践，要求新闻可以代表舆论，以便为经济建设和社会稳定服务。

3. 江泽民：新闻可以引导舆论

在江泽民舆论思想中，新闻不是舆论，但新闻可以引导舆论。舆论导向思想是江泽民新闻思想的核心与灵魂。②江泽民在这里并没有提到新闻，他首次将新闻与舆论分开，在谈到舆论时明确提出“社会舆论”的说法，而新闻媒体要引导舆论。同时，江泽民时期的新闻事业具有独立性，它从政治事务中被剥离出来。他认为，“在社会主义市场经济体制下，新闻传媒具有两重性，它既是党和人民的喉舌，又是一种第三产业，这就要求我们的新闻传媒既要讲究社会效益，又要讲究经济效益。同时，新闻传媒的两重性是有主次之分、本质非本质之别的，喉舌性是其主要的、本质的属性，产业性是其次要的、非本质的属性，所以必须坚持社会效益第一原则，努力提高新闻宣传报道质量，把握正确的舆论导向”③。此外，新闻事业的独立性还体现在，要求尊重新闻工作规律、提倡新闻自由、提倡学习专业知识等。在《关于党的新闻工作的几个问题》中，江泽民提出“广大人民群众享有依法运用新闻工具充分发表意见、表达自己意志的权利和自由，享有对国家和社会事务实行舆论监督的权利和自由。正是为了维护人民的根本利益，对于一切企图改变社会主义制度的违法新闻活动，不但不能给予自由，而且要依法制裁”④。可见，在江泽民有关舆论论述中，新闻媒体不仅是为政治服务的，而且要保障人民的知情权、表达权和监督权等。

4. 胡锦涛：新闻的舆论引导是社会舆论导向正确的保障

在胡锦涛的舆论思想中，舆论引导是全面建设小康社会的题中之义；新闻要在引导舆论中发挥重要作用，新闻在引导舆论过程中要坚持正确的舆论导向。胡锦涛在考察人民日报社的讲话中对新时期舆论引导的极端重要性进行阐述，并历史性地提升到党的执政能力建设重要组成部分的新高度。胡锦涛在全国宣传思想工作会议上谈到“增强投身

---

① 陈一收 . 中国共产党提升舆论引导能力研究 [D]. 福州 : 福建师范大学 ,2012.

② 陈富清 . 江泽民舆论导向思想研究 [M]. 北京 : 新华出版社 ,2003:6.

③ 陈富清 . 江泽民舆论导向思想研究 [M]. 北京 : 新华出版社 ,2003:15-16.

④ 江泽民 . 关于党的新闻工作的几个问题 [J]. 求是 ,1990(5).

全面建设小康社会的积极性、主动性和创造性。要高度重视和精心组织推进改革过程中的宣传舆论工作，着力营造解放思想、实事求是、与时俱进的良好氛围，营造倍加顾全大局、倍加珍视团结、倍加维护稳定的良好氛围。新闻工作要牢牢把握正确的舆论导向，坚持团结稳定鼓劲、正面宣传为主的方针，唱响时代主旋律，在全社会形成和发展积极健康的主流舆论”[①]。胡锦涛将新闻与舆论明确分开，并分别提出对宣传舆论工作的要求和对新闻工作的要求。舆论反映了社会氛围，新闻可以引导主流舆论。同时新闻宣传要坚持正确的舆论导向，提高引导社会舆论的能力。胡锦涛指出：“新形势下，新闻宣传工作要高举旗帜、围绕大局、服务人民、改革创新，坚持正确舆论导向，提高舆论引导能力，营造良好舆论环境，更好地发挥宣传党的主张、弘扬社会正气、通达社情民意、引导社会热点、疏导公众情绪、搞好舆论监督的重要作用。”[②]所以，胡锦涛舆论观的立足点在于社会舆论要正确，而媒体可以扮演舆论引导的角色，引导社会舆论向积极正面的方向发展。

5. 习近平：新闻媒体要坚持正确的舆论导向

在习近平的舆论思想中，新闻（媒体）要引导舆论，但是要尊重舆论自身的发展规律。对于习近平的舆论观，研究者有不同的表述，如新闻宣传舆论观[③]、新闻舆论观[④⑤]。随着新媒体技术的发展，人民表达渠道的增多，舆论氛围也更加复杂。舆论本身是客观存在的，网络舆论更加“实体化”。理论上舆论具有自发性、不需要引导。但改革攻坚期面临很多社会问题、舆论呈现复杂局面，确实需要一个和谐的舆论环境稳定社会情绪。新媒体舆论场与主流媒体舆论场呈现分化倾向，甚至有时直接对立，这时候就需要传统主流媒体加大引导力度，引导广泛存在于新媒体中的社会舆论。如习近平“2·19”讲话中强调：“党和政府主办的媒体是党和政府的宣传阵地，必须姓党。”[⑥]主流媒体舆论导向正确是确保社会舆论正确的前提。同时，主流媒体可以引导舆论，但在引导的时候要尊重舆论自身的发展规律，要把握好时效度。“关键是要提高质量和水平，把握好时、度、效，增强吸引力和感染力，让群众爱听爱看、产生共鸣，充分发挥正面宣传鼓舞人、激励人的作用。在事关大是大非和政治原则问题上，必须增强主动性、掌握主动权、打好主动仗，帮助干部群众划清是非界限、澄清模糊认识。”[⑦]可见，习近平的舆论思想比胡锦涛的更进了一步，即社会舆论正确的前提是，引导社会舆论的新闻媒体首先要坚持正确的舆论导向。由此也强调主流媒体要引导其他新媒体，从而保证整体社会舆论的正确导向。

---

① 胡锦涛在全国宣传思想工作会议上发表重要讲话强调 坚持用“三个代表”重要思想统领宣传思想工作 为全面建设小康社会提供科学理论指导和强大舆论力量 [N]. 人民日报，2003-12-08(1).

② 胡锦涛 . 在人民日报社考察工作时的讲话 [N]. 人民日报 ,2008-06-21(1).

③ 郑保卫 . 习近平新闻宣传舆论观的形成背景及理论创新 [J]. 现代传播，2016(4).

④ 丁柏铨 . 十八大以来中国共产党新闻舆论观研究论纲 [J]. 中国出版 ,2016,(8).

⑤ 黄楚新 . 坚持党的新闻舆论观毫不动摇——深入学习贯彻习近平总书记在党的新闻舆论工作座谈会上的重要讲话精神 [J]. 新闻与写作 ,2016,(3).

⑥ 习近平在党的新闻舆论工作座谈会上强调 坚持正确方向创新方法手段 提高新闻舆论传播力引导力 [N]. 人民日报 ,2016-02-19(1).

⑦ 习近平在全国宣传思想工作会议上强调 胸怀大局把握大势着眼大事 努力把宣传思想工作做得更好 [N]. 人民日报 ,2013-08-21(1).

通过以上分析我们发现，在党的领导人舆论观中，舆论传播中介——新闻媒体从组织、反映舆论，到代表舆论，再到引导舆论，从注重新闻媒体到注重社会舆论的变化，即经历了从宣传本位到对象本位、从自上而下的到自下而上的传播模式的变迁轨迹。在毛泽东和邓小平的舆论思想中，新闻基本是政治的附属品，新闻就是宣传，是一种领导者或者政党本位的思想。江泽民的舆论思想，开始强调新闻要与舆论分开，并有“社会舆论”的提法。随着市场经济转型下新闻事业的独立，胡锦涛强调新闻成为独立的事业，并与舆论相分离，将新闻舆论工作置于社会治理的高度。在习近平的舆论思想中，传统媒体代表的官方舆论场与新媒体代表的社会舆论场开始形成两大阵地，前者在坚持舆论导向正确的前提下，要积极引导后者，但是要尊重后者自身的发展规律。可见，领导人的舆论观都会提到新闻对于舆论的作用方式，新闻媒体可以不同程度地反映、组织、引导舆论。同时，从历时角度来看，新闻与舆论逐渐分开，舆论传播主体从新闻媒体转向公众，新闻舆论传播模式从自上而下转向自下而上。虽然，不同时期新闻媒体与舆论的关系有所变化，但媒体特别是党媒必须坚持党性原则，组织、引导舆论。

三、主体与对象：领导人舆论观中的舆论主体变迁

孙中山认为，“政治是众人之事”，政就是众人的事，治就是管理，管理众人的事便是政治。政治始终围绕人来展开，或者称为人民。现实存在的人民，在领导人舆论观中则是舆论主体——舆论的来源。虽然现实中舆论有两个来源：政府和公众。前者是自上而下制造舆论，后者是自下而上产生舆论。但实质上讲，舆论只能来源于公众，具有自生自发的特征，舆论不应该受到控制。而政府制造舆论只是一种舆论传播的模式。舆论来自人民，党的领导人舆论论述中也将舆论主体置于不同的位置。

1. 毛泽东：作为行动主体的舆论主体

毛泽东舆论思想中，人民是具有现实利益的行动主体。毛泽东特别重视群众，他将群众视为一种客观存在，在舆论思想中也强调群众的价值。他提出要考虑群众的意见，要通过调查手段了解群众疾苦。报纸可以组织群众（舆论），同时可以教育群众，也就是“从群众中来，到群众中去”。毛泽东在 1943 年《关于领导方法的若干问题》中指出：“在我党的一切实际工作中，凡属正确的领导，必须是从群众中来，到群众中去。这就是说，将群众的意见（分散的无系统的意见）集中起来（经过研究，化为集中的系统的意见），又到群众中去作宣传解释，化为群众的意见，使群众坚持下去，见之于行动，并在群众行动中考验这些意见是否正确。然后再从群众中集中起来，再到群众中坚持下去。如此无限循环，一次比一次地更正确、更生动、更丰富。这就是马克思主义的认识论。”①

毛泽东舆论思想的核心是人民群众，报纸只是连接党与群众的媒介。报纸的工作人员与人民群众在理论上是平等的，他们虽然可以“教育”群众，但是首先要向群众学习。②“正确的领导意见只能从群众中集中起来又到群众中坚持下去。”③毛泽东特别

① 毛泽东 . 关于领导方法的若干问题 [M]. 北京 : 人民出版社 ,1953.

② 中共中央文献研究室 , 新华通讯社 . 毛泽东新闻工作文选 [M]. 北京 : 新华出版社 ,1983:151.

③ 毛泽东 . 毛泽东选集（第三卷）[M]. 北京 : 人民出版社 ,1991:899.

重视群众路线，在宣传中教育群众、引导群众的目的是依靠群众。中国共产党通过群众发动武装革命，夺取政权，并为共产主义理想而奋斗。同时，他们认为群众也是有智慧的，对任何事情的把握要从群众中来，了解群众疾苦，重视调查研究。“做宣传工作的人呢，对于自己的宣传对象没有调查，没有研究，没有分析，乱讲一顿，是万万不行的。”①“不作调查没有发言权。”“不作正确的调查同样没有发言权。”②从毛泽东的论述中可以发现，他认为现实存在的人民群众是革命的依靠力量，而他们作为舆论主体，也可以通过舆论的方式动员革命、发起革命。

2. 邓小平：作为宣传对象的舆论主体

在邓小平的舆论思想中，“舆论”基本上等同于“舆论宣传”。他这里的舆论有指新闻（媒体）的倾向，媒体是宣传的行动者和主体。“舆论宣传不能不考虑社会影响，不能不考虑人民的利益、国家的利益、党的利益。”③人民是传播的指向对象。

邓小平强调，“宣传工作，实际上包括党的整个思想政治工作”④，“要经常地、自觉地以大局为重，为提高人民和青年的社会主义觉悟奋斗不懈”⑤。如果将之置于邓小平精神文明建设的框架下更会发现他对教育人民这项工作非常重视。他认为“培养社会主义新人就是政治”⑥，“思想战线上的战士，都应当是人类灵魂的工程师。在当前这个转变时期，在社会主义精神文明建设和整个社会主义建设事业中，他们在思想教育方面的责任尤其重大”⑦。

3. 江泽民：作为媒体受众的舆论主体

舆论导向思想是江泽民新闻思想的核心和灵魂。舆论导向思想向新闻舆论先传工作者提出了先进性要求，“三个代表”重要思想向广大党员干部提出了先进性要求，二者都是要有与时俱进的精神。江泽民舆论导向思想是江泽民同志以“三个代表”重要思想为核心的整个建设有中国特色社会主义思想体系的有机组成部分，是“三个代表”重要思想在新闻理论领域的专业化，是“三个代表”重要思想在新闻实践领域中的具体运用。⑧

江泽民将人民作为媒体的受众看待。社会公众既是媒体的服务对象又是媒体的依靠力量。社会公众的道德水平、知识水平、世界观等直接影响舆论的质量，所以公众需要被引导。作为“社会公器”的新闻媒体除市场效益外，还要强调社会责任，引导公众的任务也就放在新闻媒体身上。所以，人民既是新闻媒体的服务对象，又是引导对象。“一方面要积极引导社会舆论，充分调动人民群众投身建设有中国特色社会主义事业的积极性，另一方面要努力做到以最好的精神食粮满足人民群众的精神文化需要。”⑨

江泽民在视察人民日报社时说：“为了更好地担负起以正确的舆论引导人的任务，新闻工作者，特别是共产党员和领导干部，必须努力提高自己的思想政治素质和业务素质。

---

① 毛泽东 . 毛泽东选集（第三卷）[M]. 北京 : 人民出版社 ,1991:837.
② 毛泽东 . 毛泽东选集（第一卷）[M]. 北京 : 人民出版社 ,1991:118.
③ 邓小平 . 邓小平文选（第二卷）[M]. 北京 : 人民出版社 ,1994:256.
④ 邓小平 . 邓小平文选（第二卷）[M]. 北京 : 人民出版社 ,1994:363.
⑤ 邓小平 . 邓小平文选（第二卷）[M]. 北京 : 人民出版社 ,1994:256.
⑥ 邓小平 . 邓小平文选（第二卷）[M]. 北京 : 人民出版社 ,1994:256.
⑦ 邓小平 . 邓小平文选（第二卷）[M]. 北京 : 人民出版社 ,1994:40.
⑧ 陈富清 . 江泽民舆论导向思想研究 [M]. 北京 : 新华出版社 ,2003:1.
⑨ 陈富清 . 江泽民舆论导向思想研究 [M]. 北京 : 新华出版社 ,2003:14.

新闻战线的同志，特别是中青年同志，既要志存高远，又要脚踏实地，在打好思想政治和业务根底上，老老实实地下一番真功夫、苦功夫。”①可以发现，江泽民舆论思想强调人民是媒体受众的这一角色，舆论导向要正确，就得接受媒体的引导。

4. 胡锦涛：作为社会公众的舆论主体

胡锦涛将舆论工作置于社会治理的语境中，其中舆论是社会治理的重要抓手。通过舆论，党和政府可以了解政治社会发展状况、了解人民心声，进而为社会治理提供现实素材。在社会治理工作中，胡锦涛特别强调执政党能力建设，其中之一就是舆论引导能力。2004年，党的十六届四中全会通过的《中共中央关于加强党的执政能力建设的决定》明确提出，“坚持党管媒体的原则，增强引导舆论的本质，掌握舆论工作的主动权”。

同时，在胡锦涛的舆论思想中，舆论主体是作为社会公众存在于社会之中的。在社会治理的整体格局下，舆论主体不是社会治理的对象，而是舆论引导的对象。因为新时代的市民，是拥有社会权利的公众。如果从社会治理的角度来看，舆论引导更是一种以软性的手段保障公众权利实现的方式。正如2003年底，胡锦涛在全国宣传思想工作会议上指出：“要高度重视和进行组织推进改革过程中的宣传舆论工作，坚持把为改革、发展、稳定的大局服务作为宣传思想战线的中心工作，引导和激励全党全国人民为实现全面建设小康社会的宏伟目标而团结奋斗，努力形成体现中国先进生产力的发展要求的舆论力量。”②

5. 习近平：作为表达群体的舆论主体

现实中的舆论主体转移到网络舆论阵地中，以再现（representation）的方式表达自我现实存在。随着新媒体技术发展，人民表达权利有效实现，各种舆论在网上流动，政府可以直接从网上了解民意。习近平说：“‘知屋漏者在宇下，知政失者在草野。’很多网民称自己为‘草根’，那网络就是现在的一个‘草野’。网民来自老百姓，老百姓上了网，民意也就上了网。”

习近平特别重视民意，它是现实舆论的重要反映。网络空间是舆论的生成阵地，网络也是了解民意的重要渠道。习近平在网络安全和信息化工作座谈会上谈道：“网络空间是亿万民众共同的精神家园。网络空间天朗气清、生态良好，符合人民利益。网络空间乌烟瘴气、生态恶化，不符合人民利益。”③

从舆论的生成机制来看，网络舆论是相对较为纯净的舆论，是公民自发的声音。人民和政府通过舆论的中介作用而得以见面。从理论上来讲，这里允许媒体（主流媒体/媒体机构）或新闻的缺失。但是由于新媒体中的舆论可能存在杂乱、不良舆论，所以需要传统媒体的引导，特别是主流媒体的引导。“群众在哪儿，我们的领导干部就要到哪儿去，不然怎么联系群众呢？各级党政机关和领导干部要学会通过网络走群众路线，经常上网看看，潜潜水、聊聊天、发发声，了解群众所思所愿，收集好想法好建议，积极回应网民关切、解疑释惑。善于运用网络了解民意、开展工作，是新形势下领导干部做好工作的基本功。

---

① 江泽民总书记视察人民日报社 [N]. 人民日报 ,1996-09-27(1)

② 胡锦涛在全国宣传思想工作会议上发表重要讲话强调 坚持用“三个代表”重要思想统领宣传思想工作 为全面建设小康社会提供科学理论指导和强大舆论力量 [N]. 人民日报，2003-12-08(1).

③ 习近平主持召开网络信息化工作座谈会强调 在践行新发展理念上先行一步 让互联网更好造福国家和人民 [N]. 人民日报 ,2016-04-20(1).

各级干部特别是领导干部一定要不断提高这项本领。”[①]

从整体来看，领导人舆论观中舆论传播主体经历了从能动主体到被动对象和受众，再到不可忽视力量的角色变迁。在毛泽东舆论思想中，舆论主体（具体指群众）是重要的行动主体，在其思想中处于首要地位；邓小平将舆论主体作为宣传对象，它基本处于被宣传的状态；江泽民特别强调人民的根本利益，而媒体既要考虑舆论主体的利益，也要考虑其宣传的社会效益；胡锦涛认为作为舆论主体的人民是权利主体，舆论是社会治理的重要抓手，要保障实现人民社会权利和自身发展；习近平也特别重视人民，作为舆论主体的人民再现于网络平台中进行意见表达，民意具有强大的力量。根据徐桂权对“受众”话语变迁的考察，他认为受众经历了从“群众”到“公众”再到“受众”的角色变迁。[②]在领导人舆论观中，舆论主体则经历了从能动群众到被动受众，再到不可忽视力量的角色变化。这说明领导人舆论观中舆论主体（人民）的角色变迁与整个社会政治语境相一致，为了满足政治社会的现实需要，舆论观中的主体也始终围绕中国共产党的政治需要而进行角色调整。

综合以上三个方面的分析，我们发现党的领导人舆论观呈现如下特征（见表 2–2）。同时，党的领导人舆论观有如下变化趋势：第一，从舆论功能看，领导人舆论思想经历了从为革命服务到为建设服务、再到治理执政的变化。第二，从舆论传播中介看，领导人舆论思想经历了从宣传本位到对象本位的变化。同时，领导人的舆论观始终坚持中国共产党的领导、媒体特别是主流媒体始终坚持党性原则。第三，从舆论主体看，领导人舆论思想中的舆论主体经历了从能动主体到对象和受众，再到不可忽视力量的角色变迁。

表 2–2 党的领导人舆论观特征

	舆论功能	舆论传播中介	舆论主体
毛泽东	革命力量	新闻可以组织、反映舆论	行动主体
邓小平	政治宣传工具	新闻能够代表舆论	宣传对象
江泽民	国家形象和社会面貌的反映	新闻可以引导舆论	媒体受众
胡锦涛	社会治理的重要抓手	新闻的舆论引导是社会舆论导向正确的保障	社会公众
习近平	治国安邦的大事	新闻媒体要坚持正确的舆论导向	表达群体

五、“硬核”与“保护带”：领导人舆论观变迁逻辑

领导人舆论观是其治国理政方略的重要构成部分之一，领导人舆论观的核心是坚持党的领导，那么领导人舆论观是如何做到既坚持中国共产党的领导，又根据形势变化而对舆论观有所调整的呢？也就是说如何做到对党的核心理念的继承并不断发展的。而领导人舆论观的论述中，是否存在可以辨识这种继承与发展的标准？如果存在的话，应该从什么角度切入进行观察呢？

本文借用拉卡托斯的研究纲领试图分析舆论观的变迁。拉卡托斯认为，科学研究纲领

① 习近平主持召开网络信息化工作座谈会强调 在践行新发展理念上先行一步 让互联网更好造福国家和人民 [N]. 人民日报 ,2016–04–20(1).

② 徐桂权 . 从群众到公众：中国受众研究的话语变迁 [M]. 北京：人民日报出版社 ,2015.

是由一系列相互联系的、结构严谨的理论或假说组成的理论体系，是一个逻辑严密的科学体系。一个科学的研究纲领由最基本的理论假设构成的“硬核”（hard core）、辅助性假设构成的“保护带”（protective belt）及保卫硬核不受攻击并引领纲领发展完善的“启示法”（heuristics）三个部分组成。[①] 按照拉卡托斯的本然说明，在科学研究中形成并得到知识共同体广泛认可的特定理论范式，被称为“研究纲领”。“硬核”是“研究纲领”的基本假设或基本原理。它决定一个“纲领”的性质，因而是不允许被反驳的。“保护带”是环绕在“硬核”周围的一系列辅助假说。“研究纲领”遭遇挑战的时候，“保护带”就要进行调整，以来保护“硬核”，从而当“研究纲领”保持足够的弹性和活力。[②]

拉卡托斯的研究纲领方法论对领导人舆论观的分析具有一定程度的适用性，主要基于以下思考：第一，舆论观也属于知识生产和建构的重要内容。拉卡托斯的研究纲领是对科学研究范式转化的一种概括，是知识生产的一种方法论思考，即如何产生知识。第二，目前也有研究运用拉卡托斯的研究纲领理论来分析相关政治文本。例如，近年来国内有一些学者尝试应用“硬核—保护带”理论开展马克思主义的相关研究，试图根据拉卡托斯的理论，研究探讨中国特色社会主义、马克思经济学以及科学社会主义等相关问题[③]，分析学习理论。[④] 与本文最为相关的是张凤阳、李智的研究，他们的研究采用“硬核—保护带”理论分析了党代会报告文本语言，认为其经历了从“革命—斗争”取向到“改革—治理”取向的位移。[⑤] 领导人舆论观虽然带有自身阐述特色，但是领导人的讲话代表了中国共产党的思想精髓，可以被视为重要的政治文本。所以，本文试图运用拉卡托斯的研究纲领来审视当代领导人舆论观的继承与发展以及变迁过程。

1. 领导人舆论观中的“硬核”与“保护带”

领导人在论述舆论思想时，始终有“坚持党性原则”的提法（见表 2–1），而且认为党性原则是必须坚持的根本原则。从深层来看，通过分析我们发现，领导人舆论观中舆论功能经历了从为革命服务到为建设服务、再到治理执政的变迁，但其始终都是为中国共产党服务，为巩固党的领导地位而服务，为增强政党的合法性而服务。从表面论述和深层分析我们发现，坚持中国共产党的领导，舆论工作坚持党性原则，始终是领导人舆论观的“硬核”，不容动摇。舆论的重要功能之一是维护政党的合法性。意识形态教化塑造了政权合法性的机体和内核，而舆论则通过生动鲜活、具体可感的形式为政权合法性提供注解和例证，增强人们对现存社会制度和政治秩序的心理认同和支持，从而源源不断地为政权合法性补给能量，输送新鲜血液。[⑥]

为了巩固党的领导地位，党必须始终坚持对媒体的绝对领导。媒体在进行舆论引导、舆论监督、舆论导向时，始终要坚持党媒姓党。这是马克思主义新闻观的根本原则。李良

---

① 拉卡托斯 . 科学研究纲领方法论 [M]. 兰征 , 译 . 上海 : 上海译文出版社 ,1986.

② 张凤阳 , 李智 . 从“革命—斗争”话语到“改革—治理”话语——以党代会报告文本为中心的政治社会学分析 [J]. 东南大学学报 (哲学社会科学版),2016(2).

③ 葛国耀 , 刘家俊 . 科学研究纲领方法论 : 马克思主义理论研究的新视角 [J]. 学习与实践 ,2012(6).

④ 冷英 , 莫雷 . 拉卡托斯的科学纲领方法论对学习理论研究的启示 [J]. 自然辩证法研究 ,2003(3).

⑤ 张凤阳 , 李智 . 从“革命—斗争”话语到“改革—治理”话语——以党代会报告文本为中心的政治社会学分析 [J]. 东南大学学报 (哲学社会科学版),2016(2).

⑥ 赵强 . 试论舆论的功能 [J]. 学术界 ,2009(2).

荣和林晖提出了“党媒姓党”的三个理由：第一，党报功能定位是工作报，不是家庭报。党报必须是用于指导、协助工作的工作报，而绝不是纯粹供茶余饭后消遣娱乐之用的家庭休闲报，这是党报工作者必须树立的党报功能观。第二，党报受众定位是干部报，不是大众报。党报以宣传、指导为己任，对人们的决策起参考作用，应以各级党政干部和知识分子为核心读者群。第三，党报风格内容定位是严肃的高级报，不是大众化的通俗报。党报以政策宣传为主功能，面向各级党政干部和中高级知识分子，那么它在内容风格上就应当是以刊载政治、经济等硬新闻为主的格调严谨、高品位的严肃大报，而绝不是一张以社会、文化、娱乐等以软性新闻为主的通俗报。[①]

通过对领导人舆论观的分析，我们发现中国共产党的舆论观通过对舆论主体的角色调整来实现舆论观的更新和发展。同时，这种发展必须与当时的社会情境相一致，这样才能使得保护带的调整不会影响硬核的稳定性。徐桂权认为，在中国转型与传媒改革的过程中，“受众”观念从一维的“群众”观念向多维的“受众”“消费者”“公民”“用户”转化[②]。领导人舆论观中的舆论主体从作为群众到公众，从作为能动主体到宣传对象、媒体受众、社会公众、表达群体的角色转化，与中国转型和媒体改革的现实存在一定程度的暗合。

通过以上分析可以发现，党的领导人舆论观呈现了从舆论功能到舆论传播中介、到舆论主体的由内而外、由硬核到保护带的结构（见图 2–1）。党的领导人舆论观中的舆论功能始终强调维护中国共产党的领导地位。作为巩固这一地位的新闻媒体必须要坚持中国共产党的领导，特别是党媒要姓党；但同时为了适应以新闻事业化为代表的社会发展形势，新闻也与舆论逐渐分开。领导人舆论观中对于舆论主体的论述则始终围绕同时代社会语境而不断调整，经历了从能动主体到宣传对象，再到不可忽视力量的变化。正是这种调整，使得坚持党的领导地位、党媒姓党的硬核越加坚固，而作为保护带的新闻与舆论的互动关系、舆论主体的角色变化则呈现出更加丰富多样的形式。当然这些形式是与时代相适应的，由此使得保护带的调整并不会触碰硬核。

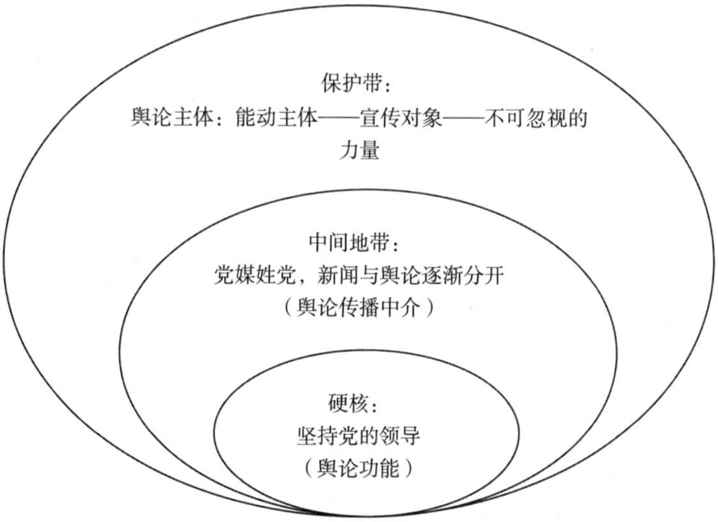

图 2–1 党的领导人舆论观中的“硬核”和“保护带”

① 李良荣，林晖．党报必须姓党 [J]. 新闻实践，2000(2).

② 徐桂权．从群众到公众：中国受众研究的话语变迁 [M]. 北京：人民日报出版社，2015.

2. 领导人舆论观变迁的“启发法”：“实践导向的功能性表达”

拉卡托斯认为，科学纲领的发展和调整有两种方法论原则：反面启发法和正面启发法。[①] 拉卡托斯认为，科学的发展来自两方面的启示：一些规则告诉我们要避免哪些研究道路，即反面启发法；另一些告诉我们要寻求哪些道路，即正面启发法。这两种启示法告诉我们，禁止将否定后件式对准科学“硬核”。也就是说，我们不能通过经验事实而直接否定科学的基本理念，相反，为了保护内核，我们必须调整甚至替换原有的辅助假说。[②]

而党的领导人舆论观中的启发法则是始终坚持马克思主义新闻观，一切从世界出发、解放思想、实事求是、与时俱进。同时它以唯物辩证的思维方式，坚持辩证分析方法，从实践中来到实践中去。从历史主义视角来看，领导人舆论观的形成与当时的政治社会背景有深刻关系，是反映了时代要求又回应时代要求的选择。正如列宁所说：“首先考虑过各个‘时代’的不同的基本特征（而不是个别国家的个别历史事件），我们才能够正确地制定自己的策略。”[③]

毛泽东领导的是新民主主义革命，当时政治发展的逻辑是：动员最广泛的革命力量，反帝、反封、反官僚资本主义，建立现代民主国家。1925 年 12 月 5 日，毛泽东在《〈政治周报〉发刊理由》中谈到，“为什么要出版《政治周报》？为了革命。为什么要革命？为了使中华民族得到解放，为了实现人民的统治，为了使人民得到经济的幸福”[④]。毛泽东始终坚持“从群众中来，到群众中去”的政治路线，舆论工作中也贯彻这一群众路线。“从群众中来，到群众中去，就是组织舆论进而引导舆论为革命的利益服务。这是毛泽东舆论思想中关于群众路线的核心内容。”[⑤] 当时的革命要求宣传党的路线、纲领，并动员群众参与到革命中来，这也是舆论工作的内容之一。正如毛泽东所指出的：“善于把党的政策变为群众的行动，善于使我们的每一个运动，每一个斗争，不但领导干部懂得，而且广大的群众都能懂得，都能掌握，这是一项马克思列宁主义的领导艺术。”[⑥]

以邓小平为核心的第二代领导集体，面临的重要使命是经济发展、实现四个现代化。实现四个现代化的前提条件之一，是要有一个安定团结的政治局面。这又依赖于包括宣传在内的各种教育工作。1980 年 1 月 16 日，邓小平在《目前的形势和任务》中提到：“为了实现安定团结，宣传、教育、理论、文艺部门的同志们，要从各个方面来共同努力。……我们希望报刊上对安定团结的必要性进行更多的理论上的解释，这就是说，要大力宣传社会主义的优越性，宣传马克思列宁主义、毛泽东思想的正确性，宣传党的领导、党和人民群众团结一致的威力，宣传社会主义中国的巨大成就和无限前途，宣传为社会主义中国的前途而奋斗是当代青年最崇高的使命和荣誉。总之，要使我们党的报刊成为全国安定团结的思想上的中心。报刊、广播、电视都要把促进安定团结，提高青年的社会主义觉悟，作为自己的一项经常性的、基本的任务。”[⑦]“中国的问题，压倒一切的是需要稳定。没有

① 拉卡托斯 . 科学研究纲领方法论 [M]. 兰征 , 译 . 上海 : 上海译文出版社 ,1986.
② 朱烜伯 , 刘明海 , 马懿莉 . 科学研究纲领方法论 : 观察马克思主义科学性的新视角 [J]. 江西社会科学 ,2013(2).
③ 中共中央马克思恩格斯列宁斯大林著作编译局 . 列宁全集（第二十六卷）[M]. 北京 : 人民出版社 ,1988.
④ 中共中央文献研究室、新华通讯社 . 毛泽东新闻工作文选 [M]. 北京 : 新华出版社 ,1983:3.
⑤ 高云才 . 毛泽东舆论思想的科学内涵及其历史价值 [J]. 新闻战线 ,1994,(02):17–19.
⑥ 中共中央文献研究室、新华通讯社 . 毛泽东新闻工作文选 [M]. 北京 : 新华出版社 ,1983:151.
⑦ 邓小平 . 邓小平文选（第二卷）[M]. 北京 : 人民出版社 ,1983:219.

稳定的环境，什么都搞不成，已经取得的成果也会失掉。”①1979 年党中央提出经济工作调整、改革、整顿、提高的八字方针后，由于工作没有及时跟上，加上物价波动，群众的思想有些混乱。邓小平立即指出：“我们的工作一定要跟上，包括我们的舆论工具也要跟上。每个地方、每个单位遇到任何问题，都应该主动向群众宣传和解释，做好工作。”②

江泽民同志面对经济全球化、全球信息化、信息网络化的浪潮，站在事关党的成长和壮大、政权的建立和巩固、人民的团结和国家的繁荣的高度，结合我国改革开放社会主义市场经济建设的实际，结合我国新闻宣传工作的实际，就进一步加强新闻舆论导向的必要性问题和可能性问题做了深刻的阐述，很好地解决了人们对加强新闻舆论引导的理论认识问题。③正确的舆论导向是为了更好地为改革、发展、稳定这一全党全国工作大局服务，为建设有中国特色社会主义事业创造良好的社会舆论环境。④同时，江泽民在论述新闻舆论导向问题时非常重视经济全球化、全球信息化对新闻舆论导向工作的影响，非常重视为建设中国特色社会主义创造良好的国际舆论环境。⑤江泽民指出：“世界各国的经济合作和相互竞争，文化交流与相互影响，从来没有像今天这样广泛而深刻。”⑥这一阶段，中国加入世贸组织，在促进经济发展的同时，也势必影响人们的思想意识、价值观等。

胡锦涛时期正是市场经济大发展时期之后，经济发展造成腐败现象丛生、社会不平等加剧、贫富分化，社会群体性事件增多。由此国家特别重视社会治理，舆论也成为重要的社会治理手段。自 1992 年以来，我国经济体制由计划经济转变为市场经济，资源配置方式有了转变，新闻传媒也被不同程度地推向了市场。⑦由此也有了真正的新闻事业。胡锦涛在讲话中明确了“新闻事业”的提法。在社会环境恶劣、舆论氛围不太友好的情况下，胡锦涛提出：“牢牢把握舆论导向，正确引导社会舆论。坚持党管媒体的原则，增强引导舆论的本领，掌握舆论工作的主动权。坚持团结稳定鼓劲、正面宣传为主，引导新闻媒体增强政治意识、大局意识和社会责任感，进一步改进报刊、广播、电视的宣传，把体现党的主张和反映人民心声统一起来，增强吸引力、感染力。重视对社会热点问题的引导，积极开展舆论监督，完善新闻发布制度和重大突发事件新闻报道快速反应机制。高度重视互联网等新型传媒对社会舆论的影响，加快建立法律规范、行政监管、行业自律、技术保障相结合的管理体制，加强互联网宣传队伍建设，形成网上正面舆论的强势。”

在意识形态问题、腐败问题、新媒体冲击、全球化冲击情况下，习近平将新闻舆论工作放到了一个非常重要的位置。他认为，党的新闻舆论工作，“事关旗帜和道路，事关贯彻落实党的理论和路线方针政策，事关顺利推进党和国家各项事业，事关全党全国各族人民凝聚力和向心力，事关党和国家前途命运。必须从党的工作全局出发把握党的新闻舆论工作，做到思想上高度重视、工作上精准有力”⑧。新闻舆论是意识形态和一切思想的重

① 邓小平 . 邓小平文选（第三卷）[M]. 北京 : 人民出版社 ,2001:284.

② 邓小平 . 邓小平文选（第二卷）[M]. 北京 : 人民出版社 ,1994:201.

③ 陈富清 . 江泽民舆论导向思想研究 [M]. 北京 : 新华出版社 ,2003:13.

④ 陈富清 . 江泽民舆论导向思想研究 [M]. 北京 : 新华出版社 ,2003:14.

⑤ 陈富清 . 江泽民舆论导向思想研究 [M]. 北京 : 新华出版社 ,2003:55.

⑥ 江泽民 . 增进友好合作 共创美好未来——在墨西哥参议院的演讲 [N]. 人民日报 ,1997-12-4(6).

⑦ 丁柏铨 , 胡菡菡 . 应对挑战 , 中国新闻传播业直面 WTO[J]. 新闻记者 ,2000(5).

⑧ 习近平在党的新闻舆论工作座谈会上强调 坚持正确方向创新方法手段 提高新闻舆论传播力引导力 [N]. 人民日报 ,2016-02-19(1).

要抓手。习近平强调要坚持正确的舆论导向。他认为，“团结稳定鼓劲、正面宣传为主，是新闻舆论工作必须遵循的重要方针。新闻舆论工作各个方面、各个环节都要坚持正确舆论导向……不能把讲导向理解为一种外在的、通过行政控制才能实现的事情，而应内化为一种基本的职业道德意识，形成一种有效的制度化的机制”①。

总体来看，从领导人舆论观论述中可以发现他们始终坚持“功能性”，舆论始终围绕党的核心任务、维护和巩固党的领导地位。从变迁的角度来看，领导人舆论观又是回应现实需要而提出的，体现了其“实践导向”。由此看来，党的领导人舆论观的变迁逻辑是始终坚持党的领导地位这一“硬核”，又从新闻与舆论关系、舆论主体角色认知方面来调整“保护带”。而实现这种调整策略和启发法的则是中国共产党始终坚持“实践导向的功能性表达”。其中“实践导向”是舆论观形成的现实背景要求，“功能性”是舆论观本身的描述。由此它对“保护层”的调整不但不触碰“硬核”，反而加固了硬核，也丰富了保护层的内涵和形式。

六、结语

从纵向来看，领导人舆论观的变迁有三个维度的重要变化：舆论功能、舆论传播中介、舆论主体。研究发现，党的领导人舆论观中的舆论功能大致经历了从为革命服务到为建设服务、再到治理执政的变迁；领导人舆论观中作为舆论传播中介的新闻媒体大致经历了从宣传本位到对象本位、从自上而下到自下而上传播模式的变迁轨迹；领导人舆论观中舆论主体（人民）大致经历了从能动主体到宣传对象和受众，再到不可忽视的力量的变迁。

从横向来看，领导人的舆论观已经形成“硬核”外加“保护层”的结构。“硬核”即坚持党的领导，舆论工作坚持党性原则，这主要是因为中国共产党是革命型政党，其艰难的革命过程赢得了广大人民的拥护。“保护带”即不同时期领导人对舆论有不同的论述和观点，如舆论功能、舆论主体、舆论传播中介存在一定程度的差异和变化。不同时期的舆论有不同的功能，有时候是放开媒体，削弱政治色彩；有时候媒体是宣传手段、是政治喉舌。但这只是外围保护带的策略性变化，不仅不妨碍中国共产党领导地位的变化，而且更加强化了党性原则这一“硬核”。所以，硬核越来越坚硬，而保护层也越来越多样。

通过对领导人舆论观及其变迁的分析，我们可以发现，党的领导人治国方略始终是在维护“硬核”的前提下，对“保护带”进行布局调整。而中国共产党能够完成这种调整的原因在于：中国共产党始终坚持马克思主义的理论指导，能够做到一切从实际出发、实事求是。以领导人为代表的中国共产党是一个具有很强学习能力的学习型政党，能够针对不同时期的社会特点，把握现实局势、判断社会走向，其舆论观也是一种实践导向的功能性表达。

---

① 习近平在党的新闻舆论工作座谈会上强调 坚持正确方向创新方法手段 提高新闻舆论传播力引导力 [N]. 人民日报 ,2016-02-19(1).

【延伸阅读】陈虹，潘玉：探索中国特色舆论史的研究范式[①]

媒介不仅可以记录所处时代的历史社会状态，呈现舆论表达的内容，而且能够引导、组织与动员舆论，并由此形成强大的舆论思潮，进而影响社会群体的思想与行动，推动社会的变革与发展。[②] 媒介运作同时体现在四个层面，即“作为一种技术，作为一种社会制度，作为一种组织的机器和在一个场景中组合内容的方式，以及作为接收体验的空间”[③]。不同历史语境凸显出不同的主流媒介形态，成为舆论生成与传播的重要手段与渠道。媒介形态可以是古代先秦歌谣这样的口语表达[④]、以近代报刊为代表的书面表达，也可以是宋代书院这样的一种组织机构与言论空间[⑤]，还可以是邮驿等体系建立背后作为一种现代化制度的表征。[⑥] 媒介作为新闻传播研究中的重要载体，映射出其深层社会实践与制度表征。因而，以媒介演进为基本脉络、以媒介的社会实践为阐释路径来呈现舆论的发展脉络，成为舆论史研究的重要方法。

1. 媒介技术的演进

作为一种技术工具而言，一种新媒介的产生会形成其相对独立的运行逻辑与传播特点，在舆论生产与再生产过程中，建构了由这一媒介而形成的舆论内涵。在技术赋权的影响下，实现了舆论格局的重塑。[⑦] 因此，媒介作为一种技术具有相对的自主性，它对于舆论的意义建构主要体现在三个层面：第一，舆论是通过怎样的媒介技术而形成的，其产生机制如何；第二，这种媒介技术形成了什么样的舆论；第三，一种媒介技术的形成必然与复杂的社会背景相联系，由此形塑了舆论的复杂特性，因而需要对舆论所发挥的功能的变革进行评估。[⑧] 作为一种载体与工具，媒介的价值在于影响与变革了舆论所形成的言论空间、舆论呈现形态、舆论参与主体、舆论呈现议题、舆论所发挥的社会影响等方面，进而体现媒介、舆论与社会相互影响的叠加互动作用。[⑨]

2. 媒介的互动观

现代化传播媒介的出现与兴起，为国人构建公共舆论空间提供了基础性的保障，为国人自由发表见解、对国际国内事务进行评判提供了可操作的平台。[⑩] 任何一种媒介的产生都会构成一种交往网络空间，反映出舆论思想观念、言说主体、呈现形态、舆论地域分布结构等因素的互动与抗争。[⑪] 因而，舆论史研究不仅应该从时间维度上梳理舆论的发展历程，还应建立舆论史研究的“横向发展”[⑫] 坐标，即关注某一历史语境下，媒介之间的互动观、

---

① 陈虹，潘玉．中国特色舆论史研究范式的新探索 [J]. 新闻记者，2017（2）
② 陈虹，潘玉．跨学科视野下中国舆论史研究体系构建 [J]. 新闻记者 ,2016(10).
③ 转引自黄旦．新报刊（媒介）史书写：范式的变更 [J]. 新闻与传播研究 ,2015(12).
④ 摘自华东师范大学传播学院潘祥辉副教授在“中国舆论史”跨学科工作坊第二期上的演讲精华实录。
⑤ 摘自浙江医药高等专科学校周军老师在“中国舆论史”跨学科工作坊第二期上的演讲精华实录。
⑥ 摘自暨南大学新闻与传播学院侯东阳教授在“中国舆论史”跨学科工作坊第二期上的演讲精华实录。
⑦ 摘自安徽大学新闻传播学院院长姜红教授在“中国舆论史”跨学科工作坊第二期上的演讲精华实录。
⑧ 摘自上海社会科学院研究员、《上海学》主编周武在“中国舆论史”跨学科工作坊第二期上的演讲精华实录。
⑨ 陈虹，潘玉．跨学科视野下中国舆论史研究体系构建 [J]. 新闻记者 ,2016(10).
⑩ 袁德娟．中国近代报刊舆论主权的重建 [J]. 福建论坛（人文社会科学版）,2009(10).
⑪ 摘自华东师范大学传播学院陆鹏程副教授在“中国舆论史”跨学科工作坊第二期上的演讲精华实录。
⑫ 张昆．横向发展——新闻史研究的新维度 [J]. 新闻与传播研究 ,2004(4)。

媒介系统与社会系统的互动关系以及舆论表达过程中跨空间地域的互动关系，进而确立完整的、立体的舆论历史观念，反映舆论发展的复杂性与多面性，[①] 揭示舆论历史生成、发展以及演变过程，从而建构舆论研究的历史坐标系。

每个时代都有新媒体。[②] 新媒介的兴起会产生新的形式、策略与理念，对其他媒介形成一定的冲击与影响。因而，舆论史研究应该注意到不同媒介之间、媒介与社会之间的互动与影响。如近代公共舆论的表现不只是报刊舆论，还呈现为各种形式，如告示、揭帖，民间的集会演说，到之后电报、电话、广播的引入，产生的公电、专电等，由此舆论呈现出三个层面的内容：即政治家舆论、精英舆论以及民间舆论。[③] 又如解放战争时期，国共双方在各自的舆论制度下，出于政治和战争需要，以多样舆论手段（布告、报纸、书刊、广播、通讯社等）和行为配合政治军事战线，开展舆论攻势，产生出强大的阶级舆论，影响着群情民意。[④] 通过不同媒介对于同一舆论议题的意义建构，有关舆论发展的核心问题在互动关系中得以深入，呈现出舆论在不同互动空间中的宏观层面。

舆论史研究还应该重视我国舆论发展历史的空间地域维度，即如何在历史的叙述中，彰显中国舆论史的空间分布结构特色。[⑤] 由于地理环境和人的行为方式的不同所产生的文化差异必然会在舆论的表达中反映出来，因而舆论在异质性的地域空间中形成，具有其特殊性与多样性。

3. 媒介的社会实践性

当前，多学科融合成为舆论史研究的发展趋势，原因在于舆论内涵的多元复杂性。因而，舆论史研究需要考虑媒介与社会诸多因素的互动关系，将舆论放在更宏观的社会语境中进行考察，反映媒介对于舆论表达的功能与作用。如微传播成为新兴传播方式，正在改变中国的传播格局和舆论生态。微传播重构文化权力关系导致不同文化身份主体表达的多元话语政治间的博弈。[⑥] 社会公众作为舆论主体，它的主体性得到极大提升，由以往的旁观者变成了参与者与见证者，使政治议题走向日常化、生活化。舆论史研究在此互动机制下拓展了其研究范畴，涉及有关舆论研究的各个侧面。

舆论史研究应将媒介研究从媒介内容、生产结构中解放出来，关注媒介的开放性实践。从媒介实践的变化过程中反映宏观的社会语境，进而将其置于更为广阔的视野中进行探究，体现舆论与社会变迁深层的互动关系。舆论作为社会公共生活的一部分，其发展自然与政治、经济、文化等相关，但作为一门专门史研究，只有将上述因素纳入舆论史研究中进行考察，以舆论为研究中心，围绕舆论基本构成要素与专业话语对其发展历史进行叙述，才是舆论自身的历史研究。

---

① 摘自华东师范大学历史系唐小兵副教授在“中国舆论史”跨学科工作坊第二期上的演讲精华实录。
② 朱从兵. 作为“新闻史”“文化史”和“媒介史”的报刊史研究 [J]. 安徽大学学报（哲学社会科学版）,2012(6)。
③ 摘自河南大学新闻与传播学院院长杨萌芽副教授在“中国舆论史”跨学科工作坊第二期上的演讲精华实录。
④ 摘自黑龙江大学新闻传播学院新闻系主任田雷老师在“中国舆论史”跨学科工作坊第二期上的演讲精华实录。
⑤ 摘自上海社会科学院研究员、《上海学》主编周武在“中国舆论史”跨学科工作坊第二期上的演讲精华实录 .
⑥ 摘自扬州大学新闻与传媒学院副院长张爱凤教授在“中国舆论史”跨学科工作坊第二期上的演讲精华实录。

问题三
关系视角下政党宣传范式的转变与创新*

张　宁

一、导言：宣传中的政党社会关系

政党宣传本质上是一种政党为达成政党目标，与其受众进行关系维系而进行的信息传递行为。在政党领导[①]的国家，政党宣传不仅仅如一般的社会宣传现象，起到发布主张、传递理念、解释说服、团结大众、整合社会等作用，同时也是一种领导方式和管理行为，在调和与维系政党与社会的关系、增强政党面对风险的承受能力和化解能力方面发挥着重要作用。在新媒体时代，社会信息传播环境发生了巨大的变化，这种变化甚至引发社会关系的变化和社会阶层的重组。在这种环境中，不但政党宣传的机制面临挑战，政党宣传的范式及其研究也需要调整角度，要基于新的关系和环境，设置新的问题意识，从理论层面上给以往的研究一些新的启示。

本文将从政党—社会关系的角度梳理中国共产党（以下简称的“政党”都专指中国共产党）政治宣传体系的发展脉络及其机制特点，并把“政党—社会关系”细化为“政党—公众关系”和“政党—环境变迁”两个入手点，试图分析并探讨在政党发展的不同阶段，政党与公众有着怎样的关系，这种关系如何规定了政党宣传的主要目标和宣传范式，在进入不同的社会发展阶段后，政党宣传机制及其面对的环境发生了怎样的变化，面对社会关系和社会环境的变化，政党宣传的现在和未来将会有哪些挑战等问题。

二、文献综述：宣传之于政党

关于政党宣传的绝大部分文献都是基于党史研究的角度展开的，它们采用历史学、政治学、传播学等分析框架，对政党宣传的发展脉络、阶段特征以及经验教训等进行梳理。

---

* 本文首发于《新闻与传播研究》2016年第9期，原文标题为《政党——环境视角下政党宣传范式的转变与创新》。张宁为中山大学传播与设计学院教授、博士生导师。

① “政党领导”不等同于“政党执政”，前者指通过革命获得国家政权，后者则指通过选举获得国家管理权。

这些文献大致可以分为以下几个角度。

有关政党宣传中的“人民取向”。刘建明认为政党的办报方针一开始就十分重视宣传对于公众的传播、教育作用[①]，例如在1930年《红旗》上发表的《提高我们党报的作用》明确指出“无产阶级的先锋队——共产党，必须有全国范围内的经常的政治机关报，有系统地对全国无产阶级广大的劳苦群众进行政治教育，深刻地解释一切政治问题，战胜统治阶级的欺骗，指出正确的革命斗争的策略”。从此可以看出政党对于其宣传对象的定位是“传播与教育”。张书林在分析政党宣传中“人民”的定位时指出，党成立90年来，党的领导者都十分重视“人民”，例如毛泽东提出“全心全意为人民服务”，邓小平提出“实现全体人民共同富裕”，江泽民提出“三个代表”（代表最广大人民的根本利益），胡锦涛也提出“立党为公、执政为民”的执政理念。[②]政党领袖的表达形式虽然不同，但是党的领导理念中所蕴含的“人民”的价值取向始终没有改变，这也会体现在政党宣传的导向里。郑保卫在总结中国共产党90年新闻宣传工作的经验时指出，十六大以来党中央以“三个代表”重要思想为指导，提出了“以人为本”的重要思想，并将其与“立党为公，执政为民”和“权为民所用，情为民所系，利为民所谋”等一起，作为共产党执政的思想指南和行动依据，党中央提出“三贴近”的重要思想，这些强调以民为本的理念为政党宣传确立了明确的指导思想和工作原则。[③]陈明通过总结政党早期宣传文件的要义来分析当下宣传的弊病，指出当下政党宣传的教育功能依然重要，但是政党与受众之间的权势关系却不断弱化，这就要求政党宣传要改变原先的教育面孔，将受众提高到决定宣传效果的主体地位，尤其在受众越来越多元化、分众化的今天。[④]

各个时期的政党宣传中“人民”的重要性不断被强调，但是杨汉卿等人的研究也指出，在宣传过程中，政党与群众的关系是坚定不移的主导与被主导地位，例如江泽民在中央宣传工作会议上指出的“如果放弃马克思主义的指导地位，在指导思想上搞多元化，势必导致人心大乱、天下大乱，给党和国家带来灾难”[⑤]。

有关政党宣传中的“机制和规律”。袁珠萍以《人民日报》为例分析新中国成立初期执政党党风宣传教育时发现，《人民日报》作为党报在中华人民共和国成立后就端正党风和工作作风、共产党员标准教育、增强党内团结教育、抵制资产阶级思想侵蚀教育等方面发挥了重要的作用，社论、系列文章和跟踪报道是其发挥党内教育功能的主要手段。[⑥]肖东波在分析政党的宣传规律时指出党规定了每个党员都有对外宣传的任务，这个任务是面向人民的。而且党的宣传工作要靠党的宣传部门和每个党员来完成[⑦]，他引述刘少奇所说的：“一切共产党员都有向人民宣传马列主义的义务，这是党章上规定了的。每个党员要把党的主张、党的政策向人民作解释、作宣传，宣传我们党的基本观点，以马列主义的观

① 董乐铄．中国共产党党报理论的三个里程碑——建党九十周年前夕访清华大学新闻与传播学院刘建明教授 [J]. 新闻研究导刊 ,2011(7).

② 张书林．中国共产党 90 年思想建设的历史考察 [J]. 中国石油大学学报 (社会科学版),2011(3).

③ 郑保卫．中国共产党 90 年新闻宣传工作经验及启示 [J]. 中国广播电视学刊 ,2011(6).

④ 陈月明．宣传 5W 模式：党的宣传鼓动工作“一般办法”——兼与传播 5W 模式比较 [J]. 新闻界 ,2012(2).

⑤ 杨汉卿，唐明勇，邓亦林，谢涛，秦抗抗 .90 年来党的宣传思想文化工作的宝贵经验 [J]. 红广角 ,2011(12).

⑥ 袁珠萍．建国初期的执政党党风宣传教育 [J]. 重庆社会科学 ,2015(5):94-100.

⑦ 肖东波．建国初期党对执政党理论宣传规律的探讨 [J]. 中共宁波市委党校学报 ,2006(4).

点反对一切错误的观点。每个党员都要这样做。”“宣传部应当作为一个计划机关、指挥机关、领导机关来推动全党的宣传工作。”“宣传部门的工作主要有两项，一项是研究情况，作计划，发指示，供给宣传材料，总结宣传经验，审查宣传内容合乎不合乎马列主义原则，方法是不是适合群众的需要。另一项就是要动员全党来做宣传工作。我们党的宣传工作从来不是单靠宣传部门来做的，而是依靠全党以及党外的共产主义者，马列主义者，党外的积极分子做宣传工作的。这样才能把宣传工作做好。”①

有关政党宣传的作用与功能。王晓岚在总结党报的社会功能时指出，一直以来党报都是政党的宣传者、鼓动者和组织者。党报必须无条件地宣传党的方针政策，决定了党报在不同的历史时期会有不同的社会功能，例如（1）推翻反动统治的工具：组织示威、暴动，扩军退敌，鼓舞士气；（2）阶级斗争的工具：在历次政治运动中推动党内外各种斗争；（3）经济建设的工具：推动社会主义市场经济体制的建立等。② 王峰把中国共产党 90 年发展历程分为创业时期、社会主义建设时期和改革开放时期三个阶段，认为党的宣传工作作用从斗争利器、执政法器发展到舆论重器，不同的阶段发挥着不同的社会作用。③

有关政党宣传的宣传方式和宣传环境。刘颖在分析抗日战争时期中国共产党的社会动员方法时指出，党采取的民众动员方法既有以满足民众物质利益为特征的物质型社会动员，也有以精神鼓励为内容的精神型社会动员，政党的社会动员是一种通过多种形式的组织吸纳广大民众参加抗战的参与型社会动员。④ 徐鹏通过划分不同历史时期来归纳政党宣传的具体方式，认为党在民主革命时期形成领导大规模阶级斗争和以统一战线为中心政策的动员方法；新中国成立后到改革开放前形成以群众运动和口号宣传鼓动为特征的动员方法；改革开放后形成以物质利益刺激与精神激励相结合的动员方法。不同时期的政党宣传和社会动员有不同的方式。⑤ 孙晓辉则分析了当下政党宣传面临的新形势的三个特点：（1）人本化：以人为本的传播意识增强；（2）多元化：大众文化传播的新技术使受众的价值观走向多元化；（3）市场化：文化开始以商品的形式传播，文化传播走上追求利润的市场化运作之路。⑥ 这也是政党宣传面临的新挑战。李东东在总结 90 年以来党领导的新闻宣传工作的经验时指出，坚持党性原则、把握舆论导向、坚持以人为本，尊重传播规律，推进改革创新是政党宣传的重要经验。由此可见政党对宣传的绝对主导和方向确定是首要的，同时兼顾对宣传对象的人文关怀、对传播规律的运用和宣传手法的创新。⑦

以上文献在梳理我国政党宣传的历史脉络、基本理念和宣传机制的特点时有很大的学术参考价值，但基本都是基于政党宣传本身的活动、作用、经验、特点，以及党报报道功能的角度进行单向分析，较少涉及政党宣传中的政党—社会关系以及这种关系与政党宣传的互动作用。虽然有部分学者对政党宣传的不同时期做了划分和总结，但是他们只关注了

---

① 刘少奇 . 刘少奇选集 [M]. 北京 : 人民出版社 ,1985:55-56.

② 王晓岚 .90 年来党报社会功能的演进与经营理念的变迁 [J]. 保定学院学报 ,2011(5).

③ 王锋 . 与时俱进地创新发展党的传媒理论与实践 [J]. 中国广播电视学刊 ,2011(7).

④ 刘颖 . 论抗日战争时期中国共产党的社会动员方法 [J]. 兰州学刊 ,2006(4).

⑤ 徐鹏 .90 年来中国共产党社会动员方法的历史考察与现实启示 [J]. 西安社会科学 ,2012(1).

⑥ 孙晓晖 . 大众文化传播影响下执政党宣传方式的创新 [J]. 中共银川市委党校学报 ,2006(4).

⑦ 李东东 . 始终把坚持正确舆论导向摆在突出位置——90 年来中国共产党领导下的新闻事业 [J]. 中国广播 ,2011(7).

这个时期政党的基本任务和宣传特点，并没有关注不同时期社会变迁尤其是与政党宣传有关的社会公众、传播媒介组织和新媒体技术带来的环境变化和特点。本文试图从政党—社会关系的角度出发，分析不同历史时期政党宣传的特点，重点关注中国共产党政党宣传在长期的发展持续过程中的两条脉络："政党—公众关系"以及"政党—环境变迁"。前者主要分析政党对宣传对象的定位及其宣传对象作为自变量给政党宣传带来的挑战，后者主要分析环境变迁给政党带来的风险和挑战，以及政党宣传为何在新媒体时代越来越重要的问题。

三、分析框架：宣传因何而在并且重要

本文视宣传为一种客观的社会现象，基于历史政治学和新闻传播学的理论对政党宣传的范式进行分析。之所以采用政党—社会关系的分析框架是因为以往的研究大多基于政党作为一个自变量如何展开宣传的单向角度进行分析，社会之于政党的互动与制约作用往往被忽视，而这种关系的双向互动和持续维系其实才是政党宣传存在的基础。以往的大多数研究也多从政党宣传的成功之处进行经验性总结，得出的是一般传播活动的基本功能，并没有从本质上说明政党宣传为何重要以及今后更加重要的根本原因。

本文认为，政党宣传的本质是针对政党生存和持续发展过程中的合法性、稳定性和风险性而为的关系维护和风险规避的信息传递活动。首先是合法性。合法性是指统治者或者统治组织在政治态度和情感归属上获得被统治者认可的可能性。中国共产党是领导党，是基于党的社会理想而进行政权获取和国家治理活动的。它不同于合法性来自社会法律系统的执政党，领导党的领导地位来自革命战争和政权夺取，党的合法性需要自己来构建并通过传播获得社会认可，因此领导党的宣传与一般其他执政党的宣传或者社会宣传有着根本的区别，对合法性的传播构建是其最为中心的任务。或者可以反过来说，正是由于政党领导的正当性并非来自国家制度和社会成员的主观意愿，政党从一诞生开始就面临着自身合法性的构建和社会认同的获得，对于宣传行为有根本性的、持续性的、意义重大的需求；随着政党发展过程中周围环境的变化，合法性还会不断遭遇各种问题和挑战，因此宣传也是政党始终的任务。

其次是稳定性。政党在获得政权后进入社会建设和发展时期，除了自身合法性仍然需要不断强化之外，社会建设和发展亦需要稳定的政党领导氛围，政党"作为政权的一部分"要"直接介入政治权利的运作"①，因此政党领导的中心地位和领导过程的稳定性也变得十分重要。越是在社会发展迅速的时代，这种稳定性不管是在政党内还是政党外，都越来越重要。十六大就把"维护社会稳定"作为重要内容和工作方向进行论述，不少学者也认为我国政治过程带有明显的"稳定政治"的色彩。②政党宣传正是一个"用自己的价值和目标影响国家和社会，使这些价值和目标为社会所认同、接受、支持和追随的过程"，并"体现为制定国家和社会发展的路线与大政方针、提出和议决经济社会发展的重大事项、

① 王长江 . 中国政治文明视野下的党的执政能力建设 [M]. 上海 : 上海人民出版社 ,2005:29.

② 唐皇凤 . "中国式"维稳 : 困境与超越 [J]. 武汉大学学报 (哲学社会科学版),2012(5).

动员民众、向国家和社会推荐官员、协调各种政治力量和社会群体”① 等各种作用。

最后是风险性。由于政党的诞生和发展都基于政党的理想，政党成长的过程就是一个不断遭遇风险并成功应对风险的过程。从早期的政权夺取、抗日战争到新中国成立后的社会建设和十年“文革”，再到现代化风险社会，政党除了为自身的合法性、稳定性进行不懈的努力之外，如何应对现代化社会的各种风险和国内外多元关系博弈及各种突发复杂事态，保证社会建设的稳定发展是政党领导过程中一个最为关键也是最为迫切的问题。是否能顺利应对各种突如其来的危机，也关系到社会对政党领导能力的认可，与上述的合法性和稳定性密切相关。

合法性关系到社会成员对政党的政治认同，政治学领域的研究表明有四种方式可以获得政治认同，即暴力、社会契约、权威和论证。“论证”是哈贝马斯提出的，他认为合法性“是普遍讨论的结果，而不是普遍意愿的结果”②，并指出合法性的构建可以有四种方式，即神话或者意识形态、宗教或者伦理、法律和宣传。③宣传本质上是一种信息传递活动，但是宣传行为本身带有即时性、多样性、包容性、灵活性和有效性，也是一种灵活有效的领导方式。在方法上，它可以借用可能使用的一切传播渠道，从组织传播、大众传播到人际传播等，都是宣传可以涵盖的。在内容上，它可以包罗万象，融各种主张和理念于千变万化的信息中。在机制上，它有很强的灵活性，可以设置专门的宣传部门和机构，派出机动团队，也可以让所有组织成员成为组织的宣传者。在效果上，宣传又是一种集中而密集的深入人心的信息传达活动，比起制度、法律和意识形态，它可以在较短的时间内获得社会认可，形成共识，团结大多数，是一种有效的社会协调和整合活动。同样，借助宣传的上述特性，政党对稳定性的追求也离不开宣传，稳定性是社会成员对政党领导的绩效、成就和正面结果的感知和认识，既是一种个人主观的认知印象，也是一种信息传递和情感交流的结果，使用宣传的方式通过信息传播来提高政党的稳定性是非常适合的。风险往往不可预知并突如其来，需要迅速、灵活、全面而适合地应对，宣传行为的及时、灵活和全面亦令其成为一种风险应对的重要工具。

如上，领导党对合法性、稳定性和风险性的建设需求与应对需要决定了其对宣传的根本性重视，政党宣传可以看成是政党为争取合法性和稳定性，为应对风险而进行的领导方式和管理行为，而在不同的历史时期，政党的目标及其社会关系规制了政党宣传的范式。本文将在下面通过“政党—公众关系”的不同时期和关系定位来分析政党宣传范式的特点，同时通过“政党—环境变迁”来分析政党在立国和治国过程中的风险的种类和特征。

四、历史脉络：宣传作为一种领导方式

中国共产党的政治宣传可以划分为四个不同的历史时期。即 1921—1949 年（战争时期），1950—1978 年（新中国成立初期至改革开放之前），1979—2002 年（改革开放时期），和 2003—2015 年（转型时期）。从不同时期政党的中心任务和社会环境来看，“战争时期”

---

① 王长江 . 中国政治文明视野下的党的执政能力建设 [M]. 上海 : 上海人民出版社 ,2005:29.

② 郭晓东 . 重塑价值反思之维——哈贝马斯政治合法性理论研究 [J]. 云南行政学院学报 ,2006(2).

③ 哈贝马斯 : 公共领域的结构转型 [M]. 曹卫东 , 译 . 上海 : 学林出版社 ,1999.

和“新中国成立初期至改革开放之前”这两个时期政党宣传的主要任务无疑是政党的合法性构建。从20世纪六七十年代开始到转型期后期，合法性的建设任务依然存在，但是宣传工作的另外一个方面则是以政党领导下的社会稳定、国家治理稳定为中心目标的，而在这个阶段的后期，社会矛盾的表面化、社会风险的显露已经有了较明显的警示。从这个时期开始，新时期政党宣传的主要任务，就集中在面对复杂社会事态，应对多元社会风险上来了。以上政党宣传的时代划分是基于一种历史政治学的分析视角，通过这个宣传时间段的划分，我们可以更清楚地看到政党宣传在不同时期传播范式的特点。

1.1921—1949年：宣传的革命范式

从中国共产党诞生时期开始，其最早的党内文件中就已经明确指出宣传工作的目的性——“宣传工作是在于把一个问题从理论上解说得明白，使比较少数的人了解这个问题的原因、结果、前途和发展规律，给比较少数的人以许多观念。鼓动工作是在于从一个问题中抓住人人都知道的事实，给广大群众一个观念，极力激起群众的感情”[①]。1921年中国共产党第一次全国代表大会也明确表明党对宣传工作的绝对指导：“一切书籍、日报、标语和传单的出版工作，均应受中央执行委员会或临时中央执行委员会监督。每个地方组织均有权出版地方通报、日报、周刊、传单和通知。不论中央或地方出版的一切出版物，其出版工作均应受党的领导。任何出版物，无论是中央或地方的，都不得刊登违背党的原则、政策和决议的文章。”[②] 由于党生存的环境十分危险而复杂，宣传作为一项重要的工作一直被重视也被严格管理，宣传的指导权属于中央，很多有关宣传工作的指示都直接来源于党的高级领袖。这个时期的政党宣传有几个特点。

（1）组织即宣传：以党组织为框架组织宣传队伍，宣传渠道的初期建设依赖党组织的指挥，多位党的领导者要求宣传队伍不能自己干，要和组织部一起进行宣传工作。这种集中领导、组织的宣传模式从一开始就有以下特点：第一集权式的绝对领导，党的高层领导亲自指导宣传工作，留下大量的针对党的宣传工作的指导文献，党的顶级文件明确规定宣传工作的领导权，事无巨细层层有指示。第二严格的管理方式，宣传工作规定了宣传内容和出版的请示制度、审查制度和报告制度。第三形式多样，党的宣传方式和宣传队伍种类较多，行动力十分强大，例如有各种宣传队、动员团、战地剧团和青年团等承担宣传工作的团队深入工厂、农村、学校、医院、车站、街道或者奔赴战争前线。这些宣传团队通过召开宣传会、公演话剧、发布传单、张贴海报、教唱歌曲等方式进行广泛的传播鼓动工作。党的宣传出版物有《战地通讯》《老百姓周刊》《红旗》《战斗》《抗战》等多种，抗日战争时期甚至有专用日语印发的传单和标语。抗日根据地也不断展开各种宣传活动，如唱歌、戏剧表演、读报、演讲动员、张贴标语、散发传单、办墙报壁画、编辑出版书籍报刊、召开茶话会、举办游艺活动、办识字班等。宣传的方式因地制宜，十分丰富。

（2）宣传即教育：由于这个历史时期人们的社会文化和思想觉悟有限，政党宣传针对传播对象的主要任务基本上都是“教育”，甚至是“灌输”相关的政党理念，例如在这

---

① 中共中央宣传部办公厅，中央档案馆编研部．中国共产党宣传工作文献选编（1937—1949）[Z]. 北京：学习出版社，1996:250.

② 中共中央宣传部办公厅，中央档案馆编研部．中国共产党宣传工作文献选编（1937—1949）[Z]. 北京：学习出版社，1996:325.

个时期的政党宣传文献中，多使用教育、端正、提高、唤醒、启蒙等词汇[①]，对中国农民形象的认知是“相对保守”“愚昧”“组织上涣散，行动上盲从”[②]，被描述为“背上背着旧制度包袱”[③]。从这个时期政党宣传文件对人民的定义中可以看出，政党宣传的主要功能和作用被定义为“教育”，这个功能不断被突出，事实上，这个功能也为政党的合法性建设发挥了重要的作用。

（3）宣传为革命：战争时期党的宣传工作的另一个重要使命就是为革命战争服务，因此党性、阶级性成为政党宣传的突出色彩。夺取政权、击退日寇、革命立国是党当时的主要目标，从工农运动到抗日战争和解放战争，政党要在残酷的环境中获得合法性和社会认同，规定了政党宣传话语浓厚的党性色彩。

2.1950—1978 年：宣传的政党范式

中华人民共和国成立后，中国共产党对政治宣传工作的重视并未松懈。1949 年 9 月 27 日政务院下设新闻总署，统一管理中华人民共和国的新闻宣传工作，重点是对全国的私营新闻机构进行社会主义改造，这也是基于党对宣传工作在新中国成立后要为社会主义建设提供稳定的意识形态和舆论环境的合法性建设需求。新中国成立初期社会环境依然复杂，政党面临巨大的社会改造和社会建设的压力，也是受苏联政党宣传模式的影响，这个时期的政党宣传依然视宣传者和宣传对象的关系为主导与被动的关系，因此该时期的宣传特点是：

（1）运动式宣传：新中国成立后的政党宣传以政党为中心、以国家稳定为目标，党对宣传工作的领导开始通过各级宣传部门进行日常化管理，并对全国报刊的新闻报道内容进行具体指导，这个时期仍然可见多位党的高层领导人物对报刊的新闻报道和记者工作做出具体指示。新中国成立后政党的整体宣传体制还是有模仿苏联政党宣传模式的浓厚痕迹，例如宣传以意识形态灌输为主要内容，伴随大型运动和社会动员、反复的单向信息轰炸、正面主动的宣传攻势，并且有全国性的无孔不入的全局宣传计划。这个阶段的宣传方式简单、机械，以灌输和批驳的方式为主，是基于政治压力和领袖崇拜的运动式宣传，在某个阶段甚至发展为全民参与的社会运动。这种社会总动员式的宣传在政党的组织和发动下通过全国所有大众传播媒介、出版物、大字报、口号标语、样板戏、典型人物的新闻报道等方式展开，渗透全社会。有学者认为新中国成立以后至改革开放前 30 年间的社会宣传具有革命后“革命”的特点。[④] 从这种集权式管理和运动式传播的机制上来看，当时的政党已经成为高于政府、社会和大众传播媒介之上的最大最强的传播媒介。

（2）宣传的泛政治化：在这个时期，政党宣传的突出特点是将政党主张和理念作为几乎是唯一的价值观和意识形态进行大力宣传[⑤]，同时把其他的社会文化传播都作为辅助载体，也强硬搭载主流意识，承担宣传功能，其结果就是主流意识形态的单一化和社会宣传的泛政治化——被极力传播的主流意识形态被扭曲，而其他形态的社会文化内容因承载

① 中共中央文献研究室、新华通讯社 . 毛泽东新闻工作文选 [M]. 北京：新华出版社 ,1983;

② 陈一收 . 舆论引导能力建设研究 [M]. 北京：社会科学文献出版社 ,2012:49.

③ 中共中央文献研究室、新华通讯社 . 毛泽东新闻工作文选 [M]. 北京：新华出版社 ,1983;

④ 王邦佐 . 执政党与社会整合——中国共产党与新中国社会整合实例分析 [M]. 上海：上海人民出版社 ,2007:38-39.

⑤ 如 1966 年 2 月到 4 月，《解放军日报》连续发表 7 篇文章要求“突出政治”，指出“思想工作高于一切，决定一切，压倒一切”。

过多的政治功能而丧失活力。[①]政党宣传的泛政治化在这个时期有各种表现，例如1957年提出“政治家办报”，突出社会传播的政治性和政治控制，在历次政治运动中报纸的主要版面都不得不让位于斗争宣传。十年“文革”为作为一个特殊的狂热的宣传阶段更是扭曲了政党宣传的主要方向和基本方式，让宣传成为政治大批判的工具。同时，全社会所有传播媒体都必须全力以赴地配合“反右”斗争、“文化大革命”等意识形态的宣传，没有其他选择。

（3）划分宣传对象：这个阶段的政党宣传对宣传对象有了一定程度的划分，如党内成员、党外群众、不同时期特定的宣传对象如新中国成立初期的民族资本家、“文革”前的知识分子、“文革”中的资产阶级、小资产阶级等。政党宣传的主要任务是坚定党内成员思想觉悟，教育指明人民群众的政治方向，批评教育特定的阶层和人士。这个阶段党的宣传工作文献中用于描绘宣传对象的词汇有“幼稚、思想改造、克服保守思想、提高觉悟、加以引导、启发和鼓励、提高积极性、教育”等。1950年3月胡乔木在论述新闻工作问题时认为“报纸就是负责地每天告诉人民群众：应该走向何处去，不应该走向何处去”[②]。

（4）宣传是建设工具：1950年后社会经济发展成为政党领导工作的重心，因此通过党报推动全国经济建设的全面展开也是当时政党宣传的中心工作。1950年3月29日至4月16日，中央人民政府新闻总署召集全国新闻工作会议，就当时新闻工作的主要情况和问题加以讨论，要求全国报纸为适应全国逐步转入以生产建设为中心任务的情况，“用首要的篇幅来报道人民生产劳动的状况”，“报纸的新闻、通讯、评论、信箱、专门性的或一般性的副刊，都应当尽可能地服从于这个任务”[③]。1950年《人民日报》用第一至三版加大对经济新闻的报道，增加了“京市新闻”和“财经简讯”的栏目。

3.1979—2002年：宣传的稳定范式

进入改革开放时期，媒介经营的开放化和市场化让媒介传播的内容发生了巨大变化，从灌输模式到受众导向，从理念传递到迎合受众，在这样的信息环境中，政党宣传受到很大的挑战，党报发行量面临巨大的市场压力。政党宣传在改革开放的大环境中迎来了三个挑战：传播内容上的人本观念凸显挑战以往的政治主导意识；社会价值观多元化质疑以往的单一政治观念；市场机制倒逼党报和宣传机制反思社会传播效果。这个阶段政党宣传的方向是维护政党领导的有效性和社会发展的稳定性，一方面作为宣传对象的社会公众在信息环境、生活方式、思想观念和价值观方面已经日趋开放和多元，一方面政党的宣传范式有所变化也有所不变，具体如下。

（1）从直接到间接：党的领导地位没有变，但是领导方式发生了变化，政党主要通过国家机关间接控制宣传，展开具体的宣传工作。宣传模式上有了政党组织和国家机构的双重信息输出和话语场域——党报继续宣传党的理念和战略主张，隶属国家的其他新闻媒介成为企业化经营的事业单位，允许其报道内容在不违反国家法律和法规的情况下有一定的自由裁量权，但是如果出现违法违规和政治错误，则会受到法律制约和政治压力。同时宣传工作开始注重专业化、知识化，开始关注宣传的社会效果。胡锦涛2002

---

① 傅华．执政党文化传播的特殊性与宣传思想工作的有关思考[J]. 理论动态，2006(12).

② 胡乔木．关于目前新闻工作中的两个问题[R].1950.

③ 胡乔木．中央人民政府新闻总署关于改进报纸工作的决定[N]，山西政报，1950(5).

年 1 月指出要“科学地认识和把握新形势下宣传思想工作的特点和规律，形成新思路，探索新办法，开辟新路径，取得新成就”。政府新闻发言人制度也是从这个时期开始形成并发挥作用的。

（2）从教育到防御：改革开放后我国社会发生的巨大变化之一就是信息环境的开放和变化，这个时期经历了党报改革、新闻媒介的市场化、互联网的普及以及信息全球化，不但社会传播模式，而且政党宣传的受众也发生了很大的变化。这个时期政党宣传首先敏感地认识到传播环境的变化，其对策是防御式的，这从党的高层领导者的相关讲话中可以看出。1985 年 9 月邓小平在中国共产党全国代表会议上讲话强调社会主义精神文明建设；1987 年 5 月赵紫阳在宣传、理论、新闻、党校干部会议上的讲话中强调加强对改革的舆论宣传；1989 年 11 月江泽民在新闻工作研讨班上强调坚持党性原则，指出新闻传播媒介是党、政府和人民的喉舌。可见，改革开放的初期，政党宣传的环境开始进入多元化的信息传播时代，但是面对多元化的挑战，其应对基调是抵御。强化意识形态净化，用宣传抵制资产阶级思潮，加强对改革的正面宣传，是这个时期宣传的主题。

（3）从党内到社会：并不是说这个时期的政党宣传忽视了思想政治教育，这部分的功能更多地体现在党内集中型的、以思想教育为主的宣传活动上，延续以往的党内政治思想教育宣传模式和惯例——组织理论团队解读党的理念和精神，在大众传播媒介上进行重点传播，组织理论专家编写普及读物，组织宣传团队到基层进行深入传播等。例如 20 世纪 80 年代至 90 年代初期开展的“坚持四项基本原则”“反对资本主义自由化”活动，1994 年至 1997 年的“双学”活动，十五大后的“邓小平理论”“三个代表”学习活动都在全国展开等。这些活动在党内展开教育的同时，也通过党报和其他新闻传播媒介进行社会传播，促进了社会参与和社会动员，上述大规模的全国性宣传也增加了社会对政党的合法性认同和意识形态的靠拢。

4.2003—2015 年：宣传的引导范式

转型时期政党宣传面临的形势特点可以归结为三个关键词——市场经济、新媒体和公共危机。这个时期是改革开放和市场经济迅猛发展的时期，政党依旧拥有领导社会建设和社会宣传的主导地位，但是社会话语权由市场化媒体所体现，社会成员的话语权通过互联网被赋予、被放大、被显现，成为能与以往政党话语场域抗衡的话语场，多元话语博弈十分激烈，以往单纯的政党宣传主导的局面不复存在。同时，随着现代化的建设和发展，我国也进入现代风险时代，2003 年的“非典”危机就是一个标志，从此以后社会发展带来的公共危机和互联网传播带来的舆情危机成为领导党在社会管理过程中必须面对和应对的新问题。转型时期政党—社会关系更加复杂而多元化，社会阶层更加分化，具有互联网影响力的新代表性人士和阶层也出现了，政党的宣传对象不再是单纯的和单一的。这个时期政党宣传的任务是强调政党领导的正义性并重点维护社会的稳定发展，与上述几个时期的宣传范式中的“鼓动”“教育”“动员”不同，“引导”成为该时期宣传的新特点。

（1）舆论引导：这个关键词成为这个时期政党宣传的新定位，可以看出政党对其社会成员及其相互关系的关注和尊重，以及政党—社会关系开始平等化，以往宣传的刚性被淡化，宣传的柔性开始被强调。胡锦涛在 2008 年 6 月的讲话中指出，要坚持把实现好、维护好、发展好最广大人民的根本利益作为新闻宣传工作的出发点与落脚点；要认真研究新闻传播的现状和趋势，深入研究各类受众群体的心理特点和接收习惯，加强舆情分析，主动设置议题，善于因势利导。这番讲话强调的是“维护利益”“研究新闻传播趋势”“受众群体的特点和习惯”以及“舆情分析”和“设置议题”，与以往的“教育式”宣传相比，“引导式”宣传多了一些对传播规律的认知和对受众信息接收方式的理解。

（2）新媒体渠道：随着互联网技术的普及，党报机构如《人民日报》、新华社和中央电视台都开始向新媒体转型，通过网站、微博和微信的方式进行新闻宣传。政府部门也在2010年和2012年开始了政务微博和政务微信的普及化，政党宣传通过“两微一端”扩展新媒体受众，同时新媒体渠道的开拓也让政党通过新的传播渠道扩展了新的社会关系。

（3）危机传播：以宣传应对风险是这个时期政党宣传的重要任务，伴随新媒体时代的到来，我国也同时进入风险社会，社会矛盾的表面化和社会冲突的频发让政党领导时时面临突发事件的挑战，政党宣传的首要任务之一就是危机传播，即危机发生之后通过大众传播媒介向社会公众进行说明、解释和社会动员，这是政党领导的一种应急管理方式，也是维护社会稳定最有效的渠道。政府设置的新闻发言人制度也在危机发生时发挥了重要作用。

5. 小结

梳理90年来政党宣传的历史脉络可以发现，政党宣传范式是产生于政党创建、阶级斗争激烈而复杂的背景中的，因此政党宣传一开始就不可避免地带有阶级斗争和战争立国的刚性色彩。同时，伴随着政党的发展和目标的转变，宣传工作肩负着重要的为争取政党合法性和领导的稳定性，以及应对不同时期各种风险的职责和作用，其范式也应对不同时期发生着的变化。这种变化从政党—社会关系的角度则体现为：建党初期政党的宣传对象是需要被教育、需要被提高革命觉悟的，这种定位从战争时期一直延续到新中国成立初期和改革开放初期，即政党以“领导与被领导”“教育与被教育”的关系定位来认识宣传对象，因此宣传范式即使到了改革初期，仍然带有统一管理、自上而下、刚性灌输和教育防御的性质，这种运动式、泛政治化的宣传范式确实也在过去封闭的时代里发挥了较大的作用，并在获得合法性、稳定性和应对风险方面被认为是有效的。但是，互联网带来的是一个断裂式转型时代，新媒体技术和社会影响促成了政党和社会原有关系的解构和重构，政党高高在上的金字塔式的传播样态开始扁平化、非线性和多元化，以往领导与被领导、教育与被教育的垂直关系开始趋于平等互动，在政治认同和意识形态构建的过程中，个体主观经验和个性化信息渠道的作用越来越重要，自上而下的单向灌输、指令式传播在网络赋权、众声喧哗、议题分化、共识难成的时代业已失效，政党在为合法性、稳定性和风险应对进行的宣传活动中会遇到越来越多的竞争者、竞争话语和竞争场域，因此，政党宣传范式已经到了不得不进行根本性转型的时期了。正是如此，2003年之后的政党宣传进入引导范式时期，体现了政党对社会关系新变化的顾及和重视。

表3-1 政党宣传的不同时期宣传范式的特点

	政党工作重心	政党宣传中心	宣传范式及特点
1921—1949年	传播党的纲领，发展党员，推动工农运动和军事斗争	鼓动工农运动，配合军事动员，为根据地建设提供舆论支持，发展人民民主统一战线。	革命范式：以政党理想和革命鼓动为中心的单向教育式宣传。

续表

	政党工作重心	政党宣传中心	宣传范式及特点
1950—1978 年	社会主义建设、抗美援朝、党内斗争	围绕过渡时期总路线的“三大改造”的社会主义教育、针对援朝的爱国主义教育、以阶级斗争为主的政治教育。	政党范式：以政党为中心的垂直管理和运动式宣传。
1979—2002 年	经济改革、现代化建设	以经济发展和改革开放为社会发展主要目标，全面进行现代化建设。	稳定范式：以改革目标和社会稳定为中心的正面宣传。
2003—2015 年	进一步改革开放，应对社会风险	保持可持续发展和社会稳定，应对各种社会矛盾和风险。	引导范式：尊重传播规律和社会舆论的引导式宣传。

政党宣传是政党实现理想和领导目标的重要工具，它不但体现着政党目标的转变和政党领导方式的转型，也体现着政党和社会的关系互动及其关系内涵的变化。当下，政党面对的是教育程度、知识水平、信息获取和独立思考能力不断提升的社会公众，现实生活中他们是个性化和碎片化的个人，网络世界里可能迅速成为强大而显示力量的网络集群，如何通过信息传播与这样的社会公众建构新的社会关系，是政党宣传的新的任务。以往的政党宣传可能直接以获得合法性、稳定性和应对风险为直接目标，但是现在，如果不能从政党与社会公众关系构建的角度出发，不厘清政党与社会公众当下的关系内涵，政党宣传难以发挥有效作用。

五、范式创新：新时期政党宣传的可沟通范式

随着现代社会的多元化发展及通信技术的革新、新媒体技术的普及和日常化使用，信息传播日益呈现出多中心、碎片化、开放性和再生性的特点，这对传统的政党科层式管理形成了新的挑战。同时，社会发展也进入了风险化时代，矛盾凸显危机频发，如果作为领导者的政党不能迅速应对，其合法性、稳定性和应对风险的能力将受到质疑和挑战。

我国进入互联网时代后，政党—社会关系的内涵是：政党来自社会，社会需要政党更好地应对新时代社会内部的多元关系维系和社会发展过程中社会与国家之间的博弈。① 而这种关系维系的艰巨性带有明显的时代色彩。

第一，互联网社会组织形态和大众存在方式的无中心化、去权威化和原子化，让政党—社会关系形态趋于“疏离”，而并非以往时代主要由人际传播和组织传播维系的那般“紧密”。

第二，社会大众的信息接收渠道和方式、内容发生了巨大的变化，网络上民声显现，民情汹涌，民意具有“倒逼”的力量，以往被宣传被教育的一方有了明显的主动、自我和独立的意识，与过去的时代相比，“党强民弱”变成了“党民互动”。

第三，与政党宣传同时进行的还有多种多样的商业宣传、社会宣传和境外宣传，这些宣传主体都同样企望获得来自大众的认同和长久的关系维系，它们灵活运用新传播技术和渠道，迎合社会大众话语体系，也会导致政治冷漠，从另一方面削弱政党—社会关系。

第四，我国互联网时代与现代风险社会时期重合，也让政党—社会关系在社会公共危

---

① 袁超 . 政党、社会和民众关系的内涵分析——从普遍意涵到时代意涵的理论阐释 [J]. 江西师范大学学报 (哲学社会科学版),2015(5).

机发生的时候被危机情景和复杂事态所牵制，从而变得敏感、脆弱和复杂。政党领导的危机应急管理水平成为其社会关系的晴雨表，危机事态中双方关系的互动也直接关系到社会成员对政党的合法性和领导的稳定性认同。

2016年2月，习近平总书记主持召开党的新闻舆论工作座谈会并到人民日报社、新华社、中央电视台调研。关于党的新闻舆论工作，习近平提出了九个方面“创新”和两个“增强”，即“创新理念、内容、体裁、形式、方法、手段、业态、体制、机制，增强针对性和实效性”[①]，体现了党的领导人对政党宣传的最新定位和要求。与上述四个时期不同，政党宣传开始进入第五个时期，新时期的政党宣传需要从宣传范式上进行创新，建设推动一种能维系政党—社会良好互动关系的可沟通的宣传范式。

“可沟通”一词原本用于城市传播的相关研究中，具体指这样一种状态：（1）将沟通或传播视为人类的生存方式和社会构成的基础；（2）促成多元主体通过信息传播进行多元融合；（3）融合历史和现实提升认同，建设社会共同体；（4）构筑社区、国家间的连接与互动。[②] 也就是说，城市传播研究中的“可沟通”不是单指城市的媒介化水平，更是指在数字化信息网络建构的新型城市里，推进社会发展，弥合社会鸿沟，促成有共同文化认同的社会共同体的状态。[③] 这种“可沟通”理念也可以用于我们对新时代宣传范式的创新建设中，以信息传播构筑政党—社会关系，推动多元主体共同参与政党宣传活动，以促成社会认同、达成共识为传播目的，建构社会共同体。

因此，本文认为新时代的政党宣传范式的特征可以用“可沟通”来概括。

1. 可沟通的受众关系

任何一个时期的政党宣传目标无疑都集中在政党合法性、领导稳定性和风险应对能力的巩固上，因此，政党宣传范式中最重要的要素是宣传客体即社会公众。可沟通宣传范式主张对以往的“宣传者—宣传对象”“主动—被动”的固有逻辑关系做创新式改变，政党宣传体制中允许容纳多元的主体参与进来，通过不同的话语体系和传播方式达成政党宣传的目标。正如政党来自人民，党性和人民性是一致的道理，政党宣传要重视社会的力量，通过对多元社会主体的引导、吸纳、协同和合作，来展开政党宣传。当下社会成员的阶层多元、身份复杂，有不少以往不明显的“新代表性人士”存在，并具有较大网络影响力，积极灵活地借助多种社会良性力量来进行传播，促进认同、达成共识，是新时代政党宣传首先要进行的观念创新。所谓宣传范式的可沟通，在社会关系层面上就是要根据社会公众的群体心理和个体特征的变化而灵活改变传播的方式方法，以人为本，适应传播对象的主观愿望和客观需求。

2. 可沟通的传播环境

一般认为政党宣传的内容就是社会的主流意识形态，作为主流意识形态必须强势占领所有社会意识形态空间，不允许非主流意识形态或者其他亚文化政治形态有所存在。但是，

---

① 习近平总书记主持召开党的新闻舆论工作座谈会并到人民日报社、新华社、中央电视台调研侧记[EB/OL]. 新华网(2016-02-20)[2017-11-18].http://news.xinhuanet.com/politics/2016-02/20/c_1118106530.html.

② 复旦大学信息与传播研究中心课题组，谢静．可沟通城市指标体系建构：基于上海的研究（上）[J]. 新闻与传播研究，2015(7).

③ 吴予敏．从“媒介化都市生存”到“可沟通的城市”——关于城市传播研究及其公共性问题的思考[J]. 新闻与传播研究，2014(4).

互联网时代就是一个不断创生多种多样的非主流意识形态和千变万化的政治亚文化形态的时代，这个时期的政党宣传需要认清形势，与其他非主流意识形态和亚文化种类保持共生但主导的互动关系，保持一定的距离，或留有中间地带，并在这些亚文化领域里适当地传播主流价值观。互联网时代，对于政党宣传来说，非主流意识形态和政治亚文化形态的存在也是有其存在的价值和意义的，它们和政党主流意识形态共同构筑一个多元互动、融合竞争、宽容良性的社会文化氛围，让社会公众处在一个自然而轻松的信息接收环境和自主选择的环境中，避免信息强压带来的逆反心理，只有宽容和谐的传播氛围才是可沟通传播效果的基本保障。

3. 可沟通的宣传机制

正如政党历代领导人一直非常重视政党宣传工作并时刻强调政党宣传的重要性那样，政党宣传的机制在新时期也需要适应新的形势才能完成自己新的使命。新时期政党争取合法性、稳定性和应对风险的任务并没有减轻，反而越来越艰巨。合法性建设遇到网络时代信息去中心、去权威的特点，多元传播主体和多种传播场域同时进行议题博弈和声音竞争，政治认同和社会共识的形成更加困难。稳定性建设遭遇社会公众价值观、世界观的多元化，伴随网络普及而成长起来的一代其政治兴趣和思想觉悟与前代人有明显的代沟，代际意识形态的分化和鸿沟让政党旧有宣传话语不但可能失效，而且会遭遇解构和误读。同样，政党宣传在过去的时代里所发挥的团结社会、万众一心、共渡难关的危机应急作用，在互联网风险社会里可能无法应对繁杂的事态和复杂的博弈关系，这些都需要政党宣传在机制上进行进一步的创新建设。政党宣传机制原本脱胎于政党组织内部，天生带有集中统一管理的僵硬色彩，在传播意识和方式上难以有更多的改革意识和创新举动。政党应该把宣传部门视为一个重要而相对有自由裁量空间的职能部门，允许宣传以独特的创新方式走在政党战略的议题推广、政策实施和工作落实之前，允许宣传部门有优先运用新的传播方式和渠道，创新前所未有的传播模式的机会。

在建设可沟通受众关系、传播环境与宣传机制的同时，传播方式也要注重“可沟通”建设，科学有效的政党宣传要以新时期社会创新稳定发展为政党宣传的目标，以社会舆情为风向标，通过大数据收集和社会科学分析方法来解读社会心理和民众心态，以达成社会认同。

问题四
政治传播视角下的跨境网络舆论场

钟智锦 *

一、导言

互联网作为舆论场的功能和角色在近些年很受重视，尤其在社会转型期的中国，新闻传播学、政治学、社会学、计算机科学等各个学科均有大量文献关注互联网给中国公民带来的话语权力和机会，公民在网络中自由表达和言说，形成了喧嚣、复杂、多变的网络舆论场。

关于舆论场的研究，在很大程度上是建立在布迪厄的“场域”理论基础上的。布迪厄认为，场域是由社会成员按照特定的逻辑要求共同建设的，是社会个体参与社会活动的主要场所，它超越了地理空间的概念，是一个关系争夺网络，是力的较量场所和空间场域，场域内充满着权力和资本的影子。① 中国学者将场域理论应用到虚拟空间，提出“网络舆论场”的概念，网络舆论场是存在于网络空间中特殊的时空环境，它是现实社会的映射和延伸，与现实社会有千丝万缕的勾连，同时又区别于现实社会，二者相互作用、相互影响。同所有场域一样，网络舆论场内也存在权力与资本的争夺。有学者认为，网络舆论场指的是“多元分层的网络舆论主体，为实现各自利益诉求，以碎片化的社会热点问题为议事题材，以争夺话语权为手段，通过互联网传播和讨论而形成共识性意见的时空环境”②。这一观点在国内的舆论场研究中具有很强的代表性，尤其是“话语争夺”成为舆论场研究的重要着力点，意味着中国的舆论场具有浓厚的“竞争”色彩，这种竞争主要体现在舆论场的分类上。

迅速普及的互联网使得中国拥有世界上最大规模的网民和最复杂的网络舆论场。中国学术界关于舆论场的界定有多种取向，最常见的是根据舆论场主体的不同，将之分为官方

---

* 钟智锦为中山大学传播与设计学院教授、博士生导师，广东省舆情大数据分析与仿真重点实验室副主任。

① 布迪厄．实践与反思 [M]. 李猛，李康译．北京：中央编译出版社，1998.

② 肖文涛，黄学坚．全媒体时代网络舆论场力量对比失衡问题探析 [J]. 中国行政管理，2015(8).

舆论场和民间舆论场[①]；也有学者提出三个舆论场的分法，指政府舆论场、媒体舆论场和民众舆论场。[②]这种倾向主要关注不同的“舆论”生产主体在互联网空间里的特点和作用，如党和政府的各级机构能够通过微博、微信公众账号等媒体形式向民众发布消息，而党报、党刊、党台等党媒则主要发挥政治宣传的功能，传递党和政府的声音，二者均是“官方舆论场”的化身。互联网的草根性使得普通网民可以在各种网络平台发出自己的声音，既能在自媒体上形成自己独特的言论，又能在社交媒体平台参与讨论，从而形成与“官方舆论场”不一样的意见、话语和情绪，这是“民间舆论场”的重要体现，学者们常用“汹涌的民意”来指代民间舆论场，探讨官方舆论场和民间舆论场的共生和竞争关系。

目前，开始有少量的学者从地理空间角度来探讨舆论场，比如张涛甫认为，中国舆论场有内外之分。内外舆论场的互动，可从两个层次来理解。第一个层次的“内”“外”指的是舆论事件所在地与外地舆论场之间的互动。一个地方发生舆论事件，不仅会诱发事件所在地的舆论反应，也会引发外地“旁观者”关注，产生与之呼应的外部舆论；如果本地舆论场由于种种原因受到压制，外地舆论场或者因为消息不畅通而失声，或者会因为消息流通而对本地舆论进行声援。第二个层次的“内”“外”指的是境内与境外。互联网的全球化使得舆论事件的传播极有可能跨越地理边境，引起全球舆论的关注。意识形态的多元和舆论的国际化促使国内舆论场与国际舆论场之间形成互动和反差，大大增加了舆论传播的不确定性。可以说，发生于中国内地的舆论事件，如果受到境外舆论力量的关注，被境外媒体报道，往往会增加其在国际社会的曝光率，对事件的呈现也会与国内不一致。从空间政治与国际政治角度来看，国际舆论仍以民族国家为最主要表现单位，由于政治、经济和文化力量的悬殊，国家之间的舆论话语权也是不平等的。目前，具有重要国际影响力的传统媒体主要掌控在美国、英国等发达国家手中，因而国际舆论话语权也被西方发达国家所掌控。[③]而作为没有边界、没有门槛的新型媒介，互联网已经在全球范围内渗透，中国的互联网普及率虽然不及发达国家，但在发展中国家中已经是遥遥领先，然而，这并不意味着中国的网络舆论就具有国际影响力，换而言之，世界上最大规模的网民在全球舆论场中并没有形成应有的影响力。本文试图从地域政治的角度，探讨跨境舆论场的现状及其对互联网政治传播功能的再思考。

二、政治传播中的互联网舆论场

随着互联网对人们日常生活的介入，社会的方方面面都可以见到网络的踪迹。互联网的政治性在近些年成为社会科学研究的重要面向，这与网络的特质息息相关。一方面，网络具有传统媒体所具有的内容生产、信息传递功能，并且使得信息的传播速度和传播广度大幅度增加，同时极大地降低了信息传播的成本、拓展了信息传播的主体。“蝴蝶效应”就是网络强大的信息传播功能的体现。另一方面，网络又具有传统媒体所没有的组织功能，它的廉价性和普遍性使得人群聚合、组织的功能大大提升。基于互联网的网络社群则由于

---

① 童兵 . 官方民间舆论场异同剖析 [J]. 人民论坛 ,2012(13).

② 刘九洲 , 付金华 . 以媒体为支点的三个舆论场整合探讨 [J]. 新闻界 ,2007(1).

③ 张涛甫 . 当前中国舆论场的宏观观察 [J]. 当代传播 ,2011(2).

突破了地域的限制而更容易聚集起来，更容易达成共同的理念、目标、兴趣、爱好，其行为受现实身份及传统行政体制的影响也相对较小。[①]正因为如此，互联网成为政治生活中的重要角色。学者们用“网络政治”的概念来描述网络在政治生态中的作用。戴维·波利艾（David Bollier）认为网络政治（netpolitic）是“一种力图利用互联网的强大力量来塑造政治、文化、价值观和个人身份的外交形式”[②]。我国学者李斌将网络政治看成是政治现象，并指出，“广义而言，网络政治是指互联网上涉及国家权力和特定利益关系的政治现象。狭义而言，特指互联网中客观存在的且与政治生活密切相关的政治现象”[③]。

从功能角度而言，网络在政治传播中的作用首先体现在对政治消息和政治知识的高效传播上。这种传播在一定意义上具有“政治启蒙”的功效，不仅让受众更快捷方便地获得与政治相关的信息，还被证明能够提高受众的政治效能感[④]、政治意识[⑤]。网络对于政治传播的第二个主要功能是对政治活动（行为）的鼓励和促进。有大量研究发现，网络促进了公民的政治参与行为。[⑥]互联网上高度的资源共享能够促进公共信息的流通，使互联网用户能够从各种渠道迅速了解到公共信息，并且便捷地在网络平台上讨论社会公共事务。由于网络匿名的保护，人们可以在互联网上就社会公共事务大胆地表达自己的看法。[⑦]互联网减少了沟通的成本和参与社会公共事务的成本，消除了时间和空间对公民参与的限制。更重要的是，互联网降低甚至瓦解了公民参与的门槛限制，以计算机为媒介的传播能够打破既存的社会地位、组织和地理的界限，匿名的保护消解了社会经济地位差异对参与的拘囿，提高了边缘人群的参与度。互联网上密集的虚拟社区和网络群组能够培育社区意识，增加人们对集体的责任感和对社会公共事务的兴趣。网友对虚拟社区活动的参与能够锻炼他们人际交往和管理社会事务的能力，这些都有利于促进社会公共事务的良性发展。此外，互联网极大地激发了网络行动主义[⑧]，特别是当它获得了必要的政治机会时。这种政治机会包括与传统媒体的互动、议题得到大多数人的关注、政策制定者关注网络民意，等等。网络行动主义指的是网民就社会问题发起抗议、倡议，或者通过网络组织公民行动，以求问题的解决。这些以网络为阵地开展的公民行动，包括各类网络维权、网络反腐、网络民间救助、网络捐赠，以及众多的网络社区、博客、微博、微信发起的集体行动。行动主义

---

① 蔡翠红．国际关系中的网络政治及其治理困境 [J]. 世界经济与政治 ,2011(5).

② BRISCOE D. Kosovo —Propaganda war[N]. Associated press, 1999-05-17.

③ 李斌．网络政治的政治学分析 [J]. 社会主义研究 ,2003(3).

④ XENOS M, MOY P. Direct and differential effects of the Internet on political and civic engagement[J]. Journal of communication, 2007, 57(4)；LEE, F. Collective efficacy, support for democratization, and political participation in Hong Kong[J]. International journal of public opinion research, 2006,18(3).

⑤ PASEK J, KENSKI K, ROMER D, HALL JK. America’s youth and community engagement: how use of mass media is related to civic activity and political awareness in 14- to 22-year-olds[J]. Communication research, 2006, 33(3).

⑥ COLLIN P. The Internet, youth participation policies, and the development of young people’s political identities in Australia[J]. Journal of youth studies, 2008, 11(5)；BENNETT W. LANCE WC, RANK A. Young citizens and civic learning: two paradigms of citizenship in the digital age[J]. Citizenship studies, 2009, 13(2)；KRUIKEMEIER S, VAN NOORT G, VLIEGENTHART R, VREESE C. Unraveling the effects of active and passive forms of political Internet use: does it affect citizens’ political involvement? [J]. New media and society, 2014, 16(6).

⑦ 胡泳．众声喧哗：网络时代的个人表达与公共讨论 [M]. 桂林：广西师范大学出版社 ,2008.

⑧ Yang, G. China since Tiananmen: online activism[J]. Journal of democracy, 2009, 20(3)；Zhang N. Web-based backpacking communities and online activism in China: movement without marching[J]. China information, 2014, 28(2).

者可以通过社交媒体招兵买马，进行行动的动员，在社交媒体平台探讨行动的话语框架，甚至可以借助众筹平台筹集资金、形成跨地区联盟并影响公众意见。可以说，这些网络行动主义者的抗争已经成为新的国际政治力量。①

网络的政治功能使得互联网的存在不仅仅限于虚拟空间，而且会与现实空间发生密不可分的关联，虚拟空间里的政治活动对现实世界的政治生态有着不可忽视的影响。因此，有政治学者认为，信息是当前国际政治竞争的核心因素。国际社会的竞争除了传统的海陆空疆域之争外，还有新的疆域之争，那就是信息疆域之争。② 换言之，网络舆论场本身就是一种政治场域，在这个场域中各种政治权力的争夺导致了目前的力量失衡格局。从国际政治角度而言，西方国家主导国际舆论，“西强我弱”的传播语境一直没有发生变化。近年来，尽管我国在对外传播能力建设方面做了大量工作，取得了一些进展，互联网的发展水平也逐渐与国际接轨，但总体而言，西方国家仍然主导着国际舆论。西方媒体凭借着强大的互联网技术优势、资本优势和语言优势，长期掌握世界话语权，国际传播格局优劣明显，“西强我弱”的传播语境长期以来并没有被挑战过。我国媒体，包括传统媒体和网络媒体，无论在自身形象的对外传播，还是国际议题的话语影响力方面都显得比较微弱。有调查研究显示，国际受众对于中国的了解主要借助于西方媒体，信息获取率高达68%，仅22%的受众通过中国媒体了解中国。这表明，当代中国国际形象的树立主要源于“他塑”，而非“自塑”③，可以说，中国媒体的对外传播功能微弱，在某些议题上几乎失效。值得注意的是，这样一种力量失衡状态不仅存在于国际政治格局中，也存在于中国本身的地域政治中。

三、地域政治中舆论场的区隔与分化

中国的网络舆论与“政治”有着千丝万缕的联系，政策决策的宣传、政治新闻和事件的传播、政治领导人形象的全新塑造、政治规制的网络实施、网络意见对传统媒体和政策决策的影响，经过几年的磨砺和博弈，在虚拟空间充分呈现，显示出具有中国特色的网络政治传播生态。然而，在汗牛充栋的关于网络舆论场的研究中，绝大多数研究都将中国内地的舆论场作为独立的或者唯一的研究对象，而极少从跨境政治的角度研究不同地域舆论场之间的相互作用。

中国内地与香港、澳门的协同发展关系是国内政治中的重要面向，港澳的稳定成为中国社会稳定中的重要维度。香港、澳门两地回归祖国20来年时间，两地与祖国内地的关系在日益密切的经济、文化、社会交流中得到深入发展。但是，由于香港、澳门两个城市在历史、制度、文化、经济发展方面与内地存在差异，它们在回归后与内地的关系也有着不同的情况。一方面，港澳回归，正好与国际金融危机发生在同一时间段，香港受到金融危机的极大冲击，经济增长迟缓。对普通的香港市民而言，虽然香港经济繁荣，但生活成

---

① 蔡翠红．国际关系中的网络政治及其治理困境 [J]. 世界经济与政治 ,2011(5).

② 王海东．政治的虚拟与虚拟的政治——虚拟空间政治学探析 [J]. 云南行政学院学报 ,2016(1).

③ 孟威．改进对外传播构建“中国话语体系”[J]. 新闻战线 ,2014(7)；李希光．畸变的媒体 [M]. 上海：复旦大学出版社 ,2003:431,439,440.

本却在增加，物价上涨、房价飙升、就业机会减少，市民生活状态不仅没有得到明显改善，反而变得愈发困窘。另一方面，随着自由行的推行以及香港与内地交流的深入，意识形态和文化的差异充分体现，内地的一些负面因素通过交流及媒体的宣传暴露在港人面前，这加深了不少香港民众对内地的排斥。近些年，香港与内地的矛盾冲突屡屡出现，“双非孕妇”“奶粉限购”“蝗虫”“地铁冲突”“小孩便溺”“反水客”等事件是两地矛盾冲突的典型表现。

香港与内地的关系趋于紧张，而媒体和互联网在两地关系中扮演了不可忽视的角色。港澳媒体生态和互联网环境与内地差异较大，尤其是民众使用互联网的平台不同，由于防火墙（The Great Firewall）的阻隔，中国内地民众无法使用脸书（Facebook）、推特（Twitter）等国际社会普遍使用的社交媒体，也无法登录访问香港、澳门的网站和论坛，而主要集中使用微博、微信等本地产品。港澳民众则习惯于使用脸书和本地论坛，虽然可以自由访问中国内地的网络，但却较少使用微博、微信和其他内地互联网平台。在这样一种环境下，三地民众构建的网络舆论场实际呈现出一种不平衡的格局。一方面，三个网络舆论场在地域上相互独立，尤其内地舆论场，尽管网民数量巨大，但相对来说较为封闭，缺少与中国港澳和国际舆论场交流的机会；另一方面，中国港澳舆论场则属于海外舆论环境中的一部分，网民既可以进出于西方世界舆论场，又可以自由访问内地舆论场，但港澳网民对内地舆论场却兴致寥寥。

因为长城防火墙的区隔，中国内地和港澳舆论场在多数情况下是相互分化和疏离的。舆论场的分化使得网民之间的交流与沟通减少。当双方出现社会矛盾或冲突时，由于缺乏顺畅的交流渠道，各自舆论场中的意见容易走向极化，加深了不同舆论场网民的认知裂痕，难以达成社会共识。比如，在“双非孕妇”“奶粉限购”“蝗虫”“地铁冲突”“小孩便溺”“反水客”等事件中，一方面，香港互联网平台（如脸书、论坛）上，充斥着各种对内地游客的嘲讽、谩骂和负面评价。另一方面，内地舆论场（如微博、论坛）中，则到处可见内地网民对香港民众谩骂的反击，评价中伴随着强烈的愤怒、焦虑情绪。部分香港市民对内地抱有深刻的偏见，一个并不严重的事件往往通过媒体的渲染和网络的“群体极化”讨论而上升到意识形态和政治高度，带来对内地和内地民众更强烈的不满甚至歧视。内地民众对香港的历史和社会现状缺乏了解，每每出现两地冲突，很多内地网民在港澳问题上就表现出一种狭隘偏激的民族主义情绪，甚至出现一些极端言论，使得两地矛盾加剧，两地民众的心理距离愈行愈远。

更重要的是，由于舆论场的长期分化，各舆论场中话语、形式、议题逐渐定型，不同的舆论场形成不同的话语习惯、表达形式及讨论议题。由此，两个相互分离的舆论场相互吸纳、认可或学习、融合的可能性降低，甚至会因意识形态等不同而出现了舆论场互斥。王国华等学者指出，舆论场分化背后的实质是价值观念和意识形态的分化，这种分化状态长期维持下去，极有可能导致群体的分化，加速或加剧社会的分化。舆论分化是群体分化的征兆，而群体分化又会强化舆论分化，由此形成了相互强化的负向运动。①香港与澳门由于文化、历史、语言的缘故，已经逐渐形成了与内地舆论场迥异的互联网舆论生态，在网络语言、舆论平台、讨论议题方面都具有鲜明的地方特色。尤其是语言的差异，使得内

① 王国华，肖林，汪娟，周海灯．论舆论场及其分化问题[J]. 情报杂志，2012(8).

地网民在港澳社交媒体中，常常会“暴露”出非本地人身份，很难真正融入当地人的讨论中。在香港，长期的资本主义意识形态使得香港社会中的很多民众对中国内地的社会制度充满了不信任与抵触。在“一国两制”实施中出现了重视“两制”、轻视“一国”的情况。[①]香港同胞的中国国民意识未能随着香港回归而增强，反而在祖国内地制度和自我身份认同方面出现危机。由于意识形态的差异和身份认同的危机，内地舆论场中的很多议题在香港舆论场中往往遭遇到抵制或讽刺，或者被扭曲理解。尤其在青年人群体偏爱的社交媒体中，表露出“爱国”情绪的网民有时甚至会成为众矢之的。

因此可以说，港澳与内地舆论场的分割，使得互联网应有的政治传播功能走向另一个极端。一方面，在本地政治环境中，网络促进了港澳社会中政治信息的急速传播、政治群体在社交媒体中的聚集、政治群体身份的建构、政治讨论话语框架的形成、政治行动或社会运动的动员组织，发挥了不可忽视的政治传播功效。香港社会近些年爆发的大规模社会运动中（如反国民教育、“占中”），互联网和社交媒体都承担了非常重要的组织动员功能。另一方面，在地域政治或跨境政治中，互联网的人为区隔直接造成了网络舆论场的分化，不仅没有发挥互联网应有的“互联”功能，反而阻断了内地网民和港澳网民的交流通道，在香港与内地关系敏感、香港民众国家认同出现危机的形势下，这种舆论场的区隔使得两地民众无法进行正常的沟通与对话，无法就社会矛盾和社会热点事件进行观点的交流。而与此同时，两地内部的群体极化和观念极化现象使得两个舆论场的隔阂更加深刻，这对两地的融合和协同发展毫无益处。正如前文所说，内地与港澳舆论生态呈现出极不平衡的格局。港澳舆论场是全球舆论场的一部分，网民可以随意进出，容易受到西方世界舆论的影响，而西方世界舆论对中国内地的了解程度是有限的，在某些敏感议题上往往带有偏见，因此会加深香港社会对祖国内地的刻板印象。从国际互联网的格局来看，长城防火墙内的中国内地舆论场反而是孤立和封闭的，虽然防火墙可以“保护”内地民众免受西方舆论的“干扰”，但同时也阻碍了上亿中国网民的对外传播通路，阻碍了每个网民背后承携的国家强盛、社会和谐、人民生活水平和教育水平提高的真实面貌在全球舆论场中的展现。

四、跨境舆论场中的舆论差异：基于“占中”事件和“帝吧”事件的观察

不可否认，对其他网络平台感兴趣的民众，也可以拥有在其他舆论场发声的可能。对港澳事宜感兴趣的网民，可以通过翻墙软件登录海外网站；而对内地事宜感兴趣的港澳网民，则可以选择拥有微博或者微信账号。同时，三地在经济文化中的交流，也促进了人员的流动，在港澳工作的内地居民和在内地工作的港澳居民都能够在自己所在的地方登录当地网络，使得三地的网络舆论对流成为可能。而这种跨越虚拟的长城防火墙或者基于跨越实体边境的网络交流行为，对舆论场的相互融合、舆论的相互沟通、舆论背后网民的相互理解甚至影响，都是非常重要的。下文将以“占中”事件和“帝吧出征”事件为案例，对此进行进一步分析。

---

① 俞悦，蔡鑫 .20 世纪殖民统治期间香港社会心理的变迁及影响 [J]. 哈尔滨学院学报 ,2015(1).

1.“占中”事件观察

在和港澳与内地关系息息相关的很多突发性公共事件里，互联网成为重要的信息传播手段，互联网为民众表达意愿和利益诉求甚至参与决策制定提供了快捷的渠道。2014 年香港的“占领中环”（Occupy Central）运动中，香港、澳门舆论场就有较大的差异，反映了地域政治中舆论场政治传播的特点。笔者与澳门易研网络研究实验室团队曾采集了 2014 年 9 月 14 日至 2014 年 12 月 3 日期间，香港、澳门两地关于“占中”的舆论数据，以比较“占中”事件中港澳舆论场的差异。数据来源于四个渠道：传统媒体的报道、本地综合性网络论坛、社交媒体（脸书和新浪微博）上的专题或群组和 YouTube 视频网站上关于“占中”的视频。其中“新浪微博”特指微博的香港部分和澳门部分。

（1）香港部分舆论表现

香港传统媒体着重关注政府行动及“占中”的影响，强调“占中”的非法性。报道量最大的三个主题分别为“香港政府的行动及回应”（3,194 篇）、“‘占中’的影响”（1,874 篇）及“‘占中’诉求 / 意见”（1,692 篇）。具体而言，以下五个话题在传统媒体中呈现的次数最多：“‘占中’属违法胁迫 / 暴力行为”（1,449 篇）、“普选”（1,105 篇）、“交通运输受阻”（738 篇）、“美支持香港的传统及基本自由”（497 篇）及“警方对示威者采取清场行动”（447 篇）。

香港的网络论坛则密集讨论普选，关注美国对“占中”的意见。帖子主题前三分别为“‘占中’诉求 / 意见”（8,320 条）、“香港政府行动及回应”（7,202 条）和“社会意见”（3,382 条）。以下五个话题在网络论坛中讨论得最为热烈：“普选”（5,282 条）、“美支持香港的传统及基本自由”（2,764 条）、“‘占中’属违法胁迫 / 暴力行为”（2,639 条）、“反占中签名 / 不满占中行为”（2,097 条）及“警方对示威者采取清场行动”（1,617 条）。

香港社交媒体中，民间诉求和政府行动基本相当，声音较量相对平衡。帖子主题前三分别为“香港政府行动及回应”（1,838 条）、“‘占中’诉求 / 意见”（1,808 条）和“‘占中’影响”（680 条）。热门话题前五分别为“普选”（1,027 条）、“警方对示威者采取清场行动”（690 条）、“‘占中’属违法胁迫 / 暴力行为”（509 条）、“美支持香港的传统及基本自由”（351 条）和“交通运输受阻”（318 条）。YouTube 视频网站则关注警方行动和普选。值得关注的是新浪微博的香港部分，虽然总量较小，但舆论比较关心香港普选和政改。帖子主题前三分别为“‘占中’诉求 / 意见”（24 条）、“香港政府行动及回应”（18 条）和“‘占中’影响”（4 条）。具体话题前五分别为“普选”（9 条）、“要求撤回 / 重启政改”（9 条）、“‘占中’属违法胁迫 / 暴力行为”（7 条）、“吁公务员 / 警员谨守岗位 / 依法执法”（5 条）、“警方对示威者采取清场行动”（4 条）、“拒绝撤离占领区”（3 条）、“‘占中’策略 / 要求与特首对话”（3 条）、“美支持香港的传统及基本自由”（3 条）和“坚决反对破坏法治违法行为”（3 条）。

（2）澳门部分舆论表现

澳门传统媒体密集报道“占中”的非法性和普选。报道主题前三分别为“香港政府行动及回应”（1,653 篇）、“‘占中’影响”（1,169 篇）和“‘占中’诉求 / 意见”（797 篇）。具体话题前五分别为“‘占中’属违法胁迫 / 暴力行为”（684 篇）、“普选”（488 篇）、“交通运输受阻”（441 篇）、“警方对示威者采取清场行动”（344 篇）及“扰乱社会秩序”（215 篇）。

网络论坛舆论在讨论政府回应和“占中”影响的同时，担心“占中”被外力利用。帖子主题前三分别为“香港政府行动及回应”（1,406 条）、“‘占中’诉求 / 意见”（842 条）和“‘占中’影响”（490 条）。具体话题前五分别为“‘占中’属违法胁迫 / 暴力行为”（588 条）、“普选”（567 条）、“警方对示威者采取清场行动”（221 条）、“批有人借助外力企图将港变独立”（203 条）和“忧集会人士被利用”（159 条）。

澳门社交媒体则关注普选及美国的态度，帖子主题前三分别为“‘占中’诉求 / 意见”（302 条）、“香港政府行动及回应”（269 条）与“社会意见”（181 条）。具体话题前五分别为“普选”（236 条）、“美支持香港的传统及基本自由”（127 条）、“‘占中’属违法胁迫 / 暴力行为”（106 条）、“忧集会人士被利用”（88 条）和“‘占中’区域环境堪忧”（75 条）。YouTube 视频则反映了澳门民众从香港普选联想到澳门政改。新浪微博的澳门部分关注香港普选，担忧集会被境外势力利用。

在态度和立场方面，澳门地区民意整体上对“占中”持中立 / 客观态度，表现为在六大民意渠道中持中立 / 客观意见者居多，分别为澳门讲场（79.7%）、新浪微博（56.7%）、YouTube（37.5%）、脸书（59.9%）、论坛（55.7%）、传统媒体评论（44.8%）。在 YouTube 上的支持意见占比重最高（25%），在传统媒体评论中反对“占中”的意见最多（44%）。澳门民众对“中央政府”和“香港政府”也主要持中立 / 客观态度。在新浪微博中，网民对香港政府的反对 / 悲观态度最为明显（83.3%），并且几乎没有支持 / 乐观的态度。传统媒体的评论相对而言对香港政府持较多的肯定和乐观态度。几乎在所有的新媒体舆论中，澳门网民都没有对香港学生团体表现出支持 / 乐观的态度。具体表现为在澳门讲场、新浪微博、YouTube、论坛上，中立 / 客观分别占 90.3%、80.0%、100.0% 和 60.0%；而在脸书上，反对 / 悲观态度最多，占 66.7%。仅仅在传统媒体的评论中，有少量评论对香港学生团体持积极肯定的态度（3.7%）。澳门地区民众对非法“占中”发起人主要持反对 / 悲观和中立 / 客观态度，其中，澳门讲场、YouTube 以中立 / 客观为主，分别占 84.6%、100%；论坛、传统新闻评论以反对 / 悲观为主，分别为 60.0%、57.9%；新浪微博、脸书则两种态度各占一半。与“学生团体”的情况类似，澳门网民对非法“占中”发起人并无好感，只有 2.5% 的传统媒体的评论支持、肯定非法“占中”发起人。

（3）跨境舆论场的差异与跨境网民影响力的可能

由上可知，澳门民众整体上对“占中”持审慎态度，无论是澳门传统媒体，抑或是澳门网络平台上，对中央政府、香港政府的态度都以中立 / 客观态度为主；对“占中”事件、非法“占中”发起人、学生团体，则以中立 / 客观和负面 / 悲观态度为主。这在一定程度上反映了澳门社会舆论与香港社会舆论对“占中”事件的态度、立场和关注点有比较明显的差异，澳门舆论能够较为理性和审慎地关注及讨论“占中”事件。值得注意的是，使用新浪微博的澳门网民，对中央政府、警察执法的肯定度最高，对香港政府的消极看法也最多，一个很可能的原因是使用新浪微博的澳门网民受到微博上内地网民的影响，或者是身处澳门的内地网民在使用微博，因而他们的观点与大多数内地网民是一致的。

就香港网民而言，脸书是一个与传统媒体和其他新媒体有较为明显差异的舆论场，研究发现，脸书中的热门话题意见量和发布量与新浪微博、论坛等其他新平台均没有显著相关。可见，脸书、推特这类国际性的社交媒体网站是港澳舆论研究的重点，在这些社交媒体上，香港网民数量庞大，而且容易受到来自世界其他国家和地区的舆论影响。但是，由于防火墙的存在，脸书、推特上难以出现中国内地网民的意见和观点，内地网民的观点和态度难以在这些社交媒体上体现，也难以和香港网民进行意见沟通和对话，更无从谈起对香港网民的影响。

虽然目前还没有经验数据证明网民“跨境影响力”的切实存在，但目前港澳与内地舆论场存在隔阂却是不争的事实。“占中”事件中所体现的港澳舆论场差异也是探索“跨境舆论场”的初步尝试。从决策者的角度而言，长城防火墙的设立也是为了防范海外舆论（包括港澳舆论）对国内网民产生“跨境影响力”。但是，防火墙“防”的是内地网民在网络空间中走向境外，却不能防止境外意见进入国内舆论场，这本身就是一种不平衡的机制，使原本“西强我弱”的话语格局更加恶化。在目前国家日益强盛、国内形势稳定、民众对党和国家认同提高、网民素养提升的情势下，我们需要换位思考，重视中国网民潜在的“跨境影响力”。

2.“帝吧”事件的再思考

“帝吧”出征事件是“跨境网民”的典型案例。上万年轻的内地网民，在爱国主义情结的驱使下，自行组织，跨越长城防火墙，来到台湾的网络舆论场，在三立新闻、苹果日报、蔡英文等人的脸书主页大规模刷屏以反对“台独”。这次活动分工明确、纪律严明。事件结束后，国内的舆论有各种评价，一部分人认为“90后”年轻人的集体爱国主义行动让人有扬眉吐气之感，体现了新一代中国人的国家认同、政治热情、自我组织能力、内在凝聚力和自信心，具有“史诗般”的气魄。另一部分人认为，年轻网民用表情包、图片和诗歌等内容刷屏，是一种不理性和欠思虑的行为，甚至有人认为此举有损大陆形象，不利于两岸的民间沟通。也有观点认为，台湾舆论对“帝吧出征”反应平淡，两岸网民各说各话、各自狂欢，“出征”只是一场“政治戏谑”，并未达到预期效果。还有人观察到，两岸年轻人“不打不相识”，从最开始在一些场景中的剑拔弩张，到后来对各种话题的欢乐交谈，政治话题反而变得不再重要了。

不论“帝吧出征”的结果如何，无论其对两岸关系是否产生了影响，该事件在中国互联网历史上都具有极其重要的意义。值得注意的是，笼罩在这个事件上的“爱国主义”光环，使得大规模“翻墙”行为成为“英雄”举动。《人民日报》《环球时报》等权威媒体在赞许“帝吧出征”的同时，并没有对“翻墙”这一行为做出任何评价。《环球时报》评论写道：“随着民进党上台，今后一段时间两岸年轻人的网上摩擦恐怕少不了，官方大可不必为此担心，不妨让这些网上子弹‘飞一会儿’。”[①] 可见，官方对两岸年轻人的网络相逢是有一定预期的，并且对“网络遭遇战”的结果和影响也是有所期待的。然而，这种跨境的网络相逢或者“遭遇”到底如何才能发生？是否必须经过一次又一次的集体“翻墙”？除此之外，是否还有其他的可能？“帝吧出征”这一行动中体现的“90后”年轻人的爱国情怀不由得让人反思，在境外舆论能够自由进出国内舆论场的同时，阻止国内舆论出境，是否是一种合理的机制？如果没有“长城防火墙”，网民的“跨境”则没有那么大的障碍，或者说，他们无须钻研技术手段来翻越防火墙，并且不必在翻墙工具被屏蔽失灵之前，抓紧时间用统一的、机械的、快速的、无须思考的方式来表达自己的爱国之情。试想，在没有“墙”的情况下，网

① 社评：不必夸张“帝吧出征”的两岸负效果 [EB/OL]. 环球时报 (2016-01-21)[2019-09-26].http://msn.huanqiu.com/opinion/editorial/2016-01/8425254.html.

民能自由进入对方的舆论场，更理性从容地表达自己的观点，或许更能够增进沟通，潜移默化地发挥“跨境影响力”。在以“宣传”为核心的政治传播理念在国际传播、跨境传播中不一定能达到预期效果的当下，这或许是一种新形态的政治传播方式。

六、结语

国内关于网络舆论场的研究汗牛充栋，但极少有研究从地理空间角度反思舆论场的格局。大中华地区的跨境政治包括香港、澳门、台湾与内地的关系和政治前途，网络舆论场在政治生态中的重要作用已经在国内外学者中达成共识，其在国际政治中扮演的角色也得到国内学者的重视。但是，大中华地区跨境政治中的舆论场格局亟须研究者的关注。尤其在香港的“人心回归”问题日益棘手、台湾领导人更替之后前途不明的局势下，是否应当继续以长城防火墙为工具，保持网络舆论场的区隔，是一个值得研究者和政策制定者深入探讨的问题。在政治传播和国际传播过程中，由于复杂的外部原因和专业操作的内部原因，党媒的“硬宣传”功能不一定能达到预期的传播效果。拥有几亿网民的互联网舆论场同时也是对外政治传播的极佳场所，网民本身就是传播者。虽然不能保证所有的人都传播“正能量”，但是相信只要社会在进步，国家在强盛，人们对国家的认同在提高，假以时日，几亿中国网民会发挥潜移默化的“跨境影响力”，在国家的统一、人心的回归和国际形象塑造方面起到重要的作用。

第二编

网络与重构

问题五
网络舆情热点的总体特征和演变规律

曹　洵[1]张志安

网络舆论是社会整体舆情的温度计，也是社会民意的风向标。层出不穷的热点事件，为网络舆情的爆发、扩散和演变提供了接连不断的议程，网络舆情的发展变化规律也成为社会治理决策参考的重要依据。本文以中山大学互联网与治理研究中心、中山大学大数据传播实验室的研究数据为支撑，综合人民网舆情监测室发布的《互联网舆情分析年度报告》、人民日报出版社出版的《中国社会舆情年度报告》等各类权威报告内容，分析总结近年来网络舆情发展态势、网络舆情的演变规律和主要特征，并针对舆情应对和舆论调适提出相应对策。

一、近年来网络舆情热点的总体特征

1. 舆情热点数量整体呈上升趋势

我们集中考察了从2009—2014年微博、微信、各大论坛及新闻网站的跟帖情况，并根据下列指标作为确定一个网络话题是否为“舆情热点”的标准：持续时间、文本数量、显著程度（话题的文本在该媒体平台上占全部文本的比例）、集中程度（讨论该话题的不同网友总人数）。根据以上指标，我们统计出历年来的舆情热点事件数量表（见5-1）。

表5-1　近年舆情热点数量的年度分布[2]

年度	2009	2010	2011	2012	2013	2014
数量（件）	248	274	348	455	413	381

总体上看，自2009年以来，舆情热点整体呈上升趋势，特别在2012年、2013年出现小高峰，之后尽管有所回落，但数量上居高不下，可见，整体的网络舆情活跃度较高。

---

① 曹洵现为苏州大学传媒学院副教授，曾任中山大学传播与设计学院副研究员。

② 表5-1的数据系根据中山大学大数据传播实验室及喻国明等主编的《中国社会舆情年度报告》（2009—2015）所载数据综合得出。

2. 舆情“爆点”略降、舆情“燃点”占比居主导

我们再根据事件所得的分值，区分出不同的热度等级，按照从低到高分别有 4 个等级：60~69 分的为“温和”级，指该议题引发广泛关注，有一定的话题性；70~79 分为“热点”级，指议题表现较为活跃；80~89 分为“燃点”级，指该议题吸引了公共舆论的强烈关注；90~100 分为“爆点”级，指议题不但成为公共舆论的焦点，某些负面事件还可能转化为社会危机事件，即便事件降温，影响仍然深远，属于需要高度警觉的级别。近年来各个级别的热点议题数量统计见表 5–2。

表 5–2 舆情事件热度等级分布[①]

年度	温和级（60~69 分）	热点级（70~79 分）	燃点级（80~89 分）	爆点级（90~100 分）
2009	25.6%	35.8%	30.5%	8.1%
2010	15.7%	33.9%	40.5%	9.9%
2011	12.9%	28.7%	49.7%	8.6%
2012	17.9%	31.4%	37.5%	13.3%
2013	14.8%	32.4%	39.5%	13.3%
2014	14.2%	28.1%	44.6%	13.1%

综合几年来数据可见，需要引起警觉的“爆点级”舆情比例不大，且近几年来略微下降；“燃点级”舆情占有相当大的比例，在 30% 至 50% 间浮动；“热点级”舆情稳中有降；“温和级”舆情所占比例较小，浮动幅度不大。因而对整体舆情起关键作用的是“热点级”和“燃点级”两个部分。总体看来，舆情表现相对平稳，但“燃点级”舆情居高不下，社会治理面临较大压力；民众对议题保持较高的参与热情，同时也保持一定的克制度，社会整体上保持较好的容忍弹性。但要注意的是，“燃点级”舆情若处理不当，也容易升级为“爆点级”舆情，增加社会治理的风险。所以不同级别的舆情要区别对待、科学处理。

3. 微博、微信等社交媒体促使舆情事件的周期缩短

“舆情周期”是指一个话题从出现、发展、高潮到消退的整个过程所经历的时间，以天为单位。下表是近年来热点舆情的周期情况统计（见表 5–3、5–4）。

表 5–3 舆情事件的平均周期[②]

年度	2009	2010	2011	2012	2013	2014
平均周期（天）	16.8	15.1	21.4	23.2	21.6	14.2

---

① 喻国明，李彪．中国社会舆情年度报告（2015）[M]. 北京：人民日报出版社，2015:36.

② 表 5–3 的数据系根据中山大学大数据传播实验室及喻国明等主编的《中国社会舆情年度报告》（2009—2015）所载数据综合得出。

表 5-4 舆情事件的周期分布 ①

年度	1~15 天	16~30 天	31~45 天	46~60 天	60 天以上
2009	70.3%	15.1%	6.9%	3.1%	4.6%
2010	73.9%	11.4%	8.8%	3.9%	2.0%
2011	50.2%	29.9%	13.3%	4.5%	2.1%
2012	48.9%	32.1%	12.7%	4.4%	1.9%
2013	50.5%	28.7%	14.2%	4.1%	2.5%
2014	57.4%	22.9%	12.3%	4.9%	2.6%

从以上两个表综合可知，近年舆情事件平均持续时间为 2 至 3 周，2012 年出现峰值之后有所回落，2014 年明显缩短，超过一半的舆情周期在 2 周之内。周期越长，舆情事件数量越少。通过数据可知，舆情的平均周期有缩短的趋势，这说明网民对议题的持续注意度有所下降。造成这种情况可能有多种原因：一是互联网资讯传播的“快餐式消费”特征，一旦有新的议题吸引注意力，原有的议题便迅速降温；二是同类议题频频出现，网民出现了一定程度的疲劳感和麻木感；三是某些社会影响重大的（特别是敏感的）议题出现之后，网络各媒体受到行政命令的限制或自我审查，导致舆情周期非自然衰减。

值得注意的是，在以微博、微信为代表的社交媒体环境下，舆情从萌发期到高峰期所需的时间越来越短。已有的若干研究显示，以微博驱动的舆情形成高潮一般在 24 小时之内，通过微信、论坛酝酿的舆情也不超过 72 小时，特别是危机类事件，可以说是从一开始就进入爆发期。所以就危机应对而言，原来的“黄金 72 小时”不断缩减，新媒体时代或许只有几小时甚至更短的时间，视事件的性质、影响程度和关涉主体等因素而异。这对舆情危机处理部门提出了新的挑战。

4. 微博、微信和自媒体已成舆情事件的主要首发平台

表 5-5 近年舆情事件各首发平台所占比例 ②

年度	微博	都市报	通讯社	中央大报	广电媒体	微信	综合论坛	地方论坛	境外媒体	门户网站论坛	贴吧	视频网站	财经报纸
2009	传统媒体占 65.2%						网络自媒体 34.8%						
2010	12.7%	32.3%	6.9%	3.7%	6.5%	0.0%	20.0%	3.3%	1.2%	2.0%	2.5%	2.9%	3.7%
2011	22.0%	19.1%	9.8%	7.7%	9.8%	0.0%	8.9%	8.6%	0.9%	2.4%	3.0%	3.3%	4.5%
2012	32.1%	15.7%	10.3%	8.1%	8.3%	0.0%	9.8%	5.2%	1.1%	2.2%	3.1%	1.7%	2.4%
2013	25.7%	16.6%	11.3%	7.2%	6.5%	4.1%	8.8%	6.4%	3.7%	1.2%	2.7%	2.7%	3.1%
2014	24.9%	19.7%	14.2%	8.9%	8.3%	7.4%	5.8%	2.5%	1.5%	1.2%	0.9%	0.6%	0.0%

（注：2009 年统计指标与其他有年度有差别，故单列）

① 喻国明，李彪．中国社会舆情年度报告（2015）[M]. 北京：人民日报出版社，2015:45.

② 表 5-3 的数据系根据中山大学大数据传播实验室及喻国明等主编的《中国社会舆情年度报告》（2009—2015）所载数据综合得出。

舆情事件第一时间出现的媒体平台被称为“首发平台”。综观以上数据可知，在微博出现之前，舆情的首发平台多数还是在传统媒体（通讯社、报纸、电视）。但2010年微博崛起之后，迅速成为最主要的事件首发平台，连年来占据首位；从2013年开始，微信也开始瓜分微博的份额，成为另一个重要的首发平台。“双微”加上论坛、贴吧、视频网站等自媒体平台，由网民主导的新媒体总体份额已经远远超过传统媒体。在传统媒体中，都市报还是重要的首发平台，通讯社的比例也略有上升。因而形成三个信源梯队：第一梯队是微博和都市报，第二梯队是通讯社、中央大报，第三梯队是微信等自媒体平台。由此可见，由传统媒体完全掌控信源、设置议程的时代已经过去，专业媒体与网民都是网络舆论的共同参与主体（见表5–5）。

5. 中东部及经济发达地区舆情热度较高

表5–6 近年来舆情热度较高的前十个省份[①]

年度	广东	河南	北京	湖南	湖北	江苏	山东	陕西	浙江	重庆
2009	7.7%	6.9%	3.1%	3.1%	8.5%	5.4%	3.1%	3.1%	7.7%	3.8%
2010	9.1%	10.3%	4.0%	6.3%	10.3%	5.7%	2.3%	4.6%	3.4%	2.9%
2011	9.7%	7.8%	5.8%	5.3%	4.9%	5.3%	3.9%	2.9%	7.3%	1.9%
2012	8.1%	8.1%	6.2%	8.6%	5.2%	5.2%	5.7%	7.6%	8.1%	5.2%
2013	6.1%	8.2%	5.8%	7.5%	4.1%	4.8%	4.8%	3.4%	2.7%	2.7%
2014	11.2%	7.4%	6.0%	5.3%	4.9%	4.6%	3.9%	3.9%	3.9%	1.4%

舆情热度主要体现为舆情事件数量和影响力。近年来舆情热度较高的省份（直辖市）有广东、河南、湖南、湖北、浙江、北京等，多集中在中东部及经济发达地区。当然这并不直接说明这些地区舆情更高发，还要综合考虑以下因素，如这些地区的互联网普及率高、媒体与通信发达、民众的公共参与水平也相对较高等。上述地区也具有自身的特点，如广东、浙江地区经济和信息发达、媒体环境相对开放、外来人口多，因而舆情活跃度高；湖南、湖北为中部经济、交通的重要省份，人口流动大、社会问题相对集中，故舆情事件多发；河南作为中原大省，经济水平不高，但人口众多，素质参差不齐，社会矛盾相对尖锐，社会管理水平相对滞后，在一定程度上促成了当地舆情多发态势（见表5–6、表5–7）。

表5–7 近年舆情热点的行政级别分布[②]

年度	全国	省级	一线大城市	地市级	县级及其以下	港澳台	国际
2009	12.3%	1.9%	38.2%	17.5%	30.2%	0.0%	0.0%
2010	22.0%	6.7%	13.4%	26.8%	27.3%	3.8%	0.0%
2011	32.0%	4.0%	17.1%	17.4%	16.5%	10.6%	2.5%
2012	33.1%	14.4%	25.4%	13.6%	6.8%	5.1%	1.7%
2013	25.4%	2.4%	30.0%	20.1%	15.0%	5.1%	1.9%

① 喻国明，李彪. 中国社会舆情年度报告（2015）[M]. 北京：人民日报出版社，2015:42.

② 喻国明，李彪. 中国社会舆情年度报告（2015）[M]. 北京：人民日报出版社，2015:40.

续表

年度	全国	省级	一线大城市	地市级	县级及其以下	港澳台	国际
2014	28.0%	21.2%	15.0%	15.0%	10.4%	4.9%	2.2%

纵观几年来的行政级别分布，可见两类区域更容易发生舆情事件：一类是地市级、县级及以下，这些地区社会管理水平较低、信息相对封闭，一些现实中的问题或矛盾处理不当便容易转化为网上的舆情事件；一类是全国范围，其事件的特征主要是影响范围大，涉及利益面广，容易引发全社会关注。一线大城市近年的舆情比例在下降、港澳台地区所占比例不大，因为这些地区整体数量少，体现在统计数据上不明显，但这些地区本身具有重要影响，各种问题、事件也相对活跃，因而发生重大舆情事件的可能性一直存在，不可轻视。

6. 官员违纪、民生话题和政府失责是舆情热点的集中议题

由于舆情的议题类型多而杂，我们先宽泛地将其分为时事政治、社会民生、文化教育、企业财经、公共卫生等10个类别（见表5-8），再对连年来较为常见的议题做进一步的提取、细分，分为政府出台的政策、官员违法乱纪、民生领域、社会公平与贫富分化事件、网络文化事件等14个细类（见表5-9），以便更有针对性地考察网络舆情的议题特征。

表5-8　近年舆情热点的议题分布①

年度	社会民生	反腐倡廉	文化教育	涉警涉法	社会安全	时事政治	灾害事故	企业财经	公共卫生	其他
2011	11.0%	16.8%	15.0%	23.4%	5.2%	11.6%	2.3%	4.3%	2.6%	4.9%
2012	17.9%	16.7%	14.7%	14.9%	8.2%	14.2%	2.2%	1.5%	3.0%	6.7%
2013	19.6%	26.4%	8.2%	24.2%	3.6%	8.0%	2.4%	2.7%	1.9%	2.9%
2014	28.6%	24.7%	14.9%	14.1%	6.9%	5.3%	2.4%	1.3%	1.1%	0.8%

表5-9　近年常见舆情议题分类②

年度	民生领域	官员违法乱纪等	政府出台政策	政府行为不当	官员等不当言论	明星事件	社会公平贫富分化	重大突发事件	涉及国家利益事件	网络文化事件	国际事件	网络商业事件	涉及垄断特权事件
2010	8.5%	19.1%	8.5%	25.8	4.7%	10.6	4.2%	2.5%	1.7%	5.9%	3.8%	2.5%	2.1%
2011	8.5%	18.5 %	6.9%	16.3%	5.3%	9.1%	4.4%	6.3%	1.9%	6.6%	7.2%	5.3%	3.8%
2012	23.0%	18.3 %	4.0%	15.1%	6.4%	10.3%	8.7%	1.6%	1.6%	4.0%	2.4%	4.0%	0.8%
2013	19.3 %	22.1%	4.9%	14.2 %	8.1%	7.4%	7.4%	2.8%	2.0%	3.6%	3.3%	0.8%	4.1%
2014	30.9%	21.6%	7.8%	6.8%	6.8%	6.3%	4.0%	3.5%	3.5%	3.3%	3.0%	2.0%	0.5%

近年来，网民的关注点集中在社会民生、反腐倡廉、文化教育、涉警涉法等几个领域，社会民生类关注度近两三年来迅速提升，涉警涉法、反腐倡廉、时事政治等有所下降。可见社会民生类问题仍十分突出，成为全社会的共同议题和民意基础。而反腐类、时事政治舆情的降温与中央近年大力度的反腐有关，随着大小贪官落马、相关信息发布及时，民众不必因反腐信息的不透明而猜测，也会出现一定程度上的关注疲劳。特别是当前经济形势整体不乐

① 喻国明，李彪．中国社会舆情年度报告（2015）[M]．北京：人民日报出版社，2015:38.

② 喻国明，李彪．中国社会舆情年度报告（2015）[M]．北京：人民日报出版社，2015:37.

观，民众对反腐等宏观议题的关注度有所降低，政府一方面应尽可能让反腐的利益惠及民众，提高民众的参与感和互惠感；另一方面可着力解决民生领域的实际问题，让民众得到实惠。

上述数据反映了社会民生、官员违法乱纪、政府出台政策、政府行为不当等议题是近年来网络舆情中持续的关注焦点或民众的“痛点”，也折射出社会治理中的挑战。社会民生领域中的房价、医疗、教育、交通、环境等一直是民众急切关注的问题，因为关乎每个公民的切身利益。再结合政府出台的政策、某些官员的不当行为引发民众的杯葛和“吐槽”，综合反映了当前政府整体的公共管理和服务水平有待进一步提高，在出台政策和日常管理中还不能充分满足民众利益。而官员不当言论、社会公平与贫富分化事件连年来也保持一定的关注度，说明涉及公权力、社会公平的问题是民众关注的核心之一。

7. 舆情事件关涉主体集中于涉及公权力的机构和个人

每个舆情事件（话题）中主要的利益相关者被称为“舆情事件关涉主体”。对关涉主体的分类统计便于更细致地考察舆情发生的根源、事件中的责任对象、网民的情绪指向等因素，以便更全面、深入地了解舆情的性质与特征。根据事件中各主体出现的频繁程度，笔者列举出以下各类舆情主体，其各年度分布情况见表 5-10。

表 5-10 近年舆情事件关涉主体分布[①]

年度	公检法	市级官员	职能部委	县级及以下政府	明星	县级官员及以下	中央	市级政府	省级官员	央企等企业	外国	省直辖市政府
2009	19.0%	5.4%	14.2%	6.8%	6.3%	9.3%	5.4%	11.2%	2.4%	4.9%	12.2%	2.9%
2010	28.1%	5.2%	5.6%	6.5%	12.6%	9.1%	7.8%	6.5%	2.6%	4.8%	5.6%	5.6%
2011	22.5%	8.6%	12.7%	5.1%	11.4%	7.0%	3.5%	9.2%	0.6%	6.4%	7.9%	5.1%
2012	17.0%	9.4%	15.1%	2.8%	13.2%	5.7%	6.6%	13.2%	3.8%	5.7%	4.7%	2.8%
2013	22.7%	7.5%	10.4%	11.5%	6.7%	6.4%	9.6%	8.8%	0.8%	6.4%	5.6%	3.7%
2014	15.3%	14.9%	11.8%	11.1%	10.1%	9.4%	6.3%	4.9%	4.5%	4.2%	4.2%	3.5%

由上表可见，舆情关涉主体大部分是涉及公权力的机构或个人。根据统计可知，公检法、职能部委、县级及以下政府和官员、市级官员这些主体是舆情的高度关涉主体，这从侧面反映了当前频频发生的舆情事件实际上与公共管理中的公平公正等问题息息相关，公权力机构在保障公民利益方面还需提升作为。比如，公检法本来是社会公平正义的最后维护者，却成为历年来最主要的关涉主体，说明社会民众的利益诉求机制和表达渠道不通畅，因而更多依赖这最后的保障环节，同时也说明目前司法公正存在不少亟待改进之处。职能部委也是重要的关涉主体，随着社会民主化水平提升，公民社会意识不断增强，职能部门也要改变传统的管理思维和方式，适应社会发展和民众需求，提高管理水平。

此外，市级、县级官员也是重要关涉主体。这是因为官员作为政府机构的代言人，有更多的接触媒体和普通民众的机会，在公共事件中也更容易被识别出来。而目前的很多舆情事件反映了部分官员执政观念相对落后（反映在各种“官员雷语”上）、执政水平有待

① 喻国明，李彪．中国社会舆情年度报告（2015）[M]. 北京：人民日报出版社，2015:39.

提高，一些做法甚至缺乏基本的常识，导致政府公信力受损。

二、舆情事件内部各因素关系和规律分析

1. 舆情热度与议题的关系和规律

我们发现，舆情热度与议题的性质有一定的内在联系。热度等级较高的舆情事件（“燃点级”与“爆点级”）具有以下特征：

（1）议题类型多与民生和社会公正问题相关。这方面的议题集中在社会民生、涉警涉法、政府政策与行为、社会公正与贫富分化等领域，具体包括公共安全事件、维权抗争事件、食品与环境安全、政府出台政策、政府或官员行为不当、司法公安部门行为不当、大型企业（央企、事业单位、垄断型企业）不当行为等等。这些问题要么与民众的切身利益相关，要么与公共利益、社会公平公正相关，集中体现当前广大民众的核心利益和共同关切点。

（2）事件的关涉主体多涉及有垄断性权力的机构或个体。如公检法系统、职能部委、市县级政府或官员、央企、大型企业等。这些关涉主体的共同特征是拥有某种垄断性权力和资源，有的是公权力的代表，有的是经济资本的代表。这些主体容易凭借自身特权谋取私利，即使行为不当也不容易被追责，最终损害公民权利或公共利益，因而为广大网民所深恶痛绝。如果是事件同时关涉多个机构部门（如维权抗争事件中的地方政府和公检法部门），或该主体有过前科（如百度公司），那么引发的舆论热度往往更高。

特别要注意的是，一些复杂的事件，既存在事件直接相关的“显性主体”，也存在非事件直接相关者，即需要对此负责的“隐性主体”。有时候，隐性主体也受到强烈关注，关注度甚至超过显性主体，特别是当隐性主体是公权力机构时。如之前的“郭美美事件”，公众的注意力就从一开始的“炫富”转移到红十字会的公信力问题上；“百度贴吧”事件中，公众也认为是政府的监管缺位，导致类似的事件屡屡发生。近年来，诸如此类的舆情热点屡见不鲜，说明舆情背后所折射的社会矛盾更为复杂，也说明民众的社会责任意识在不断提高，网民不止于“就事论事”，而是深挖背后的制度性、结构性问题。

（3）从事件发展过程来看，事件本身话题点多或处理过程不够公开透明。舆情热度较高的一般为复杂事件，事件本身疑点多、有多个子话题，或者本来是简单事件，但调查处理的过程不够公开透明，甚至有刻意隐瞒或扭曲真相的嫌疑，这些因素都是加剧舆情升温的“助燃剂”，特别是后者更容易引发民众的反感情绪，甚至进一步促发线下行动。

以上这些议题特征实际上集中反映了当前的社会矛盾和冲突，也暴露了社会治理中的种种不足。各种舆情热点的出现归根结底是社会在运行过程中出现问题，包括公权力的滥用、社会治理手段滞后、社会保障和诉求机制不完善等等。政府相关部门应从这些根本问题着手进行改进完善，而非针对舆情本身采取“降温”措施，这样只是治标不治本之举。

2. 子话题与周期的关系和规律

舆情周期从几天到一两个月长短不一。一般来说，事件后果越严重、波及面越广、涉及公共利益越广泛的，其持续周期越长；反之则短。但其中一个重要的因素就是是否有新的话题出现。我们将一个舆情事件过程中后续产生的、与主要事件相关的话题称为子话题。子话题通常有三种类型：一种是随着事态发展出现新的情况而产生的，在时间上有先后的

关系，被称为“后续型”子话题（如出现某一事件之后，警方的调查声明又引发新的舆情高潮，如之前的“躲猫猫”事件）；一种是围绕主话题派生出的其他相关的或更深层的话题，被称为“派生型”子话题（如杨达才因车祸现场微笑而被扒出有多款名表的贪腐嫌疑）；一种是意料之外的、突发性的话题嵌入，造成某种诸如“反转剧情”的戏剧性后果，被称为“突发型”子话题。

在事件性质相近的议题中，有子话题嵌入的事件持续周期更长，反之则不容易形成持续的舆论高峰。子话题类型越多样，形成的舆情形态也越复杂，周期也越长。如有学者在对若干舆情事件进行研究之后得出“5 天原则”：普通议题在 5 天之内若没有新的话题嵌入，高潮便慢慢退却，反之则仍会出现新高潮。① 基于不同个案，舆情事件所出现的天数可能不一致，但它们有一定共通性，那就是子话题对舆情发展起到了重要的“推波助澜”的作用。

基于微博、微信等社交媒体形成的舆情具有“速生速灭”的特征。此类舆情事件，出现时来势汹汹，但也容易被海量信息淹没或取代，要保持热度需要有更多可供“发酵”的原料——子话题便是这种原料。一些网络推手便利用这个特征，不断制造新话题进行“炒作”，以达到持续吸引公众注意的目的。这是舆情治理中需要注意的问题。

3. 不同网络节点对舆情事件的影响作用

在社交媒体上，不同个体或群体在网络中形成不同的节点。我们通常通过重要节点间的互动关系来考察其在舆情变化中的作用。节点可以是有广泛影响力的意见领袖，也可以是关键信息的提供者、传播者（如媒体人、报料者），也可能是普普通通的网民。它们在不同性质的议题中所起的作用不同。

通常在某个舆情事件中，三种类型的节点容易得到更多的关注、评论和转发，属于关键性节点，分别是事件当事人（有时也是掌握第一手信息的报料人、媒体人等）、与事件直接相关的组织或机构（如新闻媒体、政府部门、公安部门、企业等）、意见领袖。第一类节点因为其承担了信源作用，对事件的发展演变有重大影响，是事件的一部分，自然受到特别关注；第二类节点像各种官方微博、政务微信等，可以通过调查取证、调解、处理等手段推动事件进展，或解决问题，或维护当事人权益，其发布的信息具有专业性和权威性，因而成为重要节点。第三类是拥有众多粉丝、在网络上有话语权的意见领袖们，他们的评论、声援、转发等起到动员号召、凝聚意见、倡导社会正义、鼓舞人心等作用，影响舆论风向、推动舆论发展。研究发现，就这小部分的关键节点得到了 80% 的关注（包括转发、评论），而其余大部分的节点只创造了 20% 左右的转发评论量②，体现了典型的幂率分布特征：少量的言论影响了整体舆论的基调和走向。这是社交媒体环境下重要的舆论传播特征之一。可见，节点特征对舆情治理有着重要意义。

除了关键节点，积极参与评论、转发的无数普通网民才是构成舆论热潮的主力军，他们的参与规模和集体性的舆论动员决定着每个舆情事件的热度。实际上，很多舆情事件跟普通网民并没有直接利益关系，但却引发了舆情的“山鸣海啸”，这是因为网民是这些事件的“隐性利益相关者”，无论是公权力的傲慢与滥用，还是商业巨头的金钱至上、恣意

---

① 刘康杰，于霄，王丹．“双微时代”的危机传播趋势和影响因素研究 [J]. 社会科学，2016(8).

② 谢耘耕，荣婷．微博传播的关键节点及其影响因素分析——基于 30 起重大舆情事件微博热帖的实证研究 [J]. 新闻与传播研究，2013(3).

妄为，对普通公众而言，自己都可能是未来潜在的受害者。正是这种隐性的利益相关性使网民产生了强烈的共鸣，他们作为利益共同体发起声援，间接主张自身权利。因此，判断一个网络舆情事件能否快速发酵成普遍受关注的事件，主要是看这个事件是否普遍激发公众在利益诉求、安全感寻求、认同感建立方面的“情感结构”。因而话题创建者和追随者之间的隐性利益关系决定了危机事件网络传播趋势，网民并非总是借机发泄、吐口水，扰乱网络言论秩序。这是政府相关部门需要澄清的认识。

三、网络舆情的发展动向和演变特征

通过对几年来网络舆情热点进行的形态描述与比较分析，我们发现它有以下若干重要的发展动向与重要特征：

1. 平台特征：互联网是舆情生发的主阵地，社交媒体作用越发重要

纵观几年来舆情的首发平台和传播网络的变化可见，互联网已成为热点事件生发的信源地、舆情集结地和发酵池。从首发平台来看，都市报、中央大报、通讯社也占据一定的信源比例，但随着媒体向互联网的整体转型，信息传播和舆论集结的重心将全面向互联网转移。这就意味着，未来舆论治理的主阵地是在互联网，无论是党办媒体、市场化媒体，还是草根型自媒体，都是互联网上的参与主体和舆论生态链上的一环，各主体都应遵守开放、平等、共享的互联网基本精神，以不同的身份角色共同建设理性和谐的网络舆论环境。

而以微博、微信为代表的社交媒体，以播客、视频网站为代表的自媒体，以及贴吧、论坛等言论社区，共同构成最基础、覆盖面最广的舆论生态圈，代表网络舆论的原生力量。这些平台在舆论的形成、扩散、深化、转移方面将越来越起决定性作用。其中，诸如微博、微信等社交媒体，以强弱不等的个人关系进行无限联结，体现了无标度复杂网络的核心特征，因而其对舆论生发的影响不可忽视。

在这种媒介技术与生态变迁的背景下，传统的以信息垄断、等级分割的方式来引导或控制舆论，其效果已经弱化。政府的舆论治理角色面临转型要求，由原来的直接管理者转变为规则的制定者，以法治的基本逻辑促进互联网运行的有序化，致力于培育健康的网络生态基质。

2. 议题特征：从关注切身利益到关注社会公平

近年来备受网民关注与热议的话题集中在两个方面。一是与自身衣食住行等生存发展密切相关的话题，统称为民生领域；二是与社会公平相关的、关乎公共利益的话题，如针对政府出台的政策、政府行为不当、司法不公、权贵势力对弱势群体的伤害、警察权力滥用，还有热度一直不减的公共安全事故、食品安全问题、环境问题与邻避事件、征地拆迁、维权抗争事件等。

这些议题具有鲜明的共同特征：与公权力的运作密切相关，体现转型过程中社会的结构性矛盾（阶层差异、贫富分化等）。而且从总体比例来看，与社会公平公正相关的议题越来越受关注，这说明公民的社会责任意识正在不断成熟，因为公共利益归根结底还是每一个公民的具体利益，这些事件的走向和最终结果都会影响普通民众对社会公平的期待，进而影响对政府公信力的评价。这就要求政府要切实回应民众需求，从制度建设到日常运作层面努力建构公平正义的社会环境。

3. 关注焦点：从追问事实到反思制度

不少议题之所以引发持续的、有影响力的讨论，往往因为事件所折射的深层问题超过事件本身，其中涉及政府监管缺位、政府职能不清晰、社会管理观念与方式滞后、政策的缺陷等。这些深层次问题若没有得到彻底纠正，即使解决了个别问题，类似的情况仍会不断出现。网民在讨论过程中不断追问事实真相、质疑官方的言论或行为，并对相关的政策性、制度性问题进行反思和探讨，这本身就是公民的社会责任意识不断觉醒、积极行使权力的表现，其中不乏理性的、建设性的言论，包括批评意见，都是值得相关部门认真听取的。这要跟部分故意发泄情绪的挑衅性言论区别开来，不能因此对所有言论进行审查或限制，否则将不利于建设健康理性的公共讨论平台。

4. 话语策略：表达方式丰富灵活，戏谑恶搞是显著话语风格

当前的网络言论更鲜明地体现了戏谑和恶搞的风格，各种段子、笑话、恶搞的图片、歌曲、视频等构成了丰富多彩的话语景观。对这种戏谑化话语风格我们应该更理性平和地看待：一方面，“狂欢化”“娱乐化”本来就是民间文化的特征之一，这一种自下而上的社会话语表达方式，借助各种新型的媒体手段得到淋漓尽致的发挥，这些话语背后是情绪的宣泄和缓解，起到“安全阀”的重要作用。另一方面，娱乐化和无厘头的表达从戏谑表达中体现出极具反思和批判精神的“民间智慧”，极好地增强了广大公众的社会责任意识。因而正如学者指出的，让网民在这个空间里“吐口水”“撒野”甚至“低俗”一下，这也是一个相对健全的社会所应该容忍的。须知，虚拟空间的发泄性代价总比现实的社会冲突代价低得多。①

结语：网络舆情特征与演变的研究启示

通过对近年来网络舆情热点的特征、规律、演变动态的分析与归纳，我们认为，未来的网络舆情研究，可以从以下方面继续加强：

第一，从单一事件分析到复杂网络分析。目前，大部分的舆情研究仍以事件为基本的分析单位和追踪线索，对其发展脉络和演变状态进行测量与研究。诚然，“事件视角”能对具体议题的类型、性质、程度、动因、影响等因素进行相对系统的捕捉，深入剖析其内在机理，其重要性不容置疑。但随着数据采集技术进入大数据级别，数据分析处理能力进一步提高，引入“复杂网络视角”成为必然趋势，因为互联网是典型的复杂网络，节点与链接的无限性，以及核心节点之间的异质性所导致的演变路径与结果千变万化。这些特征使传统的分析方法在把握系统性的网状结构关系上显得力不从心。而借助深度的数据发掘，可以洞察节点群落关系及演变、关键节点的生成与消退、群落边界的形构与分化等复杂问题，使我们对舆情整体面貌及变化趋势的把握性进一步增强。因而，超越“事件分析”，树立复杂网络的“关系”意识，是未来网络舆情研究的必要思路。

第二，从注重数据到重视关键性文本。目前舆情分析的数据导向非常鲜明，舆情分析一定程度上等同于数据分析。但“舆情”并非只是个抽象的、整体性概念，也不只是数据

① 喻国明.中国社会舆情年度报告（2010）[R].北京：人民日报出版社,2010:1.

的集合，它实际上是由无数人的言论组成的，具体体现为各种文本（包括文字、语符、图片、音频、视频等媒介形式）。因而，文本分析也应该是舆情分析不可或缺的一部分，特别是在具体的舆情热点中关注度高、影响力大的文本，如事件当事人、网络意见领袖所传播的文本，它们能为理解舆情发生的动因、发展逻辑、关系网络提供有益的研究依据。因而，网络中各种有分析价值的文本应该成为研究的重点对象，细致系统的文本分析是以后舆情分析特别需要加强的部分。

第三，从总结分析到研判预警。目前的舆情分析更多是一种事后分析，当然，近年来研究中越来越多实现了实时的动态跟踪与数据采集，这是网络舆情研究从过去时向将来时演进的一个过程。在数据资料有相当充足积累的基础上，更多分析模型得以建立，帮助研究者在某些特定的条件下、对某些网络舆论议题或群体聚合变化进行研判和预警，这也是网络舆情研究在社会治理方面可供探索的前沿应用之一。

【延伸阅读】李彪：网络舆情场域的新变化①

目前社会舆情场域主要存在着三类“行动者”：舆情主体、舆情客体与舆情本体，舆情主体是参与舆情讨论的个体，舆情客体是舆情关注的事件、现象与问题，而舆情本体则是舆情中主体表达的观点、意见和看法。

在舆情场域，舆情表达主体更加多元，以草根为代表的新意见阶层崛起，在对网络“大V”加强监管的同时，民粹表达倾向明显。随着微博用户互动意愿的减弱，尤其是网络“大V”的活跃度在不断下降，个别草根网民借助一定的事件迅速成为网络关注焦点人物，改变了以往网络“大V”呼风唤雨的垄断局面。如“9・3”阅兵当日，一个草根微博账号@周顾北的周 发布的“#9.3 胜利日大阅兵#这盛世，如你所愿”的微博。配图则是周恩来总理的一张黑白照片，这条微博截至 2015 年 9 月 3 日晚上 8 点，转发量达 93 万，评论、点赞量达 79 万，粉丝数增至 2.9 万，成为微博上线以来草根账号发出的互动量最大的博文之一。新浪微博账号公开的信息显示，该草根账号的博主性别为女性，身份是“华南农业大学动物科学学院一学生”，注册新浪微博时间为 2013 年 11 月 23 日，短短两年的一个新人，发出的微博引起了如此大的关注，这是在网络“大V”主导微博话语场时所无法想到的。草根微博账号的异军突起，主要有以下几个原因：一是微博网络“大V”纷纷“转场”或转变话语表达方式，为微博的网络话语场造成了“权力真空”，微博整个话语权力格局发生了重大转变；二是草根微博善于借势传播，再加上新浪微博基于弘扬正能量的政治需要，使得这种“根正苗红”的正能量草根微博账号得以脱颖而出。

另外，2013 年展开的打击网络谣言专项行动以来，网络“大V”在社会话语表达中越来越成为污名化标签，并且在实质上网络“大V”在社会整个舆论话语场的活跃度、影响力都出现了下降；而专业类、行业类网络意见领袖异军突起，借助微信群等封闭性社交媒体平台，不断强化自身的影响力，形成了网络“中V”甚至是地域性网络“小V”，这些新的意见阶层的出现一方面“对冲”了网络“大V”的传统社会影响力，使得整个社会的

---

① 李彪. 当前社会舆情场域态势与话语空间转向研究——基于网络舆情新变化的分析[J]. 暨南学报（哲学社会科学版），2016（6）.

话语表达相对更加去中心化；另一方面网络“中 V”和网络“小 V”在各自的群体中巩固了内部的群体认同，但也容易造成社群和网络族群之间的隔阂和对立，未来会强化族群的刻板印象①，因此，要警惕这种现象。

微信使得趣缘与业缘共同体活跃起来，微信群功能使得整个社会基于血缘、地缘、学缘、业缘和趣缘等形成了大大小小嵌套在一起的网络社群，这些社群的互动增强了各个社群内部成员的内聚力，进而达到一呼百应的社会集群效应。借助网络虚拟社群，基于业缘的社会共同体开始出现并且一改以往在网络事件中沉默的做法，试图改变民众对这个群体的刻板印象，如警察、律师和医生等业缘群体。2015 年表现最为抢眼的业缘群体就是警察群体，从 1 月发生深圳警察聚餐事件，再到 6 月白岩松在河北肃宁枪击案节目中称警察牺牲为“死亡”引起警察群体在微信群和网上公开表达对白岩松的不满，在一定程度上表示这一职业群体开始借助虚拟社群完成聚集和社会表达。未来基于业缘的社会共同体会进一步啸聚，自发维护自身群体在网络上的形象，进而增强其社会内部成员之间的群体认同。②

近年来，由于政府加大政务微博微信的支持力度，再加上开展打击网络谣言专项行动，网络“大 V”甚至是媒体微博账号活跃度开始下降，根据中国人民大学舆论研究所的相关研究，在微博平台上，政务微博发布的微博总数在 2013 年 10 月 24 日首次超过加“V”个人用户，达到了数量上的规模优势。2015 年，部分政务自媒体账号改变传统唯网络“大 V”马首是瞻的一贯做法，主动“阻击”部分网络“大 V”。如关于信仰共产主义与否的问题，共青团中央与任志强在微博上“撕起来了”；关于庚子赔款建校问题，潘石屹与福建共青团组织官方微博又“杠上了”；共青团山东省官微在公安部门拘留“爱国青年”侯聚森后，坚持发微博力挺侯聚森；7 月袁立在微博做慈善帮助尘肺病人，崔永元转发微博并力挺，却遭到微博认证为“共青团陕西省商洛洛南县委书记”的恶评，随后共青团陕西省官方微博也跟随着“书记”的步伐开始声称“要抵制所谓的慈善活动这种网络谣言！”。在这些事件中，共青团系统官微上至团中央下至县团委书记，主动向网络名人开战，在一定程度上凸显了共青团作为青年人较多的群众组织的思维变化，另一方面共青团官微的类似行为会使得民众认为其有“哗众取宠”的嫌疑，这也成为这一类官微的社会刻板印象。未来政务微博要强化社交媒体素养，切忌靠“扣帽子”“抓辫子”等行为来解决网络纷争。

在舆情客体方面，近年来网民关注的泛政治化事件与国际议题明显增多，也就是泛政治化舆情事件增多，网络意识形态纷争现象加剧。2015 年 4 月加多宝官方微博涉嫌侮辱邱少云事件，引起了大家对网络言论底线的思考；7 月山东文登发生 17 岁“爱国青年”侯聚森被围殴的事件，引起了网络上关于爱国与“自干五”等问题的争论，甚至引发了公安、公知、共青团三方网络大战；9 月网络“大 V”任志强在微博上发表了《“我们是共产主义接班人”？》吐露自己对共产主义的不信任感，引起了政务微博、网络“大 V”、网民对“共产主义接班人”的争论；10 月潘石屹发布的“麻省理工学院一位教授告诉我，现在资助中国留学生的钱，是当年庚子赔款的钱”微博引起了福建共青团组织官方微博的驳斥，称其“拿着国耻，谢恩点”个别词语颇为露骨，再次引起了网络意识形态的纷争。综合来看，当前泛政治化事件发生的频度和数量都超过了往年，网络舆论场从微博转向微信的趋势凸显，微信促进了多元的

---

① 勒庞 . 乌合之众 [M]. 冯克利，译 . 北京：中央编译出版社，2005:19.

② 王志弘 . 技术总结的人与自我：网际空间、分身组态和记忆装置 [J]. 资讯社会研究，2002:3.

网络社群崛起，网络社群的活跃并没有增强社会共识，反而强化了网民在各自社群中的群体认同，“茧房”效应（民众关注的都是自己本社群的信息，反而忽略整个社会层面的信息）加剧，形成社会认同和社会共识更加困难；同时主流意识形态离网络共识尚有一定的距离，由于“麦克风时代”来临，未来这种意识形态纷争和泛政治化舆情还会出现。

国际议题成为舆情场域关注的焦点议题，主要是以下议题引起了网民关注，一是地域纷争引起网民关注，如叙利亚国内危机引发的一系列难民潮、乌克兰危机中俄罗斯与北约暗战；二是全球性的公共卫生事件，如 2015 年 5 月份全球爆发的中东呼吸综合征病毒，波及中东、韩国和中国等地区，引起网民的普遍关注；三是国际经济议题，如中国力推的“一带一路”倡议和亚投行战略等引起了国际社会关注，10 月份引起国内网民关注的跨太平洋伙伴关系协定（TPP，Trans-Pacific Partnership Agreement）的签订；四是习近平总书记的国际活动，2015 年习总书记出访四大洲 10 个国家，是他就任国家主席以来出访次数最多的一年，引起了国内网民的普遍关注。国际议题成为热点议题的主要原因如下：一是全球经济衰退造成政治议题上升为重要议题；二是民族主义思潮依然是重要的网络思潮，未来如何引导与平衡爱国热情和民族主义情绪是重要的社会治理议题；三是国内经济形势不容乐观，反腐形势引起民众“审丑”疲劳，国际议题的被关注程度自然上升。

另外，近年“次生舆情”“搭便车舆情”和“反转舆情”现象突出。次生舆情现象用比较通俗的说法就是“拔起萝卜带起泥”。从较早的张家川事件，到 2015 年 5 月，庆安车站的一声枪响，引发了整个庆安官场大地震：代表省市领导慰问案件中受伤民警的庆安县委常委、副县长董国生因户籍年龄、学历造假以及妻子“吃空饷”等问题被停职；县检察院检察长魏鹏飞被人举报上任以来超标违规使用公车并悬挂假军牌和假牌照；庆安县公安局副局长兼交警大队大队长王向阳被举报涉嫌玩忽职守、徇私枉法和滥用职权。近几年自媒体的发展，一旦一个地方发生舆情危机，整个地区尤其是公权力部门都置于整个网络围观之中，进而引发次生性舆情事件。次生舆情有两种基本模式：一是主舆情与次生舆情毫无关系，如上面的庆安枪击事件；二是次生舆情是主舆情的衍生品，如天津“8·12”特大爆炸事件中，由于天津地方与交通部之间迟迟达不成发布主体的共识，加上天津官方的舆情应对不力，每场新闻发布会召开后都引起了民众的进一步质疑，这些次生舆情都是紧紧围绕主舆情展开的。

“搭便车”现象本来是经济学中的专属名词，而随着网络舆情的不断发展出现了舆情搭便车现象，网民通过将主舆情与之前发生的舆情事件进行有效勾连，通过贴标签、借代等手法进行类比，强化主舆情与之前发生的舆情之间的勾连，如青岛天价虾事件出现后，各地一旦出现旅游物价事件，人们立刻就把它和青岛天价虾进行勾连，2015 年 10 月 10 日报料宁波海鲜市场 1 只青蟹绑 31 米绳，绳重超 20%，立马被网民冠以“天价蟹”的标签，再次引起了网民的热议，这种现象就属于搭便车舆情的典型，以往的舆情事件会作为刻板印象内化为网民自身的认知框架，一旦一个事件与之前的事件类似，网民立马启动固有刻板印象，造成舆情的啸聚。

舆情反转现象是近年比较常见的，在很多舆情事件中，出现舆情急剧反转。2015 年 6 月份就发生了“成都女司机遭暴打”“庆安枪击事件”“上海小学生为老师撑伞”和“大连男子开房就被抓”等多起舆论反转事件，尤其是 “成都女司机遭暴打”事件中，社会舆论由开始的谴责男子暴力，转为指责女司机违规变道，进而引发有关“路怒症”以及文明驾驶的社会深思；9 月又发生了“淮南女大学生扶老太太”舆情反转事件，由最初一致谴责老太太讹人，到后来指责女大学生撒谎的舆情反转再次引起民众关注。舆情反转现象层出不穷主要是由以下原因造成的，一是事件真相的呈现是一个过程而不是一蹴而就的节点，正如马克思所说的“论证了报道某一具体事件的全过程，这个过程表现为整个报刊的有机的运动”；二是网络虚拟社会中各阶层之间的刻板印象已经形成，一旦出了事情，网民下意识地以以往舆情事件作为类别联想，带着先入为主的有色眼镜来审视事件，也从侧面体现了社会族群之间的断裂；三是网络虚拟社会的理性因素和网民素养有待进一步提升。

在舆情本体方面，舆情本体是指主体对舆情客体的意见、态度和看法。每个舆论事件各不相同，因此舆情本体很难准确把握和捕捉，本文拟就本体所附着的载体和平台变化来“映射”舆情本体的演变。从目前的舆情传播格局来看，网络舆情平台已经从 PC 端转移到移动互联网，这其中扮演重要传播载体的是“两微一端”，即微信、微博和新闻客户端，尤其是“两微”，已然成为网络舆情信息第一落点和主要信息源，但从目前网络舆情事件的发展来看，这三者又呈现不同的分工和合作，微博、微信舆论场属性渐趋精细化，展现出接力传播的格局。

社会话语空间转向，“多微一端”（微信、微博、微视频等和新闻客户端）成为全新话语空间。微博和微信技术的底层架构不同，微博是典型的明星围观模式，微信则是基于即时通信技术基础上的网络社群模式。随着网络舆论场的自组织效应凸显，微博和微信的两个舆论场属性也有了进一步的细分和区隔：微博属于社交媒体，具有强媒体属性，扮演舆情前台的角色，因此在很多社会公共事件中适合进行各社会群体的观点交锋和对接；微信则是社交网络，具有强社交属性，扮演舆情后台的角色，更加适合进行小范围的群体性传播和单向度的隐匿传播。两者在重大舆情事件传播过程中各司其职、分工明确，如天津“8・12”爆炸事件发生后，谣言信息更倾向于在微信中传播，因为微信传播更加安全、更易获得社会信任；而因本事件造成的争议和观点交锋则主要出现在微博中，两者之间共振交织传播，使得整个事件的舆情发酵特别快，大大超过以往舆情事件的传递效率。

微博、微信实际上是具备人脉关系再造与社会动员能力的信息互动平台，它们通过对微文本的生产与传播而完成其赖以存在的社交圈子的再生产，为社会制造话题和热点事件[①]，但从网络虚拟舆论场到线下社会公共话语场之间还有一段距离，在其中扮演重要“二传手”角色的是刚刚兴起的新闻客户端。目前新闻客户端按其出身大致可以分为以下三类：门户系（腾讯、网易、新浪、网易和凤凰等）、原生系（今日头条、一点资讯、Zaker 等）和传统媒体系（澎湃、并度、九派、无界、封面、上游等），从目前的市场份额来看，门户系依然主导整个新闻客户端市场。舆情事件在微博、微信等虚拟舆论场热议溢出到传统大众媒体，经过传统媒体的报道，被新闻客户端转载，才最终进入受众视野，最终获得注意力资源，从传播链条中可以看出，新闻客户端已经超过传统媒体，成为打通舆情到社会话语场的“最后一公里”。在这一最终环节，新闻客户端根据自身的编辑方针，对舆情信息进行二次编码，在一定程度上影响了民众对舆情事件的看法，重构了舆情事件在其心目中的形象，因此作用不亚于微信和微博。

---

① 刘涛 . 社会化媒体与空间的社会化生产——列斐伏尔和福柯“空间思想”的批判与对话机制研究 [J]. 新闻与传播研究 ,2015(5).

自媒体账号趋向活跃，成为谣言放大器。随着传统媒体的生存压力剧增，越来越多的传统媒体人转向自媒体，创办自媒体账号，借助自身的专业优势和经验，日趋活跃；另外，个别企业为了进行商业推广和病毒式营销，也开设了自媒体，在一些热点事件中希冀搭顺风车，借势营销，因此在很多网络事件中都可以看到自媒体账号，一些微信公众号为博取更多的眼球，经常转发一些擦边、劲爆的信息乃至谣言，导致很多未被核实过的信息被迅速地传播，成为谣言的放大器。2015 年 11 月微信公号“顶尖企业家思维”冒用王健林名义发布“王健林：淘宝不死，中国不富，活了电商，死了实体，日本孙正义坐收渔翁之利”的文章，经过朋友圈不断转发传播，阅读量很大，万达集团官网声明王健林从未发表过与此相关的任何言论，并向北京市法院正式提起诉讼，起诉该公号，索赔 1,000 万元，并要求其公开赔礼道歉。未来，自媒体账号会日益活跃，有可能成为网络热点事件的重要节点，整个社会舆论场会越来越来复杂多元。

问题六

基于关系网络视角的微信舆论场特征研究 *

张志安 束开荣

伴随移动互联网的普及和网络舆论研究热度的提升，作为网络热点扩散、热门话题生成和舆论空间形塑的重要平台，微博与微信成为学者关注的焦点。从总体上来看，学术界对微博舆论场的研究比较多，比如基于特定个案对微博舆论的表达特点、分布格局、运作机理及变化趋势的实证研究，① 以及从网络舆论场的整体视角出发对微博舆论场域的生成基础、演化机制、影响因素及引导方式进行思辨研究等。② 在一些相关研究中，少数学者运用跨学科视角和复杂网络分析方法，建构微博舆论传播的拓扑结构及其演化机制，研究发现，微博舆论的复杂网络拓扑结构呈现辐射链路型状态，“星型结构”的信息扩散模式降低了群体内部的反馈机制；还有学者考虑到“近邻和次近邻”对观点演化过程的影响，探究微博舆论场的观点演化模型，验证微博具有短时间内聚集民意的作用。③

相比之下，与微信舆论相关的一些研究则方兴未艾，主要集中在对其传播模式、舆情效能等方面的探讨，从议题产生、传播扩散及意见形成等三个方面初步勾勒出微信舆论的生成过程。④ 关于微信是否存在舆论场的问题一度曾有争论，⑤ 不过经验事实与舆情事件表明，尽管微信空间难以形成公共广场式的开放舆论生态，要研究“作为结果的舆论”面临数据难以精准获取的阻碍因素，但其“作为过程的舆论”仍然可以通过观点扩散和社群

---

* 本文首发于《新闻记者》2016 年第 6 期，原标题为《微信舆论研究：关系网络与生态特征》。束开荣为中国人民大学新闻学院博士生。

① 夏雨禾.2010 以来的突发事件微博舆论及其变化趋势研究——基于新浪微博的实证研究 [J]. 新闻与传播研究 ,2014(3)；徐光晋 , 陈敏 . 突发事件中的微博舆论场分析——以北京“7 · 21”暴雨事件为例 [J]. 当代传播 ,2012(6).

② 谢耕耘 , 荣婷 . 微博舆论生成机制和舆论引导策略 [J]. 现代传播 ,2011(5)；陈联俊 . 网络社会“微博”舆论场域的生成与引导 [J]. 社会主义研究 ,2012(6).

③ 李卫东 , 贺涛 . 微博舆论传播的复杂网络：拓扑结构模型及其演化机制 [J]. 新闻与传播研究 ,2013(11)；杨柳 , 朱恒民 , 马静 . 考虑近次邻影响的微博舆论观点演化模型 [J]. 情报分析与研究 ,2014(12).

④ 方兴东，等 . 基于网络舆论场的微信与微博传播力评价对比研究 [J]. 新闻界 ,2014(15)；雷跃捷 , 李汇群 . 媒体融合时代舆论引导方式变革的新动向——基于微信朋友圈转发“人贩子一律死刑”言论引发的舆情分析 [J]. 新闻记者 ,2015(8)；熊忠辉 , 程刚 . 微信的传播模式及其对舆论生态的影响 [J]. 新闻战线 2015(3); 王玉珠 . 微信舆论场：生成、特征及舆情效能 [J]. 情报杂志 ,2014(7).

⑤ 袁舒婕 . 空间封闭当习惯 微信舆论难成场 [EB/OL].(2013-9-25)[2016-4-17]. http://media.people.com.cn/n/2013/1011/c192372-23160831.html.

讨论，对整体意见气候产生重要影响，也可以成为微信舆论研究的切入点。值得一提的是，有学者将 UGC 生产与关系视角结合，考察微信舆情的传播特点，揭示微信“圈子”关系中圈群之间压力逐渐减少的传播规律，分析其隐匿性、社会动员、跨界勾连等不稳定的舆情风险。[①] 也有学者研究微信的话语赋权与社会关系对媒介生态的影响，认为微信的话语交际模式赋予所有用户平等的话语权，不论是作为“物种”的微信还是作为“环境”的微信都对媒介生态的进化产生积极作用。[②]

不难发现，与网络舆论研究的传统路径相比，对微博、微信舆论的研究注重跨学科视角和关系论视角，但需要避免两方面的问题。一方面，在借鉴跨学科理论资源时，要尽量避免脱离舆论学研究的主导范畴，防止在量化数据分析和搭建舆论演化模型时抽离特定的社会语境，使舆论研究失去建构“地方性知识”的可能性。另一方面，关系视角的运用，需要以特定的网络平台为基础，让论述的对象更加具体、明晰。比如，微信的“圈子”关系究竟是一种怎样的关系分布？这种关系格局与微信舆论之间的关系是怎样的？现实社会关系在微信空间中的投射意味着什么？笔者认为，微信舆论研究的关键在于如何以本学科的学术取向为主体，立足舆论研究的中国语境，聚焦舆论学的基础命题，将新的研究视野与分析工具有机结合，为网络舆论研究提供新的知识。

一、舆论场与关系网络

有学者曾将国内的网络舆情研究现状总结为“学”为末、“术”为主、“策”为上。[③] 这虽然是整体评估，但确实在一定程度上反映了网络舆论研究重策略、轻学术的价值取向，更多着力从“怎么办”的层面就“如何正确、有效地引导网络舆论”进行探讨。陈力丹在其《舆论学——舆论导向研究》一书中对“舆论研究”与“舆论引导研究”关系的表述颇有意味：“本书的主题论证的是舆论学的基本原理，说明舆论是自在的人民对于某些舆论客体的意见、态度、情绪，而副题论证的……就涉及伦理和政治学的话题了。”[④] 可见，作为一种知识生产的舆论研究，应该保持其研究的独立性和纯粹性，对它的概念阐释和理论演绎并不必然要跟“舆论导向”研究相对接，二者之间应该保持适度独立。

当然，在重视舆论导向的政经语境下，探讨引导策略无可厚非，甚至还有助于推动社会舆论的健康发展。但是，从舆论研究到策略提出必定根植于扎实、严谨、逻辑性的学术探讨，回答“怎么办”之前，需要充分解决“是什么”与“为什么”的问题。同时，对学术问题的提炼需要兼顾舆论场域变迁轨迹与研究视野的前瞻性，善于把握重要的、有现实紧迫性的真问题。在这方面，周葆华对社会化媒体时代舆论研究重要议题的划分具有启发性：一是对网络“大众意见”的数据挖掘；二是对线上与线下“大众意见”的对比分析；三是对新媒介环境下舆论“可视化”动态过程及其动力机制的系统考察。[⑤] 本文尝试回应

---

① 熊茵，赵振宇 . 微信舆情的传播特征及风险探析 [J]. 现代传播 ,2016(2).

② 严玲 . 微信：媒介化生存的新物种 [J]. 现代传播 ,2016(2).

③ 李彪，郑满宁 . 社交媒体时代的网络舆情——生态变化及舆情研究现状、趋势 [J]. 新闻记者 ,2014(1).

④ 陈力丹 . 舆论学——舆论导向研究 [M]. 上海 : 上海交通大学出版社 ,2012：1.

⑤ 周葆华 . 社会化媒体时代的舆论研究：概念、议题与创新 [J]. 南京社会科学 ,2014(1).

第三个议题，以跨学科的复杂网络为理论工具，从关系论的视角考察微信舆论的演化与生成机制，分析微信舆论场的关系网络与生态特征。

在这里，“关系网络”并非特指“作为社会资本或社会资源”的经典社会学概念，而主要是指在媒介与传播视域中，对行动者与技术中介的互动以及个人（或群体）主体间性纽带的考察。根植于移动化社交媒体的“关系”所形成的“网络”并非变动不居，因为“社会事实的内容既体现在行动的现实中，也体现在结构的现实中，二者同样重要，就存在于关系之中”①，也就是说，作为一种“社会事实”的关系网络，行动主体的能动性（即关系网络的动态性）与这个关系网络的结构化特征是统一的，属于各种类型、各种平台的舆论场，无不处于这样或那样的关系网络之中。

首先，本文主要从两个维度来界定关系网络。其一，个体与个体行为之间的互动，这是研究者在考察网络关系时的基本视角。其二，网络平台与用户行为之间的互动。在网络舆情及舆论研究中，后者并没有得到充分重视。我们一般讲网络空间中的交互性，多是强调人与人在某个媒体平台上的互动，经常容易淡化或者忽略用户与平台本身的交互，而平台属性（基于社会性的技术设计）对用户信息生产与传播行为的影响是显而易见的，应该被纳入互动关系的研究中。不过，在充分了解平台属性对用户间互动过程影响的同时，人与人的互动仍然是关系网络的研究主体。

其次，“节点”与“平台”是把握关系网络的两个关键词，前者是网络空间中的行动主体，后者是前者的存在方式和互动空间，二者的凸显与结合意味着互联网逻辑下传播生态的解构与重构。一方面，互联网平台上的个体和组织都被高度节点化②，以各种社会性质的社会关系为节点形成一种普遍多元的传播机制③，节点成为信息、意义生产与传播的双重主体，节点与节点之间的关系由互联网平台赋予平等、开放、互动的技术特性，信息资源与传播权力结构的重新配置呈现“去中心化”（decentralized）特点。另一方面，作为现实主体的不同节点，因为影响力大小所导致的相对位置关系，又造成“再中心化”（recentralized）的结果。这些再中心化的节点，分布在各自的社会领域和社群关系中，不同的知识背景、社会关系以及社会情境等因素，是其进行信息生产与意义创造的行动机制。

最后，在逻辑上，舆论场与关系网络是相互关联的两个概念，有什么样的舆论场，就有什么样的关系网络，反之亦然。国内较早对舆论场进行概念界定的刘建明提出，舆论场具有“同一空间的人群密度和交往频率”“舆论场的开放度”“舆论场的渲染物和渲染气氛”等三要素④，强调意见互动所处的时空环境。不过，用时空环境去统领舆论场的三要素并界定其基本形态，略显宏观，难以说明基于特定时空环境中某种舆论场所依托的具体场景。这一场景正是被节点和平台所形塑的关系网络——某种特定的关系网络决定特定舆论场的基本形态与生态格局，而特定的舆论场生态也在强化着这种关系网络。因此，为避免简化网络舆论的复杂性，本文主张以一种更加具体的视角去考察微信舆论场，强调这一

① 布迪厄. 实践与反思：反思社会学导引 [M]. 北京：中央编译出版社，1998:133，转引自杨善华、谢立中. 西方社会学理论 [M]. 北京：北京大学出版社，2013:159.

② 喻国明，等. “个人被激活的时代”：互联网逻辑下传播生态的重构——关于互联网是一种“高维媒介”观点的延伸探讨 [J]. 现代传播，2015(5).

③ 陈卫星. 新媒体的媒介学问题 [J]. 南京社会科学，2016(2).

④ 刘建明，钟纪慧，王莉丽. 舆论学概论 [M]. 北京：中国传媒大学出版社，2009.

特定网络平台舆论场的特殊性，而不是以宏观视角来考察整个网络舆论场。

二、无标度网络与微信舆论场

当前，微博和微信已经成为主导网络舆论场的两大重要平台。比较而言，微博是一个相对开放的舆论场，在热点事件传播、公共观点表达、促发舆论方面，具有更加快速的信息传播和社会动员效果；微信则是一个半封闭、半公开的舆论场。除此之外，微信舆论场的基本形态与演化动力更有其特殊性，这种特殊性由其所依托的关系网络决定。

1. 复杂网络与“无标度”网络模型

所谓的“复杂网络”（complex network），简言之就是呈现高度复杂性的网络，比如人际关系网络、生物网络、电信网、航空网等。这个概念产生于20世纪60年代的数学图论研究，并逐渐成为各个学科领域的研究热点[①]。有研究表明，互联网平台是典型的复杂网络[②]，它具有一些基本特点：（1）极多的节点数量且呈现多种特性的网络结构；（2）节点和链接具有社会现实意义，即个体可以抽象成网络节点，个体间的关联可以抽象成节点间的链接；（3）网络中各节点状态随时间不断变化；（4）复杂网络经过不断演化发展，可能会形成难以预测的结果。20世纪末，海外学者分别提出“小世界网络”（small-world network）和“无标度网络”（scale-free network）[③]两种模型，对复杂网络做进一步的考察。

根据对相关文献的梳理，国内运用复杂网络理论观照舆论演化的研究已经逐渐兴起，但大多数集中在计算机学、系统学、物理学等自然科学领域。传播学、舆论学领域对复杂网络的关注总体上比较少，陈力丹曾在其《舆论学》中提到“小世界网络”对舆论生成与传播过程的影响[④]，在此不作赘述。本文主要关注另外一个描述复杂网络特性的模型——“无标度网络”，试图寻求该网络模型对微信关系网络的解释效力。

简单来说，无标度网络与随机网络相对，后者认为网络中的各个节点连接是随机的，整个网络比较均匀，与此相反，无标度网络强调复杂网络中存在着大量连接状况不均匀的节点，但具有大量连接的“核心节点”（Hub-node）是极少数的[⑤]。也就是说，无标度网络强调的是复杂网络中，节点与节点关系的异质性。在这里，我们可以借用另外一个概念“社区结构”（community structure）来把握这个模型的基本内涵。一般来说，由不同性质、不同类型的节点所组成的关系空间被称为社区。有研究表明[⑥]，一个具有现实社会关系的社区，其网络结构是不均匀的，它由许多子网络构成，每个子网络对应着一个现实主体，而每个现实主体在网络空间中是以“节点”的形式存在和行动的，子网络内部个体之间的关系比较紧密，而子网络之间的关系则比较松散。也就是说，各节点内部以及节点与节点

---

① 马骏，唐方成，郭菊娥，席酉民．复杂网络理论在组织网络研究中的应用[J]. 科学学研究，2005(2).

② STROGATZ W. Collective dynamics of small-world Networks[J]. Nature,1998(393). Barabasi AL, Albert R. Emergence of Scaling in Random Networks[J]. Science, 1999（286）.

③ STROGATZ W. Collective dynamics of small-world Networks[J]. Nature,1998(393). Barabasi AL, Albert R. Emergence of Scaling in Random Networks[J]. Science, 1999（286）.

④ 陈力丹．舆论学——舆论导向研究[M]. 上海：上海交通大学出版社，2012：18.

⑤ 吴俊，谭跃进，邓宏钟，朱大智．无标度网络拓扑结构非均匀性研究[J]. 系统工程理论与实践，2007(5).

⑥ 杜海峰，李树茁，W.F Marcus，悦中山，杨绪松．小世界网络与无标度网络的社区结构研究[J]. 物理学报．2007(12).

之间的连接状况（即所谓的强关系和弱关系）形成了异质性的关系网络。

2. 异质性的关系网络与微信舆论场的分化

微信空间就是一个典型的复杂网络，且具有明显的无标度特性。一方面，如果将微信用户视为网络节点，这些节点在微信平台中的分布状况及其基本关系是异质性的。所谓异质性，不是指特定节点的影响力与位置关系，而是基于节点间关系的亲疏、强弱程度所形成的一种不均匀关系网络。另一方面，微信空间的关系网络在很大程度上被现实社会关系所主导，节点与链接所承载的传播秩序进一步强化了社会群体的交往边界，出现了以群体为单位的舆论场分化现象，造成传播能力与舆论演化之间的悖论。

（1）关系网络形塑复杂的信息传播轨迹，舆论演化机制难以被准确描述

一个微信群不论大小，都是由一些具有相同社会特征（如血缘、家族、职业、兴趣等）的微信用户组成的，社群中的每一个个体（节点）有着各自的关系网络。相比微信群中的个体间的关系，二者的紧密与亲疏程度不同。相对而言，节点内部（朋友圈）的关系网络是紧密的，一个特定节点的朋友圈由相互认识的好友构成，点赞、评论、私聊等互动须以朋友圈为基础才得以进行；节点与节点之间（微信群内）的关系网络是松散的。很多时候，微信群中的一个特定节点与其他节点并非都认识，群组的建立常常出于临时性的需要，不活跃的群组会在几天之内被其他群组及私聊窗口覆盖，潜水、围观、消息免打扰是微信群中常见的社交行为与功能设置。当然，节点内与节点间的关系紧密程度只是整体上的判断，因为一个用户与其朋友圈中每个好友的关系并非都那么紧密，也有明显的亲疏之分。此外，用户可以同时活跃在数个甚至更多的微信群中，那么，这些微信群自然是特定节点强关系网络的一部分。可见，对节点内与节点间关系的具体描述，更能体现微信空间中关系网络的异质性。

不难发现，信息在这种异质性关系网络中的流动和扩散至少表现为两个“面向”：一个是面向朋友圈的传播，另一个是面向微信群的传播。前者是节点内传播，作为一个子网络的节点，其朋友圈的关系是相对紧密的，信息传播的动力强、速度快；后者是多节点对多节点的群体传播，由于子网络之间的关系比较松散，信息传播的动力和速度会有所下降。但问题的关键是在这种网络空间中，微信群与朋友圈的互动过程让信息传播的路径更加复杂，舆论的生成及演化过程难以被准确描述。一方面，微信群中的信息可能会被分享到朋友圈，进入一个关系紧密的子网络，几乎在同时，朋友圈中的其他节点会将信息分享到关系较为松散的微信群组中去。如此循环往复、交叉传播，要想及时追踪关系网络中的信息传播轨迹，确实非常困难。此外，微信由于涉及个人隐私，其数据并不全面公开和外显，我们难以从统计数量上来评估发生舆情的热度和强度[①]。这些都给我们对微信舆论生成与演化机制的分析提出了挑战。

（2）社会群体间的交往边界被强化，出现舆论场分化现象

微信平台作为一种私密性很强的虚拟社区存在于网络空间，这个网络空间由现实社会关系所维系。按照复杂网络的定义，作为个体的微信用户可以抽象成网络节点，而个体间的关联可以抽象成节点间的链接，微信平台的关系网络“建立在节点以及它们之间相互关

---

① 熊茵，赵振宇. 微信舆情的传播特征及风险探析 [J]. 现代传播，2016(2).

联的基础之上”[①]，节点和链接具有社会现实意义。

与微博的“关注”与“被关注”不同，这些节点和链接所承载的传播秩序与微信用户的现实社会关系高度相关，看似海量的信息互通共享，其实都各自在一个大小不一的圈子里流动，圈子与圈子之间的边界在很大程度上是被特定节点在现实社会关系中所拥有的社会资本或社会资源所划定，微信中群体互动与交流的空间呈现出明显的社会区隔，微信舆论场的良性沟通因此受到限制。正是在这个意义上，微信舆论场出现了较为明显的分化现象，虽然自主发表意见的仍是作为社会个体的微信用户，但是不同社会群体间的交往边界在微信空间中得到再现或者强化。

不过，微信空间的关系网络并不是现实关系网络的简单复制。作为一种普及率相当高的社交媒体，其基本功能不仅在于维系社会关系网，也在于借助线上交往与线下互动的结合，来扩大或者修正现实社会关系。虽然线上与线下的关系网络重合度较高，但二者均具有流动性与动态性，微信空间中群体交往与圈层互动的潜力和效能并没有消失。

三、微信舆论场的生态特征：圈层区隔与层级互动

微信作为一种社交空间，具有现实社会网络的一些结构性特征，所以本文倾向于将微信界定为一种结构化的社交平台。微信舆论场的基本形态是由微信平台的技术特征与关系网络共同形塑的，与微博舆论场的交叉、互通、互动等典型特点不同，微信舆论场呈现出“圈层区隔”与“层级互动”的非典型生态格局。

1. 圈层区隔：平台内部与平台之间

所谓的“圈层区隔”主要表现在两个方面：其一是指每个朋友圈所在的关系网络在人际互动方面的技术性区隔，一个用户的朋友圈网络往往被区隔为多个圈层，这种区隔表现在平台内部；其二是指微信与微博在信息（包括观点）互通共享方面的区隔，前者相对于后者是一个几近封闭的“圈子”，如果说微博是“广场”，那么微信更像一个“客厅”或“后院”，作为“广场”的微博众声喧哗，作为“客厅”的微信聊天互动，这种区隔表现在平台与平台之间。

（1）微信舆论场的平台内关系：朋友圈关系网络的相对不可见与嵌入性

微博用户通过“添加关注”的方式所构建的关系网络是可见的，而微信平台以“多层区隔”技术，不仅让朋友圈的关系网络“相对不可见”，而且具备“嵌入性”的传播能力，与“井喷”式的微博舆论相比，微信舆论场呈现为“窃窃私语”式的暗流涌动，形成所谓的“潜舆论”。[②]

首先，所谓多层区隔，是指一个用户的朋友圈相对另一个用户来说，并不完全可见，这主要体现在朋友圈状态“点赞”和“评论”行为的透明性上。譬如，用户 A 在朋友圈发布了一条状态，该用户的好友 B 和 C 都在此状态下方进行点赞或者评论，但倘若 B 和 C 不互为好友，那么，他们彼此就看不见对方在 A 状态下的点赞和评论。试想，如果一个用

---

① 卡斯特，殷斯．对话卡斯特 [M]. 北京：社会科学文献出版社，2015：32.

② 刘鹏飞，周亚琼，张力．2014 年中国移动舆论场舆情发展报告 [EB/OL].(2015-06-25)[2016-4-17].http://yuqing.people.com.cn/n/2015/0625/c209043-27204982.html.

户的朋友圈有100个好友，那么这100个好友之间是被“相互区隔”的，按照排列组合的计算方式，这种区隔的方式和层次十分多样。这造成了在舆论形成的过程中，信息传播路径不可见。

其次，这并非意味着“圈子”与“圈子”之间的隔绝，按照“六度分割理论”对社会化网络结构的描述，由熟人圈子转发分享的各类信息能够借助社会关系网实现不同“圈子”的相互接嵌。理论上，如果不考虑现实社会群体间的交往边界，一条信息可以在所有节点间传递，在无数个圈子中流动、扩散，这就是微信朋友圈的“嵌入性”传播模式。这种传播模式使得信息传播的速度悄然提升，传播的范围迅速扩大，但难以追踪其具体的传播路径。

（2）网络舆论场的平台间关系：微博与微信平台间信息流的“单向溢出”与舆论演化的“阶段性”互动

如上文所述，作为不同“圈子”的微博与微信空间在网络舆论场中是相对区隔的，但二者之间并非完全隔绝。在技术层面上，微信相对于微博的入口是封闭的，但微博相对于微信的入口却是开放的，微博中的信息可以被自由分享到微信空间。这种平台间信息流的“单向溢出”现象，可以让微信获得来自微博空间的海量信息，以整合、更新平台内部的信息资源，同时，在二者之间设置单向的信息分享屏障，以维护微信空间的社交体验。不难发现，信息流的单向溢出对微信舆论演化与生成过程的一个较为直接的影响在于，它打造了一个相对自主的网络舆论场。

其次，二者通常会针对同一社会事件，在舆论演化的不同阶段进行平台间互动，这种互动是就微信与微博各自的平台功能而言的。一方面，作为信息集散地的微博平台，监测社会变动，酝酿话题、跟踪事态进展，为舆论演化提供充足的、动态的信息资源；另一方面，兼具观点生产与信息扩散功能的微信平台，更善于整合各类信息，从多种角度解读事件的社会意义，为舆论生成提供一个观点“交锋竞合”的空间，各类公众号充当着观点市场的多元主体。

我们以2016年4月6日引起广泛关注的“女子酒店深夜遇袭”事件为例。该事件自4月5日晚从微博爆出后，各大网站热搜榜前两位很快被此事件占领，截至6日晚11点左右，已引起数千万网友参与讨论，浏览量达13亿人次①。观察其舆情传导机制，微博与微信在舆情的承载和发酵过程中表现出明显的“阶段性”互动。事件起源于微博，微博上信息量最广，但更有价值的深度评论依然较多来自微信，信息率先在微博平台快速扩散，网民反应强烈，随后微信公众号的观点生产有效地促动舆情发酵，信息与观点的集散在微博与微信平台间反复呼应、相互映照。换句话说，该事件的舆情演化过程具有很强的“微博—微信—微博”平台轮换、相互刺激的跨平台传播特征。②

可见，微博与微信在舆论演化的不同阶段发挥着各自不同的平台功能。二者的互动特征是阶段性的，而非即时性的，而且这种“阶段性”的平台间互动具有多次反复、接力的

① 长安剑.女子酒店深夜遭袭舆论汹汹，大家都在等“反转剧”吗？[EB/OL].(2016-04-06)[2016-4-17].http://view.inews.qq.com/a/20160406A07L1B00.

② 舆媒素.和颐酒店事件：舆情进入“十亿量级”时代的反思[EB/OL].(2016-04-07)[2016-4-17].http://toutiao.com/i6270461241693569537/.

特征。不过，总的来说，微博侧重于集中和交换信息，而微信在于整合和生产观点。此外，主流舆论场与网络舆论场在微信空间中互动和博弈，与微信公众号相比，普通公众的观点表达难以真正参与舆论的酝酿与形成过程，各类评论文章获得大量阅读和转发的背后，是公众表达稀缺所造成的观点跟风。

2. 层级互动：活跃于微信空间的精英群体与其他社会群体难以开展舆情沟通，微信舆论场中的群体互动受阻

转型社会的中国，阶层分化表现为一个相对动态的变迁过程。按照经典社会分层理论，变迁的方向和结果是社会逐步整合形成一个高低有序、分布合理、关系和谐的阶层结构，而这一社会过程必然反映在人们的社会交往行为中，其中一个典型表现就是社会交往的群际分化。作为一款私密性很强的社交软件，微信空间的信息流动秩序是由现实社会关系网络，即“社会资本或社会资源”的配置与协调状况所决定的。社会群体的交往边界在微信空间中得到再现或者强化，被强弱关系形塑的异质性网络具有以社群为单位的层级分布特征，信息扩散与流动的状态主要表现为同一或者相似社会群体的“层级互动”。

也就是说，微信空间中的群体内交往更加频繁，而群际分化的垂直结构则造成群体间交往的阻滞，它对舆论生成与演化过程的影响至少有两个重要方面。其一，对占有充足信息资源与其他社会资源的精英群体来说，他们之间的互动虽然频繁但却相对封闭，相对理性、多元的观点生产主要集中在精英群体内部，难以与不同层级的社会群体开展舆情沟通，产生舆论生成与演化过程中的良性互动，从而出现前文所述的舆论场分化现象。其二，不同社会群体被突发事件所激发的舆情态势有较大差异，官方智库及学者所做的舆情分析已经注意到这一点，不同的舆情态势其实反映了不同社会群体对同一社会事件在情绪、态度、观念以及意见上的多种向度，一般而言，容易滋生谣言、造成信息失控的舆情会不断在社会群体的下层堆积，且不易排遣。

四、结论与探讨

通过上文分析可见，对微信舆论场的考察至少需要在两个不同层次上展开。首先，就研究路径而言，重视“关系网络与生态特征”的逻辑关联，开拓微信舆论研究的理论视角；其次，就知识生产语境而言，把握“转型社会与技术变革”的关系，搭建微信舆论研究的整体性框架。二者层次不同但相互勾连，后者是前者的论述前提，而前者是论述后者的一种视角选择。

一方面，微信的关系网络与舆论场生态同属一个逻辑范畴，由特定平台承载的“无标度”关系网络形塑了“圈层区隔与层级互动”的微信舆论场，信息在特定舆论场中的流通互动，也在不断强化或改变着特定的关系网络。在逻辑上，二者相互构成，前者是后者的关系论视角。比如，微信舆论场主体间的亲疏关系（朋友圈、微信群中节点与链接的异质性）、个体或群体与技术性平台的行为关系（多层区隔与嵌入性传播）、平台与平台之间的互动关系（信息在微博与微信平台间的单向溢出、异步互动）；后者将前者建构成一个信息流动与观点生产的特定场域，关系网络是维系舆论场样态及其功能特征的基础性资源，具有较强的稳定性，同时，关系网络各要素之间的动态关系，比如，相对意义上的亲疏关系不会一成不变、用户的自主性会对微信所提供的技术机制进行灵活运用、微博与微信的互动关系会随着舆论客体即社会事件的关注度不同而有所变化，这些都会对舆论场的生态格局造成有限的资源重组与关系协调，使其表现出一定的动态特征。

另一方面，在当下中国，转型社会与媒体技术变革已经是一种既具本土性又具普遍性的知识生产语境。转型社会与技术变革相关联，新媒体在中国的发展逻辑似乎是一个社会转型当中的信息重组逻辑，当一种旧的传播技术不再持有社会潜力，就会有一种新的传播技术来进行接力，表面上它是一种客体性质的技术革命，实际上同时也是主体性质的观念革命；另外，单看新媒体的技术变革，它具有两重性——新媒体的技术属性在于它是一种实现人与人之间信息交流的技术，培育或配置社会内部的协调性，它的社会属性则是围绕媒介技术的兴起而逐步构建和演变的社会文化实践①。不难发现，对转型社会与媒体技术变革之关系的理解和把握，极大地影响着学术问题的确立和研究旨趣的偏向，受到这种社会语境的影响而渐成显学的舆论研究当然也不例外。

但是，由转型社会与媒体技术变革共同形塑的知识生产语境在中观与微观的阐释实践中消失或者被淡化，宏观语境之于学术视野与理论问题的构建，并没有获得充分彰显，网络舆论研究在学术逻辑上的完整性很少被强调。其一，国内学者以及官方智库多是以现实应用为导向，对网络舆情和舆论的探讨尚处于“悬置”基础问题与严谨思考的策略研究阶段。基于数据、图表的实证研究又因其过于琐碎，甚至于抽离或者淡化舆论事件所处的社会语境，难以深入探寻网络舆论场的学理；其二，社会矛盾凸显、风险议题多样、社会阶层利益逐渐分化的转型社会，以及作为交流环境、网络社区空间、信息生产与传播平台的移动互联网，给舆论学的研究传统提出了新问题，也带来了新视角，既有的舆论学理论框架在遭逢挑战的同时，恰得再次充实自身的发展机遇。

总之，微信舆论研究的整体性框架，应该是在“转型社会与技术变革”的知识生产语境下聚焦网络舆论的重要问题，细致探察宏观语境之于具体事件的影响痕迹，以经验研究贯通宏观（社会性与技术性的环境）、中观（社会群体或机构组织）与微观（个体、微信平台、内容文本）在阐释实践中的区隔。在此基础上，以“关系网络与生态特征”这一理论视角考察微信舆论场，充分重视平台的特殊性，强调平台内部的结构化特征之于信息传播与人际互动的影响，以及不同平台之间的区隔程度与信息流动状态，以此建构微信空间的关系网络与舆论场生态，把握微信舆论的演化与生成机制。

---

① 陈卫星 . 新媒体的媒介学问题 [J]. 南京社会科学 ,2016(2).

问题七
网络舆论的非理性及其因素研究 *

张志安　晏齐宏

一、引言：网络舆论中的理性和非理性

《新闻传播百科全书》中对舆论的定义称：舆论是公众关于现实社会以及社会中的各种现象、问题所表达的信念、态度、意见和情绪表现的总和，具有相对的一致性、强烈程度和持续性，对社会发展及有关事态的进程产生影响，其中混杂着理智和非理智的成分。① 可见，舆论本身具有理智和非理智的成分，网络舆论可能是理性的也可能是非理性的。理性是指人们形成概念、做出判断并进行逻辑推理的认识能力，以及按照逻辑思维规律指导实践的实际活动能力。而非理性指人所具有的一种非逻辑、非条理化的精神能力，这种精神能力推动着人们去从事那些难以表述的认识和行动。② 在网络舆论中，理性与非理性指的是舆论的一种存在状态。

在网络舆论理性和非理性的研究中，国内学者较为关注舆论的非理性问题。或许是由于中国制度化的公共表达渠道相对缺失、网络成为公民活跃表达的主流平台，造成了网络舆论的非理性情境。对于网络舆论中的理性，相关研究只是点到为止。如有研究者认为，2009—2013年为我国网络舆论沉淀升级期，"沉淀"指该阶段的网络舆论比之前阶段(1998—2008 年) 更为积极，也更为理性，网络安全、网络伦理、网络法制方面得到进一步完善；"升级" 指该阶段的网络舆论从草根向主流在逐步发展演进，网络舆论理性进一步回归。③

与此相反，较多研究者阐述网络舆论的非理性状态，如 "网络舆论极其容易受到舆论传播机制和公众情绪的非理性影响，呈现出一种非理性甚至极化的特征" ④。具体来看，学界关于网络舆论非理性的研究中， "非理性" 具有不同的所指。第一，非理性指网络舆

* 本文首发于《新闻记者》2016 年第 11 期，原标题《个体情绪 社会情感 集体意志——网络舆论的非理性及其因素研究》。晏齐宏为北京交通大学语言与传播学院讲师，中山大学传播与设计学院博士。

① 邱沛篁 . 新闻传播百科全书 [Z]. 成都 : 四川人民出版社 ,1998:23.

② 何颖 . 非理性及其价值研究 [M]. 北京 : 中国社会科学出版社 ,2003:191.

③ 王荟 , 伏竹君 . 网络舆论生态视域下的网络舆论引导问题探析 [J]. 甘肃社会科学 ,2015(6).

④ 谢金林 . 网络空间政府舆论危机及其治理原则 [J]. 社会科学 ,2008(11).

论中的非理性现象。如有研究者认为，以微信为代表的民间舆论场存在以下问题：网络谣言的疯传有了新的温床、“网络暴力”在特定群体中更易滋生、基于某种不良商业意图的“地下”经济链更容易形成。[①] 第二，非理性指网络舆论的非理性特征，情绪化、情感、宣泄、戾气、喧哗等。如有研究者认为，移动互联网舆论传播呈现非理性的无序传播。[②]

本文首先简要回顾下当前网络舆论非理性研究存在的问题，其次从个体情绪、社会情感和集体意志等三个层次分析网络舆论中的非理性因素，最后针对网络舆论的理性与非理性研究提出需要注意的主要问题。

二、网络舆论非理性研究存在的问题

目前关于网络舆论非理性的研究侧重于对网络舆论非理性现象的分析，进而指出非理性现象所体现的非理性特征。近年对群体极化、网络暴力、网络谣言的分析即属此类。以群体极化为例，群体极化是群体观点向某一方向倾斜的一种现象，在很大程度上暴露了网络舆论的非理性特征。[③] 由于群体极化本身就代表着网络舆论的一种态度、一种可能，研究群体极化有利于分析网络舆论对于社会发展的作用和影响。[④] 此外，也有研究者认为网络空间中的公共舆论往往呈现出从“极化”到“理性”的演变趋势，即认为群体极化并不是网络舆论的终点，极化最终会走向理性。[⑤] 而群体极化的表现则是言论表达的情绪化、表达氛围的宣泄性等。

总体来看，目前关于网络舆论非理性（包括非理性现象及非理性特征）的研究存在以下问题：

一方面，缺乏本体论视角的非理性分析。从本体论的角度讲，非理性是一种意识状态。人们在认识事物的时候，通常是理性和非理性因素同时作用。诚然，网络舆论中的一些现象在一定程度上与理性相对立，是非理性的。但是理性与非理性是辩证统一的，并不能决然分开。例如群体极化中可能整体上表现为非理性，但是并不排除理性因素的存在。如果仅仅分析非理性现象，可能在一定程度上会产生歧义，即非理性现象中只有非理性因素，这不符合人的认知逻辑。也就是说，非理性现象的形成是个人的理性因素和非理性因素共同作用的结果。所以，基于本体论非理性因素的分析具有重要意义。

另一方面，缺乏对非理性因素作用机制的分析。虽然目前网络舆论非理性现象研究中，涉及非理性现象的形成机制，如群体极化这一非理性现象是如何形成的。但是其分析对象（object）是群体极化这一现象，而并非非理性本身。若将非理性作为分析对象，则需要认识非理性本身，以及非理性因素如何发挥作用导致了最终的非理性现象。由于非理性本身是一种意识状态，对网络舆论非理性的研究由此从以往的非理性现象形成机制的分析，转向非理性因素如何发挥作用导致了最终的非理性现象。但需要强调的是，这并不意味着

---

① 李丽．前见与对话——哲学诠释学视阈下微信舆论引导论析 [J]. 北京理工大学学报（社会科学版）,2015(5).

② 殷俊．主流媒体如何引导移动舆论场 [J]. 新闻与写作 ,2015(5).

③ 王思聪．新媒体时代，群体极化的生成对网络舆论研究的意义 [J]. 出版广角 ,2015(1).

④ 王思聪．新媒体时代，群体极化的生成对网络舆论研究的意义 [J]. 出版广角 ,2015(1).

⑤ 董阳，陈晓旭．从“极化”走向“理性”：网络空间中公共舆论的演变路径——百度百科“PX 词条保卫战”的启示 [J]. 公共管理学报 ,2015(2).

非理性因素必然导致网络舆论的非理性。

关于非理性的研究方法，有学者认为，必须注意三个不同层次的问题：一是区分界定社会历史发展过程中理性和非理性现象，进而研究它们各自在社会历史发展过程中的作用。二是辨析历史活动中的主体是凭理性有意识、有目的地自觉活动的，还是凭着激情、冲动，无意识地盲目行动的。三是研究者作为主体对历史进行认识把握，这时理性和非理性似乎是指历史终究是可以理解的，即可以凭借理性把握、有规律可循的，还是认为理性对历史无能为力，历史无一定之规？①从网络舆论非理性来看，我们对网络舆论非理性的研究应该是第二层次的问题，即辨析活动主体是否是凭借激情、冲动、无意识地盲目行动的。这里将其统称为非理性因素。

基于此，我们认为，从本体论的非理性视角分析网络舆论中的非理性具有重要意义。具体来看，非理性因素是一种意识状态，是存在于个体心理的、能够引发思维活动的要素，如情感、信念、意志等。一方面，分析网络舆论非理性因素有助于实现研究视点的转换。非理性因素连接了两个重要的客体——网民和非理性现象。将网络舆论的重要行动者——“人”作为研究对象，分析存在于个体的非理性因素如何发挥作用。即网络舆论中哪些非理性因素在发挥作用，其作用机制是什么。另一方面，分析网络舆论非理性因素有助于我们辩证地看待网络舆论的非理性现象。非理性现象并非只有非理性因素，可能蕴含着理性因素。网络舆论中的非理性因素与网络舆论的非理性并不存在对等关系。

三、网络舆论中的非理性因素

非理性是由一系列非理性因素构成的。非理性因素是人的内在心理结构中的重要组成部分，可以参照心理学、认识论、价值论、文化学、社会学等加以界定。在认识论、心理学意义上，非理性因素主要指没有明确目的和意识的认识活动与心理活动因素，如潜意识、下意识等，或不遵循逻辑程序的认识世界、获得知识、发现真理的能力；在人性论、伦理学意识上，非理性因素主要指与人的理智、自制力、自觉能力相对的人的情感、意志、信念、欲望等。②

从非理性的结构来看，有研究者认为，根据非理性因素与理性因素关系的密切程度可以将非理性因素分为三个层次，即低层次、中层次、高层次。低层次的非理性因素是指生理本能、生理欲求、习惯、情绪、感受性情感等与人的本性和生理组织密切相关的非理性因素。中层次的非理性因素是指情感、信念、兴趣、社会欲求等通过意志、信仰为中介影响理性或受理性影响的非理性因素。这些非理性因素是人类在长期的社会认识、社会实践和社会生活中逐渐形成的。高层次非理性因素是指意志、信仰、知觉、灵感等与理性接近，影响理性并受理性制约和指导，随理性变化而变化的非理性因素。③由此，我们可以从情绪、情感、意志等三个方面把握网络舆论中的非理性因素，当然这三个方面并非决然独立的。

---

① 姚军毅 . 非理性因素及其在社会历史发展中的作用研讨综述 [J]. 武汉大学学报 (哲学社会科学版),1994(2).

② 姚军毅 . 非理性因素及其在社会历史发展中的作用研讨综述 [J]. 武汉大学学报 (哲学社会科学版),1994(2).

③ 何颖 . 非理性及其价值研究 [M]. 北京 : 中国社会科学出版社 ,2003:226.

1. 个体情绪：感染启动在网络舆论中的表征

情绪通常是在有机体的天然生物需要是否获得满足的情况下产生的，它是一种较低层次的、内心的情绪体验。[①] 情绪和情感的不同之处在于，情绪常常只是用于情感的表现形式方面，具有较大的情景性、激动性、短暂性。情绪侧重于表明情感的过程，着重于描述情感过程的外部表现及其可测量的方面。[②] 或许正是由于情绪的可测量性，目前关于网络舆论的研究中，大多采用情绪而非情感，甚至有了情绪型舆论的说法。

情绪型舆论是一种由于自身利益受到影响或受外界不良信息刺激，网民在网络上散布的一种片面的、偏激的、个人主义色彩浓厚的言论。[③] 由于网络空间言论表达的匿名性、把关人缺失、信息传播碎片化、圈子同质化等原因，网络舆论表达较为情绪化。情绪在网络舆论的研究中非常重要，特别是在社会化媒体中。情绪有助于观点在社交媒体上的传播，充满情绪的微博能在更短的时间内被转发，被转发次数也更大。[④]

个体情绪是指正常情绪，个体情绪也是反映社会状态的重要变量。有研究发现，参与网络群体性事件的网民在情绪（维护社会公正的情绪、抨击不良道德的情绪、获取他人尊重的情绪、发泄对社会不满的情绪）方面的表达意愿明显高于普通网民。[⑤] 网络舆论中的个人情绪，通常表现为说话方式不太文明礼貌、表达心态不太平和、表达过程不太冷静，可以分为以下三类：第一，谩骂性的话语表达方式；第二，宣泄性的情感抒发状态；第三，戏谑化的标签文本运用。如“躲猫猫”“欺实马”“我爸是李刚”，这些表达多含有嘲讽意味。这在一定程度上“污染”了整个舆论氛围，造成目前网络上骂声一片的情景。

群体情绪相对来说是非理性的状态。勒庞认为，群体情绪的相互感染，决定着群体行为的选择，本能性的情绪特别容易感染，而理智的、冷静的情绪在群体中丝毫不起作用。[⑥] 这里更牵涉到由个体情绪转化为群体情绪的机制，如群体感染、群体兴奋等。而网络舆论中的情绪感染多指负面情绪，负面情绪更容易激发他人的相同情绪。如有研究在分析舆论事件时，选取的代表性情绪有：愤怒、失望、同情、不信任、支持、相信等。[⑦]

情绪感染的内在驱动因素是情绪启动。情绪启动效应的研究表明，情绪刺激并影响着人们的认知、情感和行为。在网络舆论中，话语呈现方式多样，除了一般的文字外，各种网络表情符、图片、视频等也被纳入，成为重要的话语修辞符。有研究者发现，情绪图片比文字有着更好的情绪启动效果。[⑧] 这些文本形式直接冲击人的感官，容易刺激或引发人们的情绪生产，这种情绪生产有时是有意识的、有时是无意识的。这种形式的非理性会直接影响到内容的非理性。从本体论的角度看，舆论是含有一定理性成分的公众意见。它是经过人们相当时间的讨论与反复酝酿后形成的。在讨论过程中，那些比较正确的、建立在

---

① 张浩．论情绪和情感及其在认识中的功能——主体认识结构中的非理性要素研究 [J]. 广东社会科学 ,2006(6).

② 张浩．论情绪和情感及其在认识中的功能——主体认识结构中的非理性要素研究 [J]. 广东社会科学 ,2006(6).

③ 陈克祥，向科元．遏制“网络情绪型舆论”负面影响 [N/OL]. 光明日报，2005-04-19[2016-8-20]. http://www.gmw.cn/01gmrb/2005-04/19/content_218097.htm.

④ STIEGLITZ S, LINH D X. Emotions and information diffusion in social media-sentiment of microblog and sharing behavior[J]. Journal of management information systems, 2013, 29(4).

⑤ 郝其宏．网络群体性事件中社会情绪表达的实证分析 [J]. 江苏师范大学学报（哲学社会科学版）,2015(6).

⑥ 勒庞．乌合之众：大众心理研究 [M]. 戴光年，译．北京：新世界出版社 ,1995.

⑦ 唐超．网络情绪演进的实证研究 [J]. 情报杂志 ,2012(10).

⑧ 郑希付．不同情绪模式图片的和词语刺激启动的时间效应 [J]. 心理学报 ,2004(5).

事实上的、理性基础上的意见便逐步为大家所接受，最后形成舆论。所以，舆论不是公众纯粹情绪的表现，而是建立在理性批判意识基础上自由对话的结果。① 而经由文本形式启动的情绪，会影响独立思考、逻辑推断等思维过程。

虽然说有些情绪化表达中也有真知灼见，但是并不能因此而容忍这种不文明现象。相比于以非理性形式表达真知灼见，我们更青睐于以理性形式表达个人短见，因为个人表达是否在内容上理性难以判断，而形式方面的理性与否可能会影响整个网络氛围。

2. 社会情感：社会结构在网络舆论中的表征

人类社会历史进程中所形成的稳定的社会关系，决定着人们对于客观世界的态度，对于这些受社会关系所制约的态度的反映，就是人类所特有的情感。同时，情感也是用来描述具有稳定而深刻社会含义的内心体验，具有社会性、历史性。② 可见，情感通常与一定的社会诉求相联系，因此也被称为社会情感。

影响网络舆论的社会情感多是由社会结构造成的，这也是情感社会学的研究旨趣。情感社会学对于情感的研究不同于心理学的地方在于：它超越了个体与社会的二分，不把情感作为私人的心理之物，而是将它看作社会结构的产物，从而专注于社会的共同情感及其形成的深层动力机制，从情感的维度切入社会结构性的问题，探讨社会共同体的建构。③

目前，我国社会结构存在着某种不平衡。社会矛盾日益尖锐，贫富差距、官民矛盾冲突越来越多，信任结构有待完善、阶层利益固化，引发了公众心理不平衡，以及仇富、仇官等社会情感非常严重，这也反映在网络舆论空间。网络舆论空间是官方舆论和民间舆论对话的平台，民间舆论呈现出较强的负面状态。这在一定程度上是由民众的社会地位造成的，社会地位差异造成社会资源分配不均，进而导致其社会欲求无法得到满足。由此，民间舆论表达也流露出被剥夺感、怨恨感、弱势感等倾向。这种社会情感的抒发，造成了网络舆论的非理性。这主要表现为：不了解事件过程、不进行独立思考、盲目跟进他人观点；借助于已经发生的热点事件，发泄心中不满，尽管该事件与自己并没有过多关系；说话不顾及后果、不负责任，容易带入个人情感。

而这种情感甚至会直接引发网络事件，如近年发生的社会抗争事件，大多是对于当前社会结构的一种反映。情感动员把单纯的看客转化为紧密团结的集体行动者，让原本极为分散的个体在思维和行动上保持高度一致。④ 在网络行动中，多数参与者也是非理性的。如以舆论为基础的人肉搜索、网络推手以及网络水军行为。有研究者认为，当前社会化媒体所存在的非理性现象后果很严重，其中之一是非理性表达往往将讨论引向对抗，形成新的网络舆论争斗，进一步激化了社会各阶层的矛盾。⑤

3. 集体意志：民族主义在网络舆论中的表征

柏拉图在《理想国》中，将人的灵魂分为三部分：理性、意志、情欲，并认为意志和情欲等非理性的东西应服从于理性。意志是距离理性最近的非理性因素，具有自觉性、稳

---

① 李欣人 . 西方舆论观演化的现代性理路 [J]. 山东大学学报 (哲学社会科学版),2012(2).

② 张浩 . 论情绪和情感及其在认识中的功能——主体认识结构中的非理性要素研究 [J]. 广东社会科学 ,2006(6).

③ 洪杰文 , 朱若谷 . 新闻归因策略与公众情感唤醒——当代热点舆论事件的情感主义路径 [J]. 武汉大学学报 (人文科学版),2016(4).

④ 杨国斌 . 连线力 [M]. 邓燕华 , 译 . 桂林 : 广西师范大学出版社 ,2013.

⑤ 丁柏铨 . 自媒体时代的舆论表达和舆论引导 [J]. 新闻与写作 ,2014(7).

定性等特征，但意志在很大程度上并不靠逻辑推理，所以还是属于非理性因素。

意志在网络舆论中发挥作用的最好例子是网络民族主义。确切来讲，这里的意志是一种集体意志。网络民族主义，是指一国民众的民族主义言论、情绪和思潮在网络空间进行传播；进而，在一定条件下，由此形成的网络舆论会推动现实行动以达到预期目的。[①] 网络民族主义为很多网络行为提供了舆论支撑，在一定程度上说，网络民族主义背后有着强烈的民族认同意愿，是集体意志的体现。

卢梭在《社会契约论》中，首次将“公众”与“意见”联系起来使用，以表达人们对于社会性事物或公共事物方面的意见，即舆论。同时，他把舆论分为“众意”与“公意”两种表现形式。众意着眼于私人利益，是个人意见的总和；公意着眼于公共的利益，是永远稳固的、不变的而又纯粹的。[②] 网络民族主义体现了众意与公意的统一。不管是出于个人利益还是国家利益，爱国主义者都会以爱国主义这种崇高的信仰和意志在网络中表达和行动。

具体来讲，这些拥有强烈爱国意志的人，在网络中大多转发和评论军事、历史、领土纠纷、外交关系、时事新闻等议题，他们较为信任政府、对体制持积极态度。[③] 网络民族主义与中国发展历史、中外关系变化、中国传统文化反思等不无关系，这种强烈集体意志在网络中通过各种形式呈现，从而形成强大的舆论氛围，甚至直接推动现实行动。特别是在针对别国活动时，网民往往会从民族国家的角度出发，发泄民族主义情绪、宣扬民族主义言论、塑造民族主义思潮甚至发起民族主义行动，以维护我国利益。例如，有研究者对东亚网络民族主义案例进行考察发现，网络民族主义通过网络民意支持以增加回旋余地、网络舆论使外国感到压力并调整对策等层面，从而促进外交事业发展。[④]

即便如此，我们也不得不承认，由于强烈的民族性质和爱国主义因素，网络民族主义中或多或少会有放大情绪、鼓励极端网络暴力等非理性特征的存在。如抵制家乐福事件中，由于不满于奥运圣火传递受阻和西方相关报道，网民发动抵制家乐福活动，甚至抵制其他外国品牌。

从非理性的结构来看，网络舆论中非理性因素主要包括：个体情绪、社会情感、集体意志，这三个层面的因素分别通过感染启动、社会结构、民族主义机制形成网络舆论。网络舆论中非理性因素三个方面是相互交融的，并不是独立的，在某些舆论事件中，可能某个方面占主导，发挥主要作用，但并不排除其他两个方面的影响。

当然，网络舆论中的非理性因素分析，旨在从本体论的非理性（即意识状态的非理性）出发，分析哪些非理性因素在网络舆论中发挥作用，其作用机制是什么。但这并不意味着非理性因素一定会导致网络舆论中的非理性现象，也不意味着非理性现象一定是由非理性因素引起的，也可能是理性因素和非理性因素综合作用的结果。也就是说，网络舆论中，非理性因素与非理性现象并不存在对等关系。

---

① 赵瑞琦 . 网络爱国主义：源流、利弊与策论 [M]. 北京 : 中国传媒大学出版社 ,2012.

② 卢梭 . 社会契约论 [M]. 何兆武 , 译 . 北京 : 商务印书馆 ,2003:133

③ 桂勇 , 李秀玫 , 郑雯 , 黄荣贵 . 网络极端情绪人群的类型及其政治与社会意涵基于中国网络社会心态调查数据 (2014) 的实证研究 [J]. 社会 ,2015(5).

④ 赵瑞琦 , 杨子洁 . 网络舆论与中国外交的互动——基于东亚网络民族主义案例的考察 [J]. 南京邮电大学学报 (社会科学版),2013(3).

四、结语

传播学对舆论的研究，很大程度上是从讯息角度分析作为信息流的舆论的存在状态，也有学者从心理学角度对舆论进行研究。李普曼对于理性舆论形成的诸多障碍性因素的发现和分析，始终未脱离他对人性以及人类心理特质的深刻洞见。① 这也为我们从意识状态的非理性因素角度分析网络舆论中的非理性提供了支撑。

从社会心理学的角度分析舆论是舆论研究的固有传统。大部分研究者认为，理性与非理性构成矛盾的两个方面，二者相互对立、相互补充、相互作用，构成人类社会发展的内在力量。② 不管网络舆论中的理性因素还是非理性因素，都有分析的必要性。这有利于我们深化对网络舆论的认识、对社会态势的把握。

关于网络舆论的理性与非理性研究我们需要注意两个问题：

第一，网络舆论的理性 / 非理性与舆论的理性 / 非理性并非同一层次的问题。总体上看，国内关于舆论与理性 / 非理性的研究大多关注网络空间，当然我们无法排除网络空间本身对舆论理性 / 非理性的影响。但同时，舆论本身应该与理性有着无法剥离的关系，舆论的形成和舆论表达都是产生于个人的，都会有思维意识活动，即个人在舆论过程中是否有逻辑推理、独立思考等。其实，西方经典的舆论研究，大多是围绕舆论与理性展开的，包括政治哲学、心理学、社会学等。如柏拉图、洛克、卢梭等，都是从人的理性角度出发探讨舆论的问题。虽然，其本质在于探讨国家、人民、民主之间的关系，但是他们都特别强调民意形成中的“理性”的作用。也就是说，舆论与理性 / 非理性的问题是一个重要的研究层次，与网络舆论的理性 / 非理性并不是简单的空间区别。

第二，网络舆论的理性与非理性更应该注重微观意义上的舆论。目前国内对于网络舆论理性与非理性的研究侧重于对非理性现象的分析。严格来讲，对于网络舆论非理性的研究，仍然探讨的是宏观意义上的网络舆论。虽然学界对于舆论的界定不一，但基本形成的共识是：舆论是一种意见，是以多数人观点为基础的集体意见（多数实际所强调的，不只是多数意见的权威性，而是舆论的意见整合作用）。③ 陈力丹在《舆论学》里谈到“舆论的数量”问题，即关于特定事物的某一意见在一定范围内达到全体人员的三分之一以上，可以将这个意见视为这一范围内的舆论，因为这种意见开始影响整体。④ 陈力丹也认为，随着网络的发展，共同意见形成确实存在困难，这一条件可以适当放宽。所以也只是在宏观层面使用“网络舆论”的概念，具体问题上一般只使用“网上意见”的概念，因为没有证据可以证明我们谈到的意见已经转变为舆论。⑤ 而目前国内较多关于网络舆论非理性的研究，大多也指的是宏观意义上的非理性。

未来网络舆论理性与非理性的研究，可以对微观意义上的网络舆论进行分析。微观意义上的网络舆论，侧重于认为舆论是作为过程的舆论。周葆华认为，舆论概念基本内涵强调公众针对争议性议题的公共讨论过程，以及基于独立自主人格和自由信息环境的意见表

---

① 柯泽 . 论李普曼舆论宣传研究及其心理学特点 [J]. 湖北大学学报 (哲学社会科学版),2014(5).

② 何植民 , 王珂 . 国内学界关于非理性研究综述 [J]. 前沿 ,2009(12).

③ 许静 . 舆论研究 : 从思辨到实证 [J]. 国际新闻界 ,2009(10).

④ 陈力丹 . 舆论学——舆论导向研究 [M]. 上海 : 上海交通大学出版社 ,2012.

⑤ 资料来源：中国互联网络信息中心 . 第 35 次中国互联网络发展状况统计报告 [R].2015.

达。[①] 基于此，相关研究更应该分析网络舆论的理性问题，更侧重于内容理性，即讨论过程中个人是否运用自我智慧、逻辑推理、独立思考等进而表达自己的观点，或者可以称为公众舆论能力。当下公众表达渠道更为通畅，硬件方面的表达障碍逐渐变小，而软件方面的表达障碍逐渐凸显，这也对公众的舆论能力提出了更高的要求。

这同时也回应了以上提出的两个问题，在网络舆论的研究中要关注微观意义上的舆论；更要关注网络平台对于舆论理性 / 非理性的影响。整体来看，对于网络舆论非理性因素的分析，可以通过这些非理性感知其背后蕴藏的个人情绪、社会情感、集体意志，从而对其进行把握，即从阻碍理性网络舆论形成角度进行分析。而对于网络舆论理性要素的分析，要关注个人理性、内容理性，核心是关注整个舆论形成过程中公众参与讨论是否是理性讨论过程，即从公众舆论能力提升角度进行分析。

【延伸阅读 1】刘海龙：新媒体与粉丝民族主义 [②]

一

对于以“90 后”为主体的网络民族主义者来说，网络技术与民族主义这两件过去不相关的事物在个人主体建构的过程中合二为一。这改变了网络民族主义的基本特征，我们可以将这种新型的网络民族主义命名为“粉丝民族主义”（fandom nationalism）。简单而言，就是“像爱护爱豆（idol）一样爱国”。与之前的民族主义者不同的是，这些以“小粉红”为主体的民族主义者将追星的方式平移到了国家那里。他们认为自己拥有国家，他们投入情感，自认为有责任让国家在与其他国家的竞争中，成为最优秀的那个，在国家遭受不公正对待时，会主动向竞争对手宣战。他们平视、参与而不是仰视崇拜，将国家个人化。从心理学的角度来看，这一点与他们对偶像的心理完全相同，他们将国家建构为自己内在现实与外在现实之间的一个“过渡客体”，实现与外部的交流和自己身份的建构。“在‘民族主义小粉红’眼里，国家只不过是另一个偶像——‘祖国才是大本命’。爱国，也许就是诸多爱豆的偶像之中，更为大义凛然的那一个。而国家，则必须像一个伟大的偶像一样，和同样强大的对方偶像对垒，敌人越强，对垒越激烈，越证明自己选择偶像的正确。”[③]

二

首先对于粉丝民族主义的主体不宜做“脑残”“愤青”“被洗脑”等简单判断，必须将其行为意义放到社会语境与脉络中加以理解。青年的特征是反抗，但是当反抗本身成为主流时，服从反而变成反抗。[④] 爱国是一种主流价值观，但是当社会的功利主义和犬儒主义占据上风，解构了官方宣传中所提倡的理想主义和英雄主义；当自由主义、个体主义超越集体主义成为社会主流时，朴素的爱国主义、集体主义、理想主义和英雄主义却具有了

---

① 周葆华 . 社会化媒体时代的舆论研究：概念、议题与创新 [J]. 南京社会科学 ,2014(1).

② 刘海龙 . 像爱护爱豆一样爱国：新媒体与“粉丝民族主义”的诞生 [J]. 现代传播，2017（4）.

③ 严蔷 . 爱国小粉红、粉丝战争，与天朝主义赛博格 [EB/OL].(2016-07-22)[2016-8-20].https://theinitium.com/article/20160722-opinion-yanqiang-pink-cyborg/.

④ 莫利 . 电视、受众与文化研究 [M]. 史安斌，主译 . 北京：新华出版社 ,2005:46.

反叛性。在否定之否定的逻辑下，这种为了获得独立身份的青年亚文化，反而表现为服膺国家权威。

正因为如此，爱国或许并不一定是小粉红们真正的目标，获得承认也许才是这些行为的深层指向。诚如杨国斌所指出的那样，“帝吧出征”与其说是跨文化的出征，不如说是一种自我表演。[①] 就像纽约时代广场的国家形象广告一样，这种跨文化传播的真正观众是参与者自己。他们在这场狂欢仪式加表达游戏中，通过独特的表达，成功地创造了自我身份，建立起了匿名的爱国青年共同体的想象。正如追星一样，重要的不是偶像本人，而是通过这个过渡地带的幻像（illusion），完成自我的探索与试验，实现内在与外在世界的对接。[②]

粉丝民族主义的主体平均年龄不大，但这并不一定意味着他们缺乏理性或缺乏思考。相反，他们的文化水平并不低，视野也不狭隘，对于政治、商业消费文化和男性霸权本身都有着较为深刻的认识，甚至有一些就是在海外的留学生（“时差党”）。周永明曾经基于对铁血军事论坛的军迷分析，提出了“知情的民族主义”（informed nationalism）的概念。[③] 在小粉红群体中，我们也可以观察到类似的情况。他们有较高的媒介素养，知道如何制造热点，同时对“帝吧出征”的传播效果有着清醒的认识，虽然热情参与，但并不认为“出征”本身真能够对现实有什么改变，甚至对他们自己声称的宣传、教育作用也不乐观。[④] 一位人类学学者曾经在帝吧出征后，将帝吧对女性粉丝群体使用父权式的表达方式（如将“祖国”称为“父亲”，“‘台独’分子”称为“儿子”）表示了遗憾，但是很快一位晋江文学论坛（“小粉红”概念的诞生地）的网民纠正了她的说法，认为她们不是屈从父权，只不过是通过调侃来瓦解父权，其目的是自我增权（empowerment）。[⑤] 尽管这一解释是否合理还有待讨论，但至少说明“小粉红”们在权力问题上是十分清楚的。

另一个值得讨论的是全球消费文化的影响。前面的分析中曾提到，远离政治的商业粉丝文化、跨国网络游戏，乃至于个人商品消费的体验不仅没有弱化国界，反而会唤起参与者的民族意识。尽管消费者对于明星背后的资本操控、媒体的商业运作有着较为清醒的认识，然而不能忽略的是这种感性的民族主义体验可能会把严肃政治的规则与消费逻辑混为一谈。

最后是一个颇具争议的问题：该如何评价粉丝民族主义？2016 年“帝吧出征”之后，这一违反国家网络管制的自发运动给官方评价出了一个难题，不过官方媒体的反应以正面肯定为主，回避了这场“出征”违规的一面，低调地对这场运动中青少年的爱国热情给予了肯定。民间对这场运动的评价则出现分化，折射出中国当前政治意识形态碎片化的现状。这里并不打算做一个是非判断，而是试图突破简单的思维方式，希望从传播研究的角度展开这个问题被忽略的复杂层面。

---

① 杨国斌 . 英雄的民族主义粉丝 [J]. 国际新闻界 ,2016(11).

② WINNICOTT D W. Transitional objects and transitional phenomena—a study of the first not-me possession[J]. The international journal of psycho-analysis, 1953(34).

③ ZHOU Y. Historicizing online politics: telegraphy, the internet, and political participation in China[M]. Stanford: Stanford University Press, 2006:208-230.

④ FENG S. 亲自参加两岸 Facebook“表情包大战”是一种什么样的体验？ [EB/OL].(2016-07-04)[2016-11-15]. http://www.pingwest.com/fighting-with-fun.

⑤ 严蔷 . 爱国小粉红、粉丝战争，与天朝主义赛博格 [EB/OL].(2016-07-22)[2016-11-15].https://theinitium.com/article/20160722-opinion-yanqiang-pink-cyborg/.

2016年12月24日，网络上播出了一段龙应台10月7日在香港大学所做的《一首歌，一个时代》的讲座视频。演讲互动中当龙应台问起对观众影响最大的一首歌时，香港浸会大学副校长周伟立回答是《我的祖国》。龙应台邀请周伟立教授演唱时，全场观众由弱变强合唱起了全曲。在香港与大陆的文化与政治冲突的背景下，这段视频挑战了很多“常识”，其中之一就是民族主义未必只是国家政治范畴，它也可能是个体的或群体的日常记忆。这首曲调抒情优美、歌词充满山水意境的仿民歌通篇几乎没有提到国家与政治，但是放在《上甘岭》所表现的艰苦坑道战语境中，又具有强烈的政治意蕴。即使是抽离这个语境，“大河”与如画的风景本身也隐喻国家与主权。正因为文化产品与政治的这种若即若离的暧昧关系，它才具有了从政治一直延伸到个体记忆的多义性。因此简单地用一个逻辑来解读它，必然是偏颇的。

粉丝民族主义也具有相似的特征。当国家作为一个主观世界与现实世界之间的“过渡客体”出现时，它就和明星一样，具有了多义性与临时性。它可以是一场爱国的政治行动、盲目的政治征伐，也可以是一场传播游戏和粉丝行动。网络民族主义者不仅是民族意义的消费者，而且积极参与对民族主义的再生产。他们不再只接受精英对民族的阐释，而是自下而上地进行多元的民族意义建构。这使他们摆脱了官方意义的束缚，建构与想象了一个理想的“中国”形象（开放、强大、独立、和平、宽容等），并将对自我的期待投射于其上。虽然这种建构有幻觉（illusion）的一面，但是从积极的方面来看，这种关于民族的话语中蕴含的积极因素，给重构现实中国及中国形象提供了想象的空间。当然，前提是这种再诠释是开放的而不是封闭的，是多样的而不是单一的，是对其他身份的补充而不是压制。

粉丝总会长大，终有一天会把人生的中心从充满幻觉的“过渡客体”转向现实世界。所以与其对不稳定的当下做出简单判断，不如去探讨粉丝民族主义将来会给粉丝们留下什么记忆，以及如何将这样一种记忆转化为更积极的面对现实的态度。

【延伸阅读2】郭小安：后真相与公共舆论中的情绪表达①

与西方国家相比，中国公共舆论中具有较为明显的情绪化特征，公众的表达动机中夹杂着强烈的怨怼情绪，尤其在涉及敏感身份如官员、富人、警察、明星等时更是如此。这种表达可以被形象地概括为“成见在前、事实在后；情绪在前、客观在后；话语在前、真相在后；态度在前、认知在后”②。有学者由此提出了“情感抗争”和“社会泄愤”的解释框架，指出情感是事件发生与发展的主要推动力，愤怒、同情和戏谑成为公众情感共鸣的最佳催化剂③。2013年，中国社会科学院发布的《社会心态蓝皮书》指出：当前底层认同、弱势群体认同现象较为普遍，并且底层认同已经成为影响社会心态和行为的关键因素，影响到社会成员对社会安全、社会信任、社会公平感和社会支持等方面的感受，也成为他

① 郭小安．公共舆论中的情绪、偏见及“聚合的奇迹”——从“后真相”概念说起[J]. 国际新闻界,2019（1）.
② 张华．后真相时代的中国新闻业[J]. 新闻大学,2017(3).
③ 杨国斌．悲情与戏谑：网络事件中的情感动员[J]. 传播与社会学刊,2009(9).

们采取社会行动的依据[①]。2014 年，北京航空航天大学许可借助心情搜索软件，提取了 20 万个新浪用户的 7 000 万条微博数据，利用信息转发关系，计算结果发现中国社交媒体中愤怒和高兴的相关性显著地高于低落和厌恶，其中愤怒的相关性最高，传播力最强[②]。可见，中国公共舆论中的情绪化表达现象比较明显，某种程度上影响和破坏了社会秩序。但是，公众情绪并不能仅仅纳入“非理性”范畴，而是要思考其产生的社会根源。

从社会建构的视角来看，公众情绪并非简单的心智反应，而是社会结构性产物。由于当前中国处于社会转型期，经济高速增长，但也面临利益分化、贫富悬殊、思想多元等诸多挑战，这都导致负面情绪和刻板意见的产生，并沉淀为负面集体记忆，当这种情感记忆被一个突发事件所唤起时，大规模的群体性不满和怨恨性情感就会在特定地域甚至跨区域迅速蔓延，形成对事件的怨恨式解释[③]。在这种情形下，当公民加入群体抗争时，他们的行动可以被视为受到了道德的感召，不行动则意味着道德冷漠甚至道德沦丧。情感动员常用的手段为：戏谑反讽、借势造势、谣言中伤、人肉搜索、舆论审判、线下支援、道德捆绑等。 如果引导得当，公众情绪将得以有效平缓，事件逐渐平息；措施不当，则将引发次生舆情，导致事态升级，甚至出现“小事拖大，大事拖炸”的后果。

情感能量的聚集与动员一般通过以下三种叙事方式来实现：仇恨叙事、悲情叙事与恶搞叙事。如果当事人的身份涉及强—弱对立（如官与民、警与匪、富与穷、明星与平民、城管与小贩等）时，容易引发仇恨叙事，公众会将刻板意见和负面集体记忆渗入情感表达中，并对各类信息采用同化、省略与突出等策略，丑化施害方或者美化受害者，以达到加深对施害方仇恨的目的[④]。 如在夏俊峰案中，某媒体在《夏俊峰执行死刑纪实：一个女人的 9 小时 35 分》中，自称使用了“非新闻体”的情感叙事方式进行纪实报道，引发了广泛关注，被大量转发，此文以儿媳、婆婆、儿子的口吻描述这个家庭将要失去父亲的悲惨现状。

“儿媳跪求最高院，无人应答。中国传统女性凡遇困难，只好求佛。婆婆点香磕头求佛。两个女人，一个在屋里，一个屋外，哭……” “他（夏俊峰儿子）现在一定对爸爸有些失望。长大后，他却要对这个国家失望。因那时他已知道真相。他（该知道，5 月 16 日那天，他家讨生活的炉子被缴，他爸被人推打，他妈跪地求饶。他还知道，那群人把他爸拽上车带到城管屋里继续打，用拳头打，用铁杯打，踢下身。然后他爸挥起水果刀……他已轻易可以得出结论，他爸只是自卫，不是杀人。”[⑤]

悲情总是与愤怒交织在一起。如果说仇恨叙事旨在唤醒大众的公正之心，悲情叙事则在尝试激活大众的怜悯之心，它往往借助老人、父母、妇女、儿童作为弱者的符号，渲染或夸大弱者或受害者的凄苦，并以图文并茂的方式引发公众的关注与同情，公众借助“同情”来表达自己的声音，获得与国家“协商”的权力[⑥]。如在“京温跳”事件中，有关死者的

---

① 郭小安 . 当代中国网络谣言的社会心理研究 [M]. 北京 : 中国社会科学出版社 ,2015.

② FAN R, ZHAO J, CHEN Y, XU K. Anger is more influential than joy: sentiment correlation in Weibo[J]. PJosOne, 9(10).

③ 孙静 . 群体性事件的情感认知机制分析 [J]. 创新 ,2013(2).

④ 郭小安 . 网络抗争中的谣言与情感动员：策略与剧目 [J]. 国际新闻界 ,2013(12).

⑤ 夏俊峰执行死刑纪实：一个女人的 9 小时 35 分 [EB/OL].(2013-09-25) [2016-8-13].http://news.sohu.com/20130925/n387216010.shtml.

⑥ 袁光峰 . 公共舆论中的“同情”与“公共性”的构成——“夏俊峰案”再反思 [J]. 新闻记者 ,2015(11).

生平和家庭状况引发网络围观，如死者家境贫困，父亲重病；袁某极有孝心，是家中的顶梁柱；家中母亲听到噩耗已经晕倒住院”。在魏则西事件中，微信公众号“有槽”发布了一篇文章《一个死在百度和部队医院之手的年轻人》，迅速获得了“10万+”的浏览量，并在微信朋友圈引起刷屏，文章结尾的写法极具情绪感染力：“我是无神论者，但在这件事情上我期待有报应，我希望涉事的所有人，包括医疗监管官员、百度的人、医院的人、康新的人、柯莱达的人、夜里能听到魏则西和其他受害者的哭声。”① 在江歌遇害案中，江歌母亲在微博中多次使用悲情基调来进行情感动员。“江歌遇害至今285天，我没有吃过一口可口的饭菜，看着江歌爱吃的和不爱吃的饭菜，我都无法下咽，我没有睡过一个安稳觉，睁眼闭眼我看到的就是陈世峰在拿着刀子一刀一刀地刺杀我的江歌，我却没有办法替她挡一刀。我付出毕生心血精心培养的优秀孩子，被陈世峰残杀在最美好的年华。”②

恶搞叙事以轻松活泼的方式来进行。戏谑化叙事主要有以下几种方式：第一，创作段子，它通过对文本的生产、改写、链接和传播，形成带有戏谑和讽刺色彩的“诠释社群”，用生动活泼的形式来针砭时弊，由此被称为“带刺的玫瑰”；第二，改编诗词，通过编撰或修改诗词对某人某事进行嘲讽，并借助刷屏或比赛的方式来加大传播力度，如“我爸是李刚”事件中出现了60多万诗词造句，出现了“泰戈尔”版、普希金版、李白版、特仑苏版、杜甫版、陈楚生版等多个版本；第三，改编歌曲，如将某首流行歌曲的“歌词”进行改编，产生新的意义；第四，改编视频，进行二次配音和创作，如网友对《武林外传》《甄嬛传》《武状元苏乞儿》等具高流传度的影视剧进行改编，表达对于2018韩国平昌冬季奥运会上种种不公平待遇的抗议；第五，人体艺术或行为艺术，如以阿凡达面具抗议野蛮拆迁、策划“孤独沙发”行为艺术、呼吁“‘8·16’不加班”等；第六，创造网络流行语，如“打酱油”“做俯卧撑”“喝开水”“欺实马”等；第七，制造表情包，如“帝吧出征”中的表情包刷屏现象；“白眼女记者”表情包等。在某种意义上，戏谑是一种隐性的怨恨悄感表达方式，但是，它又不是毫无节制的狂欢与释放，而是回应一个时代的情感结构③，是民众“隐性”的抗争策略。

可见，中国公共舆论中的情绪化虽然具有“后真相”的某些表征，但与西方国家的逻辑有所不同。由于信息公开渠道和政治参与渠道还不够畅通，部分公众在无法获取真相的前提下，转而使用情感化叙事手段来进行造势动员，产生“舆论倒逼”效应，此时，公众的关注焦点不在于事件的真假，而在于身份的归属和道德对错，情感成为一种道德能力和社会资源，它既反映了特定历史条件下的道德和价值冲突，又是特定政治机会结构权衡下理性选择的结果。当然，本文揭示情感表达背后蕴含的“理性因素”，并非想为“情绪”正名，而是希望从多元的角度来探究社会情绪产生的复杂诱因，揭示其隐藏之功能，这样才能深入理解公共舆论背后复杂的社会结构和权力关系，避免情感与理性二元对立的僵化思维，才能找到情绪疏导的正确方向。正如林郁沁（Eugenia Lean）所言：“我们需要质疑以往研究中把理性交往行为视为发展中具批判作用的现代公众必不可少的要素的做法，

① 涓总.一个死在百度和部队医院之手的年轻人[EB/OL].(2016-05-01)[2016-8-13]. http://mini.eastday.com/mobile/160501102955262.html；莆田系又惹祸？一个死在百度和部队医院之手的年轻人[EB/OL].(2016-05-01)[2016-8-13]. https://xw.qq.com/tech/20160501012212/TEC2016050101221200.

② 夏俊峰执行死刑纪实：一个女人的9小时35分[N].南方都市报,2013-09-25(1).

③ 刘涛.身体抗争：表演式抗争的剧场政治与身体叙事[J].现代传播,2017(1).

也反对当前大多文学作品和理论中把情感和理智、理智和道德进行二元划分的做法，即便在高度商业化传媒和高涨的大众情绪中是否也包含哈贝马斯的公共空间的理性交往元素？媒体的炒作如何推动公众对正义内涵的探讨、对公众人物丑行的谴责以及对现代社会及其公民的正当道德行为的厘定？①

① 林郁沁 . 施剑翘复仇案：民国时期公众同情的兴起与影响 [M]. 陈湘静 , 译 . 南京 : 江苏人民出版社 , 2011.

问题八

新媒体与舆论研究：问题意识和提升路径*

张志安　晏齐宏

新媒体对于舆论的重要意义表现为新媒体重构中国舆论生态，特别是移动网络舆论场的出现，使舆论的本质特征得以涌现（emergence），即公众针对某一议题展开讨论，并通过交流、互动等最终形成对某一议题的意见。新媒体与舆论的关系主要表现在两个方面：第一，新媒体是舆论生成和表达的平台。个人可以运用新媒体技术在网络空间进行舆论表达，这里新媒体与舆论的关系更多是形式与内容的关系。新媒体在广义上可以包括传统的网络以及社会化媒体等，承担场域的功能。第二，新媒体是当下舆论生成和存在的时代背景和环境。新媒体对社会的影响具有变革性，体现在政治、经济、文化、社会、价值观等方方面面，进而改变舆论氛围，也形塑了舆论表达的主体——个人，进而影响舆论本身。社会层面涌现的现象输入个人认知系统，反过来会输出信息，这些信息会塑造社会互动和社会影响。[①] 以上两点分别体现了新媒体对舆论的直接影响和间接影响。直接影响是将新媒体作为舆论表达工具，间接影响是通过新媒体对社会的中介影响而实现的。由此，基于现实情况探索如何开展新媒体与舆论研究有着重要的理论意义和实践意义。本文主要从时代背景和环境的维度探讨新媒体与舆论，即新媒体环境下的舆论。对其进行研究有助于我们形成对舆论本质的认识，也有助于从实践层面考虑如何通过舆论尽可能了解现实民意，并进行有效舆论引导。

国内对于新媒体环境下的舆论研究，主要集中在两大方面：一是不同平台的舆论形态分析。如微博平台中的舆论生成、传播、演化机制；微博舆论的要素、特征、影响力；微博舆论场中的现象，如舆论自净、谣言传播、微博围观、微博极化、微博动员等。也有研究者分析了微信舆论场。如王玉珠认为，微信舆论场的生成具有三个方面：议题产生、传播扩散、意见形成等。[②] 李丽认为，微信舆论场的特征包括：主导型政治文化消解；网络

---

* 本文首发于《新闻大学》2017 年第 9 期。晏齐宏为北京交通大学语言与传播学院讲师，中山大学传播与设计学院博士。

① HOWARD L, LATANE B. A cognitive-social theory of public opinion dynamic social impact and cognitive structure[J]. Journal of communication, 1996(4).

② 王玉珠 . 微信舆论场 : 生成 、特征及舆情效能 [J]. 情报杂志 , 2014(7).

谣言、网络暴力、地下经济链生成；主流（媒体）舆论场很难融入民间（微信）舆论场。[①] 二是运用新媒体引导舆论的策略分析。如要把握舆论引导的时效度问题，将心态调适作为科学引导的主要路径等。

国内关于新媒体与舆论的研究，主要是传播学取向，侧重于探讨不同媒介形式对于舆论的影响，研究对象（object）在于新媒体，而相对淡化了“舆论”本身。同时也未能将舆论置于更为宏大的视角进行分析，如舆论与政治、社会、技术等的关系，而这些对于舆论学领域至关重要。一个研究领域成熟与否，很大程度上取决于它是否形成了相对稳定的研究问题。而新媒体与舆论的研究，有利于还原社会舆论的状态，从人、传播、意见等基础概念入手阐释舆论现象，从而深化舆论研究领域。那么，立足中国社会语境，新媒体与舆论的研究，如何强化问题意识？新媒体与舆论研究，需要关注的核心议题是什么？新媒体与舆论研究要有理论创新，应该强化哪些研究取向？这些是本文尝试回答的问题。

一、新媒体与舆论研究的问题意识

学界使用“新媒体舆论”概念的并不多，相比之下，多数使用“新媒体语境”“新媒体环境”“新媒体生态”“新媒体时代”“新媒体背景”等。这与“网络舆论”的提法有所不同。网络舆论更多的是指网络平台上的舆论，而新媒体是作为时代或环境背景出现的，更说明了新媒体对于舆论的影响不仅仅局限于工具或技术层面，而更具有社会性维度。由此，新媒体与舆论的研究，要求从新的角度培养该研究领域的问题意识。

1. 历史与现实：追溯舆论发展历史，以比较视野把握舆论在社会中的结构性角色

一方面，追溯舆论发展历史可以了解不同时期舆论存在状态的演变，进而把握新媒体环境下的舆论特征。中国舆论自古至今以多种形式呈现，如歌谣、韵文、报刊、舆论事件等。因出现时期和呈现形式不同，中国舆论大体可以被划分为三种类型：媒体产生之前的舆论、传统媒体产生之后的舆论、新媒体时代的舆论，也可分别被称为：古代的原始舆论、近现代的新闻舆论、新媒体环境下的社会舆论。古代的原始舆论指民众对统治阶级的批评，其中最活跃的是文化人士，只有统治者愿意了解民意时，普通民众的舆论才真正“存在”。近现代的新闻舆论指作为社会之公器的报刊对于民众意见的反映，如报刊上的文人论政；传统媒体通过议程设置和框架化操作，反映的舆论非常有限，或者说只能部分反映舆论。新媒体环境下的社会舆论指民众针对特定议题而发表的意见和看法。如果说古代原始舆论和近现代新闻舆论只是反映了部分舆论，那么新媒体环境下的舆论则突破了前两个阶段舆论的限制，在理论上可以还原社会舆论的本真状态。由此可以探讨在中国舆论发展脉络中，新媒体对于舆论的意义，以及新媒体环境下的舆论，与其他阶段舆论呈现之间的关系。

另一方面，追溯舆论发展历史可以从比较研究的角度出发，分析舆论与其他社会系统之间的互动关系。运用历史视角可以更好地寻找中国语境下舆论与对应时期社会、政治、经济结构等的关系，在这一过程中特别要从比较研究的视野把握不同时期舆论在社会中的

① 李丽．前见与对话——哲学诠释学视阈下微信舆论引导论析 [J]. 北京理工大学学报（社会科学版）,2015(5).

结构性角色。例如，开创中国舆论史研究先河的《中国新闻舆论史》，通过不同时期舆论的变迁特别是舆论观的变迁，着重考察舆论与政治、文化思想之间的关系，从而呈现出中国历代民意与专制斗争的历史。宁树藩在序言中认为，对本书之关注，应当远不限于史学界，而是扩及政治和思想文化的广泛阶层了。[①] 侯东阳认为，该书作者林语堂的目的是希望读者带着历史的观点去考察当时的舆论和新闻界，并且让学新闻和舆论史的学生充分认识历史上舆论批评潮流的存在。[②] 那么，在中国当前语境下，舆论与社会、政治、经济之间存在何种关系，这种关系与之前阶段的关系有何不同，这种差异是如何造成的，对这些问题的思考有助于我们深刻地理解舆论在新媒体时代对于社会系统的重要性。

2. 场域与信息：联通三大场域，从信息处理模式洞察舆论演变动态

一方面，联通社会场、舆论场、心理场等，把握社会状态与民众心态。舆论是个人感知社会的皮肤，运用舆论表达工具在舆论表达平台中进行表达的个体，首先基于自己的社会存在（如社会时代、家庭背景）关注某一舆论事件，同时感知社会氛围，从而形成对某一议题的认知，并进行舆论表达。这一过程始终伴随着个人心理的变化。那么，社会场、舆论场、心理场之间的关系如何，舆论场是否能反映社会场，反映了社会场的哪些内容；在舆论场中，个人的心理是如何变化的；围绕社会场，个人呈现了哪些心理状态等，这些都值得探讨。除此之外，我们可以将社会场视为现实社会，舆论场视为网络社会，而心理场则为对现实社会与网络社会在心理层面的反应。通过社会场、舆论场、心理场的关系，我们可以发现现实社会与网络社会的对应关系，并且将微观层面的个人与宏观层面的社会连接起来，从而洞察整个社会的发展状态、民众心态等。

另一方面，探寻舆论过程中的信息处理模式，从个人意见决策管窥舆论演变动态。有研究者将舆论分为作为结果的舆论和作为过程的舆论。[③] 在新媒体环境下，我们要特别重视作为过程的舆论。从舆论动态变化角度看，舆论的基本要素是意见，舆论形成过程则是意见表达过程。罗伯特·塞德里克·宾克利（Robert Cedric Binkley）认为，意见的不同界定决定着看待意见表达的方式：自然主义的意见是一种行为倾向，意见表达则是一种合作性活动；内省主义则认为意见是一种心理活动或者认知和意愿，意见表达是对心灵的回应；现象主义的意见是知识内容本身得出的观点，意见表达则是知识分享的过程。[④] 研究者可以从自然主义的意见出发，分析意见与态度、行为之间的演化关系；从内省主义的意见出发，考察个人对意见的认知和心理状态；从现象主义出发，考察意见表达的动机和互动关系。这三个层面都围绕着一个问题展开，即个人在信息环境中是如何做出决策的，如何基于自我认知对获取的信息进行处理，并最终做出是否表达、表达什么、如何表达的决策。其分析牵涉到社会心理学、认知心理学、生理心理学等内容，这一决策也是对社会场、舆论场、心理场的反应结果。

3. 母题与技术：细化舆论研究母题，依托新媒体分析技术建构中观议题

一方面，舆论研究围绕宏大母题建构主要研究议题。从古典舆论理论开始，政治学、

---

① 林语堂 . 中国新闻舆论史 [M]. 刘小磊，译 . 上海：上海人民出版社，2008: 序 19.

② 侯东阳 . 林语堂的新闻舆论观——评林语堂的《中国新闻舆论史》[J]. 新闻与传播研究，2001(2).

③ 张志安，晏齐宏 . 网络舆论的概念认知、分析层次与引导策略 [J]. 新闻与传播研究，2016(5).

④ BINKLEY R C. The concept of public opinion in the social sciences[J]. Social forces, 1927(6).

哲学、社会学、历史学等都对舆论有所论述，特别是基于此构建了很多关于舆论研究的宏大议题。我们可以称之为研究母题，具体包括舆论与民主、舆论与技术、舆论与理性等。以政治哲学为例，马基雅维利（Machiavelli）从政治力量（force）的角度考察舆论，霍布斯（Hobbes）和洛克（Locke）从政治利益的角度考察舆论，卢梭（Rousseau）从共同意志的角度考察舆论，亚里士多德（Aristotle）从精神媒介的角度考察舆论，柏拉图从理想政治的角度考察舆论。在中国语境下，舆论研究同样存在相应的母题，如舆论与政治、舆论与媒体、舆论与自由等。在此基础上，研究者可以依照语境、事件等对这些研究母题进行细化，如政府舆论思想、媒体与舆论关系、国家与公民关系中的舆论角色等，由此构建新媒体环境下舆论研究的中观议题。

另一方面，舆论研究以技术趋向聚焦核心研究议题。目前，依托于计算机的新媒体内容分析技术功能强大，但是更重要的在于如何利用新媒体技术开发出新的可能的舆论研究议题。例如，目前兴起的大数据分析技术、动态追踪技术、地理定位技术等，可以探寻舆论的动态演化机制、舆论的圈层化传播、不同地区针对某一议题的舆论分布等。但特别需要注意的是，舆论研究不能简单停留在技术运用层面。从舆论研究的历史看，其经历了早期的规范研究，到后来的经验研究，甚至是单纯的数字导向研究。也就是说，舆论研究越来越体现出工具理性的导向，甚至有“唯数字为上”的倾向。赫布斯特认为，舆论理论和研究有一些有意思的研究点，如果我们想追求新的研究领域，传播学研究者可以起到带头作用。最好的是，我们能够建构舆论过程的宏大理论，而不是仅仅停留在设定可行的假设方面。[①] 虽然宏大理论的要求比较高、操作性比较差，但是我们可以围绕舆论研究的母题，以及在新媒体技术实现可能性的基础上，提出一些中观理论和分析框架。

所以，新媒体环境下的舆论研究，要特别注意其研究的社会性意义。要从历史观照与现实把握、场域联通与信息处理、议题建构与技术驱动等方面出发，培养新媒体与舆论研究的问题意识。一方面，从历史视角、比较视野把握新媒体环境下的社会舆论状态，将现实社会与网络社会相勾连，通过舆论透视中国社会发展状况和民众心态；另一方面，积极依托新媒体分析技术开发新的研究议题，并且与舆论研究的母题相勾连，建构舆论研究的中观议题。

二、新媒体与舆论研究的主要议题

从系统论的角度看，舆论是社会系统中的重要组成部分，与其他子系统相互作用。作为子系统的舆论也依托其他构成成分而产生了许多问题。其中几个重要问题是：国家意志问题、社会进程问题、舆论形成过程问题，分别体现了舆论的民主功能、控制功能、沟通功能。

1. 舆论与国家意志：舆论的民主功能

关于政治的学术话语，一个被广泛使用但是很少被理解的概念是舆论。[②] 舆论的古典

---

① HERBST S. History, philosophy, and public opinion research[J]. Journal of communication, 1993(4).

② HERBST S. The meaning of public opinion: citizens’ constructions of political reality[J]. Media, culture & society, 1993(3).

传统关注宏大议题，如拉扎斯菲尔德最初的描述，古典舆论理论有三大维度：扎根于政治哲学、强调历史事件，也包括规范性论证。所以，未来舆论研究特别要将其置于国家、社会民主的宏观框架中给予探讨。[①] 罗伯特·塞德里克·宾克利指出，舆论的这个概念并不是来自全球不同事实的观察，而是来自理论情境。政府的合法性需要这些因素：舆论以及与此相关的人民、国家等。在我们的认知中，国家是既定的，而人民和政府不太明晰，舆论是一个重要因素。[②] 由此可以看出，舆论与政府、国家、人民的关系密切。在中国语境下，舆论研究要重点关注以下两个方面。

第一，国家与舆论的互动机制。中国语境下的舆论研究，将舆论置于国家—社会关系这一视角下，它属于社会的一端。一方面，舆论研究要关注国家如何通过舆论来巩固其合法性。从外部看，各种社会思潮涌入，特别是国外势力通过新媒体侵入我国，影响舆论氛围。从内部看，中国共产党在历史上通过革命取得合法性、通过发展经济巩固合法性，在当下又采取了新的舆论思想维护合法性。新媒体时代各种群体性事件层出不穷，这对国家的制度设计、机构设计到具体策略层次的舆论思想产生重要影响，国家舆论引导手段从强制型转向灵活型。另一方面，舆论研究要关注舆论对中央和地方政府政治活动的塑造。传播理论长期以来关注大众传播与舆论形成之间的关系，但是很少关注舆论过程中，公众本身对政治现实的建构。[③] 内格尔（Nagel）认为，广义的政治参与是评估与舆论表达相关的政治活动的一种工具。参与是一种行为，通过这种行为，政治系统的普通成员影响或者试图影响结果。[④] 在新媒体时代，舆论表达作为一种政治参与的方式，一定程度上对中央的政策制定、对地方政府活动也产生了重要影响，在这一过程中应更好地扩大民意表达渠道，以促进民意进入政策范围和推动地方政府活动。

第二，个人与社会的利益协调。相比于以往的舆论事件，新媒体时代舆论更多关注普通议题。与个人衣食住行相关的议题，如收入、医疗、住房、教育等民生问题更容易成为网络热点议题。当然不排除这些议题与公权力监督有关的可能性，但其核心仍在于议题而非政府权力。这就涉及不同个体之间的利益协调问题，甚至个人利益的融合如何体现国家意志。很多政治理论都围绕一个命题展开：那就是舆论中存在被广泛定义的个人利益的要素，即自私和很大程度上的自我中心需求，个人对社会的愿望、希望、激情、讨厌、偏见。[⑤] 中国公民的各种社会抗争多是出于利益而非权力，而西方则更多是为了争取权力。那么不同利益主体如何协调才能达到普遍的、相对较好的利益获得方式，甚至能够更好地体现国家意志，也会影响舆论对于国家意志的作用方式。

舆论与国家意志的关系本质上是舆论围绕政府和人民之间的关系，进行“利益”调整。而整个社会系统的三个部分，即个人、社会、国家则需要通过利益协调、相互作用从而达到整体平衡状态，即国家的良好运行、社会的稳定发展、个人的不断成长。在中国语境下，舆论民主功能实现的关键在于如何充分创造表达空间和条件，让理性的公共意见汇聚成社

① LAZARSFELD P F. Public opinion and the classical tradition[J]. Public opinion quarterly, 1957(1).

② BINKLEY R C. The concept of public opinion in the social sciences[J]. Social forces, 1927(6).

③ HERBST S. The meaning of public opinion: citizens’ constructions of political reality[J]. Media, culture & society, 1993(3).

④ NAGEL J H. Participation[M]. Upper Saddle River: Prentice Hall, 1987.

⑤ MINAR D W. Public opinion in the perspective of political theory[J]. The western political quarterly, 1960(1).

会共识，并对公共政策形成监督、对国家治理带来积极影响。这在一定程度上需要考察主流媒体多大程度上真实反映舆论，更要聚焦于相对自由和更加活跃的新媒体平台，考察这些平台生成的舆论，如何能够积极推动政府治理能力现代化。

2. 舆论与社会进程：舆论的控制功能

伍哈德·切尔德斯等在《公共舆论：特性、形式和作用》中总结了舆论的 50 种定义，并将其归于这样两个概念。其中之一是，舆论作为社会控制的功能是整合社会，并且保证社会中的行动和决定达到足够的一致程度。[①]

新媒体时代的舆论，在一定程度上也具有类似的控制功能，即通过公众讨论等达到相对一致的意见，从而引导行动和决定。除此之外，新媒体时代的舆论控制还有另一个维度，即技术维度。

第一，舆论环境调适舆论表达形态。一方面，道德判断造就舆论表达整体氛围。新媒体时代表达渠道相对畅通，理论上个人都可以发表意见。在不了解事件详情的情况下，很多舆论表达是出于道德判断，暂且不讨论舆论所承担的道德审判是正确的还是错误的，但是这种表达途径整体上影响了舆论氛围。公众在不明真相的情况下，更容易从周围舆论气候中获取信息支持，特别是表达即时性提高的情况下，更容易出现表达跟风现象，甚至造成群体极化，最终看似自由的表达无形中受到了他人的“控制”。另一方面，环境氛围规范舆论表达话语。洛克把“舆论法”（the law of opinion or reputation）作为一个范畴，与“神法”（divine law）、“民法”（civil law）相提并论。舆论法判别的是美德和恶性，而美德完全是根据公众的评价来衡量的。洛克使舆论从语义上摆脱了最初“不可靠判断”这一略带贬义的含义，而承认舆论是一种合法标准。[②]虽然在新媒体平台上，交往个体之间互不相识，由于网络监察的存在，个人更容易感知周围意见气候，也更容易基于他人顾虑而进行文明表达行为，这在一定程度上会形成对公民社会伦理、文明规范、在线交往规则的约束。

第二，舆论表达技术和评估技术推动现实控制。一方面，舆论调查技术推动行为监控。舆论调查的传播有助于政治领导者更为有效地了解民意，同时这也是市民社会比较的一种机制，从民意调查数据中可以发现公民是如何感知议题的。[③]这一比较机制类似于诺依曼认为的意见感知，他的中心论点是社会孤立这一恐惧使得人们评估其他人的意见，如此顺应他们认为的多数意见。[④]也就是说，相关部门可以利用舆论调查技术监测舆论表达，从而采取相应措施引导舆论、控制舆论发展态势等。另一方面，新媒体应用普及推动监控。近年来随着新媒体技术发展，各种文化形式都成为控制手段。在现代社会中，政治广告、经济营销、大众消费、媒体选秀，这些被泛称为舆论的社会群体意见的表达，形式多种多样，作用也越来越大。企业为了获取商业利益，通过情感分析、关系分析、文本分析等方法，以及算法、决策树、模型建构等方式，将公众在新媒体中表达的意见进行分类，进而推荐相关产品。在提高公众需求满意度的同时，一定程度上也

---

① 诺尔 - 诺依曼 . 沉默的螺旋：舆论——我们的社会皮肤 [M]. 董璐，译 . 北京：北京大学出版社，2013:232–233.

② 陈力丹 . 关于舆论的基本理念 [J]. 新闻大学，2012(5).

③ HERBST S. Classical democracy, polls, and public opinion: theoretical frameworks for studying the development of public sentiment[J]. Communication theory, 1991(3).

④ NOELLE-NEUMANN E. The spiral of silence: public opinion, our social skin（2nd ed）[M]. Chicago: University of Chicago Press, 1993.

造成公民“裸化”的现象。这在一定程度上是建立在数字霸权之上的对公民生活的隐形控制。

在新媒体时代，舆论的控制范围扩大，包括从精神到物质、从环境到事实。新媒体技术的发展为舆论表达提供了平台，也为公众感知意见氛围、获得有效信息提供了重要介质。但同时，舆论调查技术的发展，也使公众处于被监控的状态。当然，从社会整体发展来看，不能说这种控制状态一定是不好的，一定程度的控制是为了获得更高效的发展。问题的关键在于，这是否是在尊重个人利益和个人发展的前提下，在理性原则的指导下，合理地运用这种控制功能。

3. 舆论与其形成过程：舆论的沟通功能

库利（Cooley）将舆论概念化为一个传播过程。[①] 面对共同的问题，人们通过传播来检测他们起初的模糊倾向，在这一集体相互作用的过程中，个人对议题的看法随着时间的推移而变得越来越清晰。[②]

舆论过程，主要考察舆论是如何形成的，以及个人是如何结构化为公众的。公众是这样一个人群：他们针对议题进行辩论；他们意识到周围环境中存在不一致的意见，并且需要做出回应；他们设法通过讨论来决定行动方式。[③] 塔尔德（Tarde）也认为理解舆论的关键是理解意见形成过程。[④] 意见形成过程包括以下两个方面。

第一，个人自身的认知结构和意见形成。任何对意见形成的理论化解释都应该解释认知过程，因为对于任何议题的意见都是思考的产物。但是舆论理论必须解释这些认知过程是如何运作的，以及如何受到高层次的公共辩论和话语的影响，或者反过来认知如何影响高层次的公共辩论和话语。[⑤]个人认知过程开始于收集资料或者收集信息，再把建议、模仿、宣传、偏差、不真实新闻和刻板印象等综合起来，从而形成现代舆论的基础部分。[⑥]除此之外，那些事实性的信息也为我们做出评价提供了重要的条件。个人在与他人的互动中，将收集的资料进行加工，从而不断修改个人意见并加工为确定的意志。[⑦] 在中国语境下，研究舆论形成过程则要从生理学和心理学角度分析公众的内在认知（如非理性决策、坚持度）以及对他人的依从效应在个人意见形成中的作用机制。

第二，个人对于意见环境的感知。塔尔德将意见定义为与目前问题相关的判断集合。他认为关键步骤在于将个人意见转化为公众意见。[⑧] 舆论是一个社会传播过程，个人意见以多种方式依赖于公众辩论环境，包括其形式和内容。社会通过传播提供的信号给人们一种暗示，他们应该如何行动以形成他们的意见。有研究者从社会认同理论分析个人意见如

---

① COOLEY C H. Social organization[M]. New York: Charles Scribner’s Sons, 1909.

② PRICE V. Social identification and public opinion effects of communicating group conflict[J]. Public opinion quarterly, 1989(2).

③ BLUMER H. Collective behavior,[M]//ROBERT E. Principles of sociology. New York: Barnes & Noble, 1939: 219–288.

④ TARDE G. On communication and social influence. Clark T, Ed. [M]. Chicago: University of Chicago Press, 1969.

⑤ PRICE V. On the public aspects of opinion linking levels of analysis in public opinion research[J]. Communication research, 1988(6).

⑥ SEDMAN V R. Some interpretations of public opinion[J]. Social forces,1932(3).

⑦ SEDMAN V R. Some interpretations of public opinion[J]. Social forces,1932(3).

⑧ TARDE G. On communication and social influence. Clark T, Ed. [M]. Chicago: University of Chicago Press, 1969: 324.

何变为集体意见，以及个体如何通过交流而形成结构化的公众。[①] 这一过程的理想结果是，大众通过讨论等方式结构化为公众，以及通过对意见环境的感知来调整意见。在中国语境下，舆论形成过程中的信息环境非常重要，包括来自政府、媒体、意见领袖的影响，特别要关注传统媒体与新媒体议程的相互建构。

舆论形成的微观过程，更多体现了舆论的沟通功能，包括个人之间的沟通、个人与公众的沟通等。在这一过程中，信息处理模式非常重要，个人接收某些信息而将另外一些信息排除，更为重要的是，将个人认知与更高层次的公共意见进行融合。这其中反映了一种社会认同，其将个人层面的信息处理与更高水平的公共传播、社会组成连接起来，由此形成一个舆论感知的心理系统。在中国语境下的相关研究有必要分析个人认知结构、信息环境等对舆论形成的作用机制。

赫伯斯特认为，舆论在特定时期具有一种政治环境、技术环境、社会环境的功能。[②] 以上分析将舆论与国家意志、社会进程、形成过程相联系，突出舆论的民主功能、控制功能、沟通功能。如果说以往对新媒体与舆论的研究，大多按照平台特征进行分析，如微博、微信、新媒体舆论场等；那么现在有必要脱离新媒体平台，围绕舆论研究的重要问题，如舆论的政治功能、舆论的社会控制、舆论的形成机制等，主动设置新媒体与舆论研究的重要议题，从而建构新媒体环境下舆论研究的知识领域。

三、新媒体与舆论研究的提升路径

新媒体不仅为公众参与舆论形成过程提供了平台，也为研究者提供了分析手段。新媒体内容分析中的三大技术特色是：语义、关系与情感。但对新媒体环境下舆论的研究不能仅仅停留在技术层面，而是要从技术层面的描述性分析，上升到理念层面的阐释性分析。为此，我们尝试建立新媒体与舆论研究的分析框架，加深对新媒体与舆论研究的本质性认识。

1. 权力与规训：新媒体与舆论研究的语义分析

从帕克、库利、李普曼、杜威、布鲁默，每一个关于舆论的概念都是以集体和传播过程为基础的，其中对议题的话语分析被看作是研究个人和集体意见的重要方式。[③] 目前较常用的语义调查成为话语分析的重要方法。语义调查（semantic survey），使得舆论被概念化为超越离散偏好的总和，成为一种嵌入社会关系中的对话的产物。[④]

话语不仅仅是作为语言存在的社会符号，而且是在使用中完成符号的意义建构。新媒体时代，信息呈现从传统的纯文本转向多模态话语（multimodal discourse），除传统的纯

---

① PRICE V. Social identification and public opinion effects of communicating group conflict[J]. Public opinion quarterly, 1989(2).

② HERBST S. Classical democracy, polls, and public opinion: theoretical frameworks for studying the development of public sentiment[J]. Communication theory, 1991(3).

③ PRICE V. On the public aspects of opinion linking levels of analysis in public opinion research[J]. Communication research, 1988(6).

④ ANSTEAD N, LOUGHLIN B. Social media analysis and public opinion: the 2010 UK general election[J]. Journal of computer-mediated communication, 2015(2).

文本之外，还有图片、视频、表情符、动态图等，这在一定程度上增加了分析难度，也要求正确理解编码者的编码策略。在新媒体环境下，官方舆论场与民间舆论场的话语表达从形式到内容可能存在差异，反映了不同的话语指向。

在新媒体环境下，政府在应对公众的舆论诉求中，也会选择相对比较“亲民”的话语策略、表达方式，这有助于拉近与民众的关系。但这种情况下政府如何传达其“权力”角色和“权威”思想，对政府治理方式会形成重要影响。同时，虽然在新媒体舆论表达中，因把关人缺失而提高了表达效能，但是另一种隐性的“把关”机制在起作用。为避免触碰利益，或者为了凸显自己的与众不同，公众经常以个性化方式表达，如自嘲、戏谑、反讽等，甚至在舆论表达就已将敏感内容过滤掉，这体现了怎样的一种规训法则，这种规训是如何形成的，是对于周围意见气候的反映，还是对于官方权力的应对策略，都值得进一步思考。

虽然目前的一些语言处理技术可以运用于话语分析，但由于舆论表达中存在软件不易辨别的隐性话语，所以深度的语义分析非常必要。但是不能仅仅将其停留在话语本身，而应该回归到具体舆论事件、现实社会中，考察事件背后的真意，了解政府与民众表达方式的形成逻辑以及这种权力与规训的运行逻辑。

2. 公开化与私人化：新媒体与舆论研究的关系分析

从技术构成看，新媒体是基于互联网平台的技术应用模式。而其潜力超过技术本身，甚至有了社会、文化向度的意义。新媒体技术能够发现现实中存在的有联系的个体，将其联结起来并予以结构化，使其还原到网络（network）的状态。

网络行为的核心内容是对话、沟通、互动，这种对话结构在一定程度上反映了现实背景，所以可以通过在线关系网络管窥现实社会网络。新媒体环境下对于舆论研究的关系分析，可以采用社会网络分析的方法，通过讨论网络的特征，找到这些现实关系网络。一方面，分析整体网络的结构特征，如密度、中心度、中心势等；另一方面，分析个体网中个体是如何“行动”的，个人行为如何产生社会资本，从而发现在网络公共空间中，私人如何通过互动而结构起来。除此之外，还可以分析网络中的派系等。所以这个网络可以封闭的，也可以是开放的；可以是私人的，也可以是公开的。

斯拉夫科·斯普里查（Slavko Splichal）在 *Public Opinion: Developments and Controversies in the Twentieth Century* 开篇就谈到了公众的问题。作者试图解开公众、公共、公共性、公共空间、舆论等概念之谜，并认为这是公共（public/ness）的五个语义维度。① 新媒体为舆论提供了广阔的空间，公众可以在同一空间对不同议题进行表达，也可以在不同空间针对同一议题进行表达。空间开放也衍生出了公众对公共空间、公共性等理念的讨论。但是随着新媒体技术的应用越来越多，新媒体应用受众越来越细分，造成一定程度的分众现象，或者说是圈层化传播现象。他们可能在人口特征上类似，可能是基于同一兴趣，可能是基于同样的利益诉求等，而在一个相对“小众”的圈子里进行舆论表达，其表达背后具有深刻的形成逻辑。相比于微博，微信更是一种小圈子传播样态，其舆论表达兼具一定的私人性和公开性，如朋友圈的表达相对较为私人，而微信公众号的表达相对较为公开。那么，

---

① SPLICHAL S. Public opinion: developments and controversies in the twentieth century[M]. Lanham, Md.; Oxford: Rowman & Littlefield, 1999.

从关系结构的角度讲，行动者在网络结构中如何行动，如何建构网络结构的私人性和公开性，私人性和公开性的界限在哪里，影响这种界限的因素是什么，这些都值得探讨。

新媒体时代，一定程度上人们在现实中更加独立，而在网络中更愿意社交。较为开放的舆论表达平台中还存在着圈层化舆论表达现象，体现了一定的私人化趋向。这种私人化和公开化存在一定的调适边界，也是对现实社会个人存在状态的一种反映。基于网络中关系结构的分析，有助于我们更清楚地了解舆论表达的私人性和公开性。

3. 理性与情感：新媒体与舆论研究的情感分析

舍费尔（Dietram Scheufele）认为，舆论的内容可以从两个维度进行探讨：认知维度（Cognitive Dimension）与情感维度（Affective Dimension）。前者强调对事实的阐述，后者强调参与者的情感倾向及态度倾向。①

情绪在网络舆论的研究中非常重要，特别是在社会化媒体中。情绪有助于观点在社交媒体上的传播，充满情绪的微博能在更短的时间内被转发，被转发次数也更大。② 情感分析是目前新媒体中的重要分析技术，即依托于相关情感词汇，并与情感词典相匹配，从而建构词汇与情感词典之间的勾连。新媒体中经常运用的情感有：高兴、喜悦、愤怒、生气、失望等。有研究认为，情绪通过使人们对新信息更加敏感或者更依靠偏见而塑造舆论。③ 如果说情感是对于议题的感性表达，那么理性则属于对于议题的事实性表达。

如果将公众的舆论表达作为决策结果，那么意见形成则是决策过程。在这一过程中，公众会对信息进行处理，这一处理过程中有事实性表达，同时也会附带情感性表达。前者是理性的表现，即公众基于可获得的信息，对相关议题进行判断、逻辑推理等；意见决策过程中也有情感性因素的嵌入，甚至有非理性行为。针对这一问题的思考，要追溯到早期的舆论研究，从柏拉图、亚里士多德、李普曼等都有所涉及，后来的研究者也直接或间接地提到舆论理性化的问题④。劳伦斯·洛厄尔（A. Lawrence Lowell）提出了判断舆论的标准，其中之一就是，舆论是指那些经过讨论的观点，参与者应该对于这个问题有所思考。⑤

在人的认知体系中，情感属于非理性的成分。如新媒体环境下的舆论表达，情绪、情感因素非常重要，但是我们除了需要了解这些因素对舆论的作用机制外，更需要考虑个人发表意见时是如何抉择的，理性和情感是如何相伴发生、相互作用的。新媒体环境下，舆论中的理性研究要特别重视程序理性，即个人是否对某一议题进行思考，并对他人的想法进行逻辑推理，从而做出决策；而情感要素的分析关键在于情感如何从个体层面扩散到群体层面，情绪如何进入个人认知或者个人情绪如何被启动，情感背后所蕴藏的民众心态以及深层次的社会结构性问题。

---

① SCHEUFELE D A. Deliberation or dispute? An exploratory study examining dimensions of public opinion expression[J]. International journal of public opinion research, 1999(1).

② STIEGLITZ S, LINH DX. Emotions and information diffusion in social media—sentiment of microblogs and sharing behavior[J]. Journal of management information systems, 2013(4).

③ SANDRA G B, BANCHS RE, KALTENBRUNNER A. Emotions, public opinion, and us presidential approval rates: a 5 year analysis of online political discussions[J]. Human communication research, 2012(2).

④ ARTERTON F A. Teledemocracy: can technology protect democracy? [M]. Newbury Park, California: Sage, 1987; BARBER BR. Strong democracy: participatory politics for a new age[M]. California: University of California Press, 1984; LOWI T J. The End of Liberalism[M]. New York: Norton, 1969.

⑤ LOWELL A L. Public opinion and popular government[M]. Lond.: Longmans, Green, 1913.

依托新媒体特性探索舆论本质，关键在于把握新媒体特性对于舆论本身的影响。目前新媒体研究有三大分析视角：语义、关系、情感，对应的内核分别是文本、结构、心理。研究者通过对新媒体与舆论中的文本进行语义分析，可以了解不同舆论场话语背后的权力和规训逻辑；通过对新媒体舆论中的结构进行关系分析，可以了解舆论空间的公开化与私人化特征；通过对新媒体舆论中的心理进行情感分析，可以了解舆论表达中的理性和情感。同时，这也回应了新媒体舆论研究的主要议题：舆论与民主的关系、舆论与技术的关系、舆论与理性的关系。

四、结论与探讨

在一定程度上我们可以认为，传播学与政治学是舆论研究的两个重要取向。传播学取向的舆论研究从信息或媒介的角度分析舆论的形成以及舆论要素的流动，媒介成为承载意见观点的重要介质。政治学取向的舆论研究则关注舆论的民主功能，包括舆论形成过程中个人自由表达的权利、舆论的道德维系功能、舆论对日常生活的控制、舆论对政权合法性的塑造等。这些研究取向依然适用于新媒体环境，但同时也呈现出新的特点。所以立足于中国语境分析新媒体环境下舆论研究如何进行空间开拓，具有重要价值。

新媒体尤其是社交媒体形构了"网络化社会"。立足于中国语境，新媒体环境下的舆论研究，要将舆论从传统的"媒体"思维中抽离出来，而将新媒体作为一种媒介来思考。培养舆论研究的问题意识，需要从以下三个方面入手：历史观照与现实把握、场域联通与信息处理、议题深化与技术趋向。同时，要把握舆论研究的核心问题：舆论与国家意志、舆论与社会进程、舆论与其形成过程。当然，新媒体时代舆论研究的提升路径要尽可能依赖新媒体技术展开，充分运用新媒体在语义分析、关系分析、情感分析等方面的优势。新媒体舆论研究可以从以上方面切入，但是并不仅限于技术本身，而是要从技术出发阐述技术与舆论之间的深刻意涵，如新媒体环境下舆论的权力与规训、公开化与私人化、理性与情感等，也延续了传统舆论研究的重要面向：舆论与民主、舆论与技术、舆论与理性等。

当然，在新媒体与舆论的研究过程中，也需要注意以下几点：第一，保持舆论研究的学术自主性，避免被工具性的舆论研究所"侵蚀"；第二，要解决不同平台的舆论数据抓取和共享问题，目前存在的信息孤岛问题较难攻克；第三，要真正实践好跨学科研究路径，避免为了跨学科而跨学科。赫伯斯特认为，在传播领域关于舆论研究的问题是，我们对于跨学科的思想和理念仅仅是嘴上说说而已……在传播领域，我们有自由追求舆论的跨学科路径，只是我们并未很好地利用这种自由。所以我们经常局限于社会心理学家或者社会学家，运用它们的工具、思想进行分析。①

同时，新媒体与舆论研究也加深了新媒体对于学术研究意义本身的思考。目前很多新媒体现象的研究，分析的仅是新媒体的技术特性，并没有充分考虑现象背后蕴含的本质存在物。当下新媒体与舆论研究也有这种倾向，值得警惕的是要从技术带来的狂欢中抽离出

① HERBST S. History, philosophy, and public opinion research[J]. Journal of communication, 1993(4).

来，更好地指向学术研究的终极关怀和现实价值。

【延伸阅读】周葆华：社会化媒体时代的舆论研究[①]

在新的社会化媒体环境下，本文认为至少有三个方面对分析舆论过程与动态关系至关重要：新媒介、新动力与“可视化”。

第一，新媒介。舆论的生成与演变依赖媒介空间，不仅因为媒介提供个体表达赖以形成的信息基础，而且因为舆论概念所强调的“公共讨论”更需依赖媒介空间展开。因此分析社会化媒体时代的媒介结构与生态格外重要。社会化媒体时代的“新媒介”包括如下特点：一是数量的多样化——从一两家媒体可以为舆论定调到今天的“众声喧哗”；二是类型的多样化——当下的媒体不仅数量多，更重要的是类型多样，并且新的媒介类型打破了原有的媒介分类。传统上依据介质和技术对媒介分类（如划分为报纸、广播、电视、网络）的方式已经无法适应新形势的需要，一些新的分类方式应当进入舆论研究的视野。譬如有业界人士提出的“POP”分法，即把媒介根据其生产主体与机制划分为个人自媒体（Personal media）、机构媒体（Organization media）及媒体平台（Media platform）三类[②]，这种分类方法在传统的专业化媒体（机构媒体）之外凸显了两类新型媒体——由个人或小团队操作、带有鲜明个性、以个人微博及微信公众号等为代表的“个人自媒体”，以及以汇集、聚合和展示新闻与观点为特征的“媒体平台”（如新闻客户端）——在媒介生态中的重要角色。毫无疑问，它们已经成为新的议题设置者、框架设置者与话语竞争者，是社会化媒体时代舆论研究无法忽视的媒介空间；三是话语的多样化——党报与市场化媒体，传统媒体与社会化媒体，新闻网站与个人自媒体等，都呈现出话语上的竞合关系，不同类型的媒体之间产生纷繁复杂的议题、意见与框架的流动与互动，值得舆论研究者仔细分析。

第二，新动力。就中国社会传统的舆论动力机制而言，党和政府是最主要的议程设置者，并借由主流媒体完成议题动员与框架定调，成为整合社会的重要力量[③]。但是这一动力机制在社会化媒体环境下发生了显著改变——参与议程设置与框架竞争的力量都变得多元化、复杂化，舆论运行的过程机制不再像以往那样路径清晰、结构单一。普通公民通过网络报料等形式、借助戏剧化的传播符号可能成为新的议程设置者，并经过活跃在社会化媒体平台上的新闻记者、学者律师、意见领袖（“网络大V”）的介入、转发与传播，进而通过社会化媒体对传统媒体的“反向议程设置”，成为轰动全国的舆论大事件，这一舆论动力机制与传播过程在历次突发公共事件中体现得尤为明显。[④]这一新的动力机制体现了普通人在舆论生态场中影响力的提升，但实际上其所能造成的影响力受制于网络与传统精英力量对其的响应，也受制于传统媒体对相关事件的回应。

第三，“可视化”。新的社会化媒体环境使得意见的形成过程变得可视化，也使得舆论概念所强调的“公共讨论”变得可视化。以往，除非组织专门的座谈会或小组访谈，否

---

① 周葆华.社会化媒体时代的舆论研究：概念、议题与创新[J].南京社会科学，2014（1）.
② 徐园.POP，媒体未来式[J].新闻实践,2013(9).
③ 王绍光,中国公共政策议程设置的模式[J].中国社会科学,2006(5).
④ 周葆华.突发事件中的舆论生态及其影响：新媒体事件的视角[J].中国地质大学学报（社会科学版）,2010(3).

则通过“大众意见”式的民意调查所测量的只是抽去了公共讨论过程的个体的意见总和，公众私下的讨论是“不可见”的。即便大众媒体出现后为公众提供了部分的表达平台与讨论空间（例如报纸的“读者来信”版、电视台的时事辩论节目），但其表达空间、参与主体、讨论话题都是极其有局限的，经过编辑和剪辑后的版本也使得诸多过程“不可见”。也正因为此，最近的舆论研究才强调“协商民调”（或译“慎思民调”，Deliberative Polling）的重要性。社会化媒体改变了这一生态，当一个议题产生后，网民就通过多种多样的公共平台与传播机制（包括转发、评论、点名等形式）进行个人的意见表达与相互讨论，这些表达与讨论都公开可见，公众不仅可以参与这一过程，而且可以随时观察、跟踪这一过程，议题的设置、传递与上升，框架的提出、竞争与胜负，都在公众视野中展开。由此，舆论那种原本隐匿、分散的状态更多转向公开、汇聚，这样的“可视化”使得舆论的形成过程清晰可辨，推动事件的进展，也使得个体的意见感知更为容易和直观，进而影响其在议题或事件发展不同阶段的意见表达，成为不断演化的动态过程。当然，社会化媒体时代舆论过程的“可视化”并不意味着它一定是公开、自由、开放、理性的，研究中必须注意考察：这一“可视化”过程中信息自由流通的程度如何？理性讨论的程度如何？参与主体的广泛性与多元性如何？是否容忍少数意见甚至边缘意见的存在？更重要的是，我们还要始终注意到在“可视化”之外存在“不可见”的部分，在“可视化”的表层下藏着“隐匿脚本”与“幕后推手”，这样才有助于真正从“公众意见”与“传播过程”角度准确地把握社会化媒体时代的舆论。

“两个舆论场”“双重话语空间”及其动态性

社会化媒体舆论并非隔绝存在，而是身处“扩展的媒介生态体系”中。特别是对转型期的中国社会而言，社会化媒体舆论如此引人注目的一个重要原因在于其与社会其他舆论场的差异。部分研究者援引新华社前总编辑南振中的“两个舆论场”概念，敏锐地观察到中国当代社会相比于其他社会存在更明显的“两个舆论场”现象，并呼吁“打通官方、民间两个舆论场”[①]。用更为规范的学术语言来表达，“两个舆论场”实际上体现的是中国社会转型期的“双重话语空间”（dual discourse universes）特征[②]。该概念认为中国社会存在官方和民间两个差异化的舆论表达空间，前者的载体是官方文件和传统媒体，后者则主要表现为私人话语（人际讨论）以及网络新媒体（主要是社会化媒体）。“双重话语空间”是基于中国舆论的特定场景提出的富有新意的学术概念，值得我们在分析社会化媒体时代的中国舆论时加以应用和发展。

一方面，我们应当看到“双重话语空间”存在差异甚至对立的基本现实。中国近年来的诸多舆论事件中，都有社会化媒体扮演传统媒体“对抗者”角色的情况——网络空间成为网民反对、嘲弄传统媒体所发布的“权威信息”的主战场；但另一方面，也要注意“双重话语空间”之间的互动甚至合作关系，也就是说两者之间的关系是动态的而非

① 祝华新．“两个舆论场”的由来和融通之道 [J]. 南方传媒研究 ,2012(38).

② Zhou H. Political communication in dual discourse universes. In WILLANT L, AW A(Eds.) Political communication in Asia [M]. New York: Rutledge, 2009:43–71.

僵化静止的。具体来说：第一，传统媒体内部也存在分裂甚至分化。例如除了以往研究所揭示的党报与市场化媒体之间的差异、中央与地方媒体之间的差异外，还有一些颇值得分析的内部差异，比如因地方政治与传媒文化不同造成的差异（如“南方系”与“北方系”），以及在同一报业集团内部甚至同一份报纸不同版本之间因语言和受众不同造成的差异（如《环球时报》中文版与英文版），这就造成了在一些舆论事件中，市场化程度较高或新闻专业主义职业意识较强的传统媒体，容易成为网络表达的同盟军。在针对地方政府的监督上，中央级媒体也会加入，并与异地监督的其他地方媒体一起形成对网络民意的呼应。第二，传统媒体本身也在进行数字化转型，拥抱新媒体特别是社会化媒体。这一过程不仅意味着技术与平台的转换，也代表着话语方式与表达理念的可能转换。这方面的典型就是人民日报微博，自从 2012 年 7 月 21 日开通以来，短短一年（截至 2013 年 7 月 17 日），粉丝数已经超过 814 万，排名媒体微博首位，远超《人民日报》的单期发行量[①]。个中原因，正是其摆脱了传统僵化的“宣传”面孔，积极回应社会重大议题与网友关切，与社会化媒体舆论展开互动。从这个角度来说，“@ 人民日报”不等于《人民日报》，无法简单地将之归入官方话语空间。第三，社会化媒体平台爆发的舆论事件，要赢得更大的社会关注，也依赖传统媒体的介入与推动，两者之间不仅有对立关系，也存在共同推动公共事件的可能。诸多“新媒体事件”，恰恰是由于传统媒体的介入报道，才得以成为引发舆论更大规模关注的“大事件”[②]。因此，分析社会化媒体时代的中国舆论，可以借鉴“双重话语空间”这一基本思想，对舆论表达的主体、平台及其相互之间复杂多变的差异、对立、合作、融合展开具体的实证研究与经验分析，从中可望对舆论过程产生若干原创性的中观概念。

---

① 刘鹏飞，齐思慧．人民日报法人微博一周年数据分析 [EB/OL].(2013-09-13)[2013-11-11]. http://zgbx.people.com.cn/n/2013/0913/c369169-22916167.html.

② 周葆华．作为“动态范式订定事件”的“微博事件”[J]. 当代传播，2011(2).

第三编

方法与引导

问题九　互联网语境下意识形态传播的特点、挑战和对策*

张志安　聂　鑫

在互联网语境下，传统主流媒体传播范式受到互联网媒体数字化、平台化、社交化传播范式的冲击，主流意识形态话语引导力、在新旧媒介上的影响力都受到一定挑战。

首先，从话语建构角度来看，社交媒体、直播平台和社区论坛等互联网媒体，使意识形态话语更加日常化、娱乐化、碎片化，隐性、潜在的意识形态对青年网民的主流意识形态造成了一定程度上的负面影响，导致网络意识形态监测和引导的难度在日益加大。

其次，从媒体传播载体的角度来看，传统以主流媒体为主导的意识形态话语，受到网络自媒体和平台媒体的分化和影响，导致意识形态传播途径多样化，传统主流媒体引导和整合意识形态的功能有所衰落，微博微信等社交平台、今日头条等资讯平台对青年网民的影响越来越大。从这个角度来看，传统的意识形态传播阵地正在面临式微的风险，而网络意识形态的传播又面临新型平台的机遇。

最后，从网络意识形态的监测、分析和研究角度来看，一方面，大数据挖掘可作为新的技术路径，用于抓取和分析网络媒介上文本量巨大的意识形态话语；另一方面，依托大数据和算法为核心的人工智能推动平台媒体快速崛起，加速了传统主流媒体影响力的减弱，同时，新闻算法推荐加剧“过滤气泡”，导致网络社群区隔和价值观分化①，从而增加了主流意识形态引导和整合的难度。

基于上述挑战，本文以大数据和媒介融合的互联网语境为背景，分析主流意识形态话语权威和意识形态安全所受到的冲击，把握网络意识形态变化的新特点和新趋势，探讨新媒体环境下做好意识形态传播工作的关键策略。

一、互联网语境下意识形态传播的重要变化

1. 社会转型过程中社会思潮的多元和互联网传播革命使得意识形态表现出分化和极化，乃至整体碎片化的趋势

当前，我国正处于加速转型期，在围绕社会问题的产生原因和解决策略进行的公共表

---

* 本文首发于《出版发行研究》2018 年第 9 期。聂鑫为中山大学传播与设计学院政治传播专业博士生。

① 张志安，汤敏．论新闻算法推荐对主流意识形态传播的影响 [J]. 社会科学战线，2018(10).

达中，不同利益群体、不同社会阶层从各自立场出发，很难形成理性对话和主流共识。与此同时，互联网革命和人工智能技术挑战了传统信息传播结构，缺乏人工必要干预的算法推荐模式，在互联网信息分发过程中造成了“回音室”（echo chamber）、“过滤气泡”（filter bubble）、“信息茧房”（information cocoons）等效应①，导致网络用户在很大程度上只“选择性地”接触到与自身意识形态一致的信息，更倾向于在同质性的传播网络平台上进行有限度的政治讨论，获取信息窄化和同质性交流的心理驱动加剧了在线社群之间的区隔。

总体来看，不同利益群体的诉求声音在社交媒体上被放大，加之新媒体传播逻辑而产生的聚同排异、社群分化，由此导致作为核心价值体系的主流意识形态对各个群体的影响面临分化乃至逐渐消解。在这种背景下，我国的舆论场长期存在的“官方舆论场”与“民间舆论场”相冲突的局面，逐渐呈现出新的变化特征：“民间舆论场”自身由于利益群体和传播社群的区隔而相互割裂，作为“官方舆论场”的主流意识形态对各种民间舆论回应又缺乏引导和整合能力，导致整体社会意识形态出现分化和碎片化的趋势。

2. 互联网语境下，意识形态话语建构转向日常化、娱乐化，主流意识形态话语传播局限性日益凸显

手机网络普及率提升和社交媒体应用日益普遍，使意识形态话语的讨论和传播过程由传统媒体时代的机构化、仪式化传播转向网络时代的日常化、生活化实践。日常化的话语建构使民间意识形态更加隐蔽。普通网络用户一般不会严肃地探讨意识形态问题，而是将其融入日常转发、评论回复甚至是表情符号和图片之中。同时，在“帝吧出征”等近年来的舆情事件中，戏谑与嘲讽的“表情包大战”反映了部分年轻网民在政治参与过程中严肃政治主张弱化、政治诉求意义消解和政治娱乐化的话语建构轨迹②。

面对话语建构特征转变，主流意识形态在传播、下沉和影响过程中，面向青年网民群体的影响力和到达率较低，与他们日常话语模式的融合程度不高，存在着主流意识形态网站缺乏吸引力、意识形态引导方式与话语单一、传统媒体议题设置能力不强、舆论引导过程中话语体系陈旧等问题。

3. 除主流专业媒体外，微博、微信、今日头条等平台媒体逐渐成为意识形态的重要传播载体

由于算法推荐等技术优势，平台媒体在受众、收入和影响力等方面对传统媒体已逐渐形成挤压效应，导致传统主流媒体面临被边缘化的风险，依赖传统媒体进行传播的主流意识形态必然面临渠道和影响日渐式微的风险。针对这一变化，传统媒体开始采取“借船出海”的策略，在微博、微信等平台上开设一批有影响力的账户，并大量进驻今日头条，由此，这些以社交连接、资讯聚合为核心功能的新媒体平台已经成为意识形态传播的重要载体。

基于上述变化趋势，互联网语境下主流意识形态传播不仅要在话语体系方面积极跟上平台媒体的传播特点，还要在传播手段上不断借鉴平台媒体具有的内容算法、编辑推送和效果追踪优势。

---

① 张志安，汤敏．论新闻算法推荐对主流意识形态传播的影响 [J]. 社会科学战线，2018(10).

② 张宁．消解作为抵抗：“表情包大战”的青年亚文化解析 [J]. 现代传播（中国传媒大学学报），2016(9).

二、互联网语境下意识形态传播面临的主要挑战

互联网语境下，新的话语建构和传播体系在一定程度上消解着主流意识形态传播的经典范式，同时，由于互联网传播的即时性、开放性和全球化特点，意识形态在国际和跨境政治传播过程中存在着更大的安全隐患。总的来说，互联网语境下意识形态传播有以下五方面挑战：

1. 面对互联网具有亲和力、互动性、个性化、视觉化的传播特征，传统主流媒体的报道框架和话语体系创新不够，要达到正面舆论引导的“实效”，尤其强化青年群体的关注度和认同度并不容易

意识形态话语本质上是渗透社会的程度或控制社会的效力，是与其同日常生活话语模式的嫁接或者融合程度相关，而我国主流意识形态话语面临着自身话语权和传播能力与时代脱节的风险。由于人工智能和算法推荐形成的传播效果评价机制，新媒体在报道框架和话语建构上偏向于用户主导、情感主导和兴趣主导①，而传统媒体面向全体大众的传播策略、严肃的内容风格和宏大叙事的话语体系在传播效果上难以占据优势。

2. 一部分网民和精英知识分子运用社区论坛、微信群、表情符和反讽性文章，对主流意识形态进行的消解和抵挡，面临监测难度大、病毒式传播等挑战

改革开放和社会转型的过程中，不同地区、不同群体的获得感差异决定了利益诉求和发展期待的多样化。一部分网民和网络“大 V”利用社会治理问题、中产阶级维权、底层群体权益、社会诚信缺失等焦点议题制造舆论矛盾，对主流意识形态的传播造成不利影响。例如，“红黄蓝幼儿园事件”中三原色图片、针筒表情在微博上被大量评论转发，形成病毒式传播的态势，给政府公信力和舆论引导力提出极大挑战。此类事件，体现出隐喻叙事和“图像政治”组建成为网民社会动员的传播新策略，在特定语境下“有图有真相”的文本更加容易激发意见群体的共鸣。而这些信息在非公开的微信群中被快速转发，具有病毒式扩散的特征，导致私人领域日常讨论与公共领域维权、抗争话语之间的界限逐渐模糊。这不仅提高了舆论监测的难度，而且一旦出现大规模转发则会造成重大舆情事件。

3. 国家加强互联网信息管控的大背景下，公众意识形态话语由直接表达逐渐转变为反讽和隐喻，“显舆论”和“潜舆论”监测存在失真的问题

近年来，中央和各级网信办加强了网络信息的管理力度，“紫光阁事件”发生后又整顿了微博热搜，以强化主流媒体在微博、微信上精选评论的权限。虽然这些监管举措有效净化了主流意识形态的传播环境，但也同时出现了两个新的问题：一是微博、微信平台主流媒体新闻下的评论受到管控后，一定程度上无法真实地反映舆论倾向和民意态度；二是为躲避审查和删帖，部分公众的意识形态话语建构向讽喻风格转变，“暗示梗”的频繁出现，导致通过解读网络舆论来真实把握民意变得越来越难。“显舆论”因干预而过度正面化、“潜舆论”因隐秘而难以被监测，这两者最终都致使现有的网络舆论分析和引导工作可能存在“失真”的问题。

---

① 张志安 . 人工智能对新闻舆论及意识形态的影响 [J]. 学术前沿 ,2018(8).

4. 由于互联网信息传播的开放性和全球化，西方中心主义等社会思潮对主流意识形态形成冲击

信息全球化趋势下，西方意识形态入侵策略通过互联网媒介采取更具隐蔽性和渗透性的“西化”和“分化”，西方宪政民主、历史虚无主义、西方新闻观等极端意识形态与社会思潮不断挑战我国主流意识形态。同时，在贸易争端愈演愈烈的国际环境下，经济层面的争端逐渐上升为意识形态层面对立，在中美两国关于贸易战“正当性”的讨论中，改革开放以来所秉持的“中国道路”模式和构建“人类命运共同体”等核心价值观受到西方媒体意识形态的消解，对我国意识形态话语权形成威胁。

在以互联网为渠道而进行的跨境传播语境下，我国主流意识形态主要面临两类“西化”思潮的冲击：一则，盲目推崇美欧社会制度的西方中心主义。西方国家凭借着大型数据库和信息掌控能力，利用带有意识形态的数据话语霸权和所谓网络“大V”在社交媒体、论坛上利用西方政治架构批判中国政治经济制度，试图解构我国主流意识形态，兜售西方“霸权主义”。二则，西方意识形态“本土化软着陆”，假借西方思潮概念外壳宣扬某些利益群体特殊诉求的“话语陷阱”。

5. 在跨境政治传播和交流中，港澳台极端社会思潮对内地意识形态安全容易形成倒灌和渗透风险

由于内地与港澳舆论场的区隔，在重大政治事件报道框架和话语建构方面都存在显著差异，内地意识形态安全在跨境政治中面临港台极端意识形态渗透和倒灌。在跨境政治传播过程中，境外媒体以及“右翼”群体利用哗众取宠的极端言论迷惑内地舆论，对我国政治稳定和主流意识形态话语权构成冲击。

三、互联网语境下主流意识形态传播的对策

在互联网语境下，维护主流意识形态的话语“合法性”，提升话语传播的公众“认受性”，需要在技术层面和话语框架整合层面进行调整和创新。技术层面上，社交网络大数据不断被应用于网民行为和网络情绪分析，而算法推荐、人工智能等技术催生平台媒体的崛起，革新了互联网意识形态传播的技术范式。话语整合层面上，官方舆论场与民间舆论场分化，跨境舆论场区隔亟待传统主流媒体、机构媒体提升舆论场之间的良性互动，从而把握主流意识形态传播的话语主导权。为此，我们可从以下几个方面思考互联网语境下主流意识形态传播的策略调整和范式转型。

1. 网络意识形态监测可以大数据分析方法作为技术支撑，把握舆论动向和网络情绪

大数据时代，大量非结构化网络文本成为社会舆论的晴雨表，利用大数据把握社情舆情意识形态是必然趋势。技术上可利用网络爬虫抓取网民在社交媒体和平台媒体上的点击、评论的“大数据”，并结合社会网络分析和情感分析等方法，把握一定时期内网络舆论关注的焦点问题和网民情绪动向。从“潜舆论”监测角度来看，反讽和隐喻的意识形态话语建构使网络舆论更多表现为“潜舆论”。由于网络群体趋同性特征，监测部门可通过机器

学习预测大数据中未直接披露的信息，从而推断意见群体潜在舆论倾向。[①]从治理角度来看，庞大的互联网文本以及网络话语包成为丰富的网络意识形态分析的资源。目前，西方国家有赖于大型的互联网数据公司、社交媒体平台进行数据挖掘，具有强烈的商业色彩和资本驱动导向。我国在利用大数据技术进行互联网管理的过程中，可以政府主导，依托科研机构、平台媒体等逐步建立具有社会公信力的第三方民调机构和数据库，为互联网治理提供科学数据、智力支撑。

2. 主流媒体新闻生产和分发转型方面，可吸收算法推荐、人工智能和移动传播等技术，提升意识形态传播能力

“算法”作为一种人工智能技术，极大地改变了传统媒体和平台媒体的传播格局，但同时也为主流意识形态传播的数据化提供了机遇。比如，将算法推荐逐步拓展到“人民日报”“澎湃新闻”“南方+”等主流媒体的新闻客户端，以实现对用户个性化需求更精准的满足。同时，今日头条采取的向主流媒体新闻客户端输出算法和部分数据支撑的做法[②]，也有利于实现主流媒体的传播数字化和技术升级。

3. 建立包括专业媒体、机构媒体、自媒体和平台媒体在内的主流意识形态传播体系，增强主流意识形态社会整合力和话语影响力

目前，政务微博、政务微信和政务微头条等政务新媒体蓬勃兴起，规模达到数十万个，在舆论场中逐渐扮演着正面报道、信息服务、新闻发布等多重功能。以政务微博和头条号为例：截至 2017 年 12 月全国政务微博数量达到 134,827 个，政务头条号数量达到 70,894 个，包括共青团、公安、司法等垂直系统都开通了政务头条号，形成具有层次化的传播体系。[③]为此，可整合这些政务机构媒体、中央和省市主流媒体，推动主流媒体的平台化，构建互动、协同的主流意识形态传播体系。同时，也积极鼓励一批具有全国影响力的自媒体账号加入其中，以个人化视角、专业化解读、融合化传播为形态参与主流意识形态的传播，提升主流意识形态话语的影响力和公信力。

此外，现有主流意识形态传播体系对年轻网民的话语整合力度不强，青年群体对主流话语体系“无感”。为此，应调整主流意识形态向青年传播的范式：（1）在传播框架上紧扣重大社会热点，以“说理”为主导、辅之以“动情”色彩，运用信息、故事和情感等混合模式来进行内容生产；（2）传统主流媒体往往采取宏大统一的叙事风格而忽视尤其是青年群体的受众引导，主流媒体、政务新媒体在平台化过程中应注重青年群体的粉丝积累，增强与青年群体间的情感维系；（3）积极依托大数据和调查数据的研究方法，把握青少年群体的社会心态，为青少年提供符合其现实需求的“资讯+服务”的公共产品，等等。

4. 鼓励跨境舆论场互动与政治经济文化等各层面交流，提升内地与港澳群体的情感共鸣

在跨境政治交流方面，随着粤港澳大湾区战略的实施，可逐步推进粤港澳媒体平台的开放、交流和合作，共建数字公共领域。一方面，内地与港澳舆论场呈现相对割裂的态势，

---

① 张志安 . 新媒体与舆论：十二个关键问题（第一版）[M]. 北京：中国传媒大学出版社 ,2016.

② 张志安 , 曾励 . 媒体融合再观察 : 媒体平台化和平台媒体化 [J]. 新闻与写作 ,2018(8).

③ 中国互联网信息中心 . 第 41 次中国互联网络发展状况统计报告 [R].2018.

特别是港澳青年群体对中央政府政策和内地市民的印象容易受到外媒影响而产生误读，因此，应逐步考虑开放跨境主流媒体和媒体平台的新闻资讯互动，促进粤港澳新闻传播和民间公共交流。另一方面，适当转变话语方式，特别在涉及“港独”问题上应鼓励“以理服人”维护统一，而非挑拨极端民族对立情绪，由此更加积极地促进粤港澳大湾区的文化融合和国家认同。

5. 把握网民社会心态，提升舆情回应能力，疏导社会公众情绪，注重舆论引导的科学性和实效性

我国正处于社会转型的关键时期，社会矛盾和消极社会情绪容易在互联网积累和爆发，由于网络意识形态的动态性、突变性，一旦政府官方回应缺乏实效性，则容易陷入突发舆情事件的“塔西陀陷阱”。在网络焦点舆情事件爆发时，应合理把握不同网民群体的社会心态，采取差异化的引导。例如，致使“红黄蓝幼儿园事件”发酵的不是当事人家长本身，而是微博、知乎围观群众对政府处理结果的质疑，应重视对游离在主舆论场外群体的引导。在舆情引导范式上，应将落实处理具体事件与引导网民情绪相结合：一方面，放大主流媒体声音，主动设置议题，及时通报舆情事件的处理进程和结果，避免谣言滋生和情节恶化；[①] 另一方面，舆情处理已不能仅停留在事件处理和舆论管控层面，还需挖掘和探寻网络舆论场中深层次的社会问题和公众焦虑，扩大不同意见群体的共识，减少意识形态分化。

总体上看，过去针对热点事件的网络舆情监测和引导机制，需要更多超越“事件主导”的范式、逐步提升到“问题主导”的范式上来。[②] 互联网语境下的网络舆论和网络意识形态分析，需要重点从两个方面切入：一是处理“大数据”和“小数据”的关系，既要继续监测分析重大事件发生过程中的网民情绪、态度、舆论走向和整体特征等“大数据”，也要关注一些政治娱乐化、娱乐政治化事件的“小数据”，通过微信群、表情符、隐喻文章的质化分析和案例研究，细微把握生活化、娱乐化、碎片化网络意识形态的特征。二是处理“网络数据”和“调查数据”的关系，充分运用社交媒体传播大数据来追踪、监测和分析网络意识形态的重大变化，也要逐步建立具有公信力、科学性的第三方民调机构，从而把线上数据与线下数据充分整合，进行更加科学权威的意识形态研究，从而为坚持意识形态工作领导权提供智力支撑。

【延伸阅读】晏齐宏，张志安：大数据背景下的意识形态研究[③]

技术为研究方法的发展提供了新思路，大数据技术的发展要求在研究中要具有“数据”思维。陆地认为，大数据既可以是手段，也可以是事实，是一种世界观、一种方法论、一种研究方法。[④] 大数据思维更为意识形态分析等提供了方法论基础，这体现了当下意识

① 刘鹏飞 . 从近年案例看舆情引导规律 [J]. 新闻与写作 ,2017(3).
② 张志安 , 张美玲 . 网络社会心态与舆论引导范式转型 [J]. 社会科学战线 ,2016(5).
③ 晏齐宏 , 张志安 . 大数据背景下意识形态研究的方法论、机遇与路径 [J]. 新闻界，2018（11）.
④ 杨雅 . 大数据分析与可视化技术 : 新闻传播的新范式——“大数据与新闻传播创新”研讨会综述 [J]. 国际新闻界 ,2014(3).

形态研究要超越传统的二元对立思维，更加注重大众化的意识形态。同时，大数据也为新媒体中的意见表达分析提出了具体可行的分析技术和方法，有助于更好地理解意识形态和公众社会心理。从方法论的角度看，大数据背景下意识形态研究具有以下几个重要趋势。

1. 从意识形态精英化走向意识形态大众化、日常化

传统研究认为意识形态具有明显的结构性，即沿着左右派别而划分，这也体现在政治、经济、文化等维度。这大多被认为存在于具有明确意识形态的人当中，包括政治精英、知识精英，以及其他处于较高社会地位的人。[①] 但其实，意识形态根源于基本的个人性格差异以及对世界的心理需求、动机等相对稳定的个人偏好。有研究发现，保守主义和自由主义都具有认识论动机（epistemic motivates）、存在论动机（ontologital motivates）、关系动机（relational motives）。[②] 心理学家也基于认知和动机过程，发展意识形态信念系统，这些信念系统具有一定的维度结构。[③]

若从心理动机来分析意识形态，普通人的一切能够预测心理特征的网络使用行为和消费行为都可以用来分析意识形态。换句话说，网络媒体的使用也构成了意识形态日常化的重要面向。意识形态日常化与传统自上而下的话语形态、上层建筑的意识形态有所不同，更加强调意识形态中的个人主体性角色。意识形态日常化的研究对象在当下越来越容易获得，包括人际讨论、技术接入、日常消费等，网络行为也不断将意识形态生活化付诸实践，通过网络实践促进意识形态日常化。

2. 从话语意识形态走向行为意识形态

自 Free & Cantril &（1967）[④] 开始，舆论研究者区分了意识形态的象征方面（symbolic aspect）和操作方面（operational aspect）。象征性意识形态指的是一般意义上的、抽象的意识形态标签、影响和类型，包括自我确认左或右的行为，可以通过询问政治意识形态的位置获得。操作性意识形态指的是更为具体的、基于事件的观点，可以通过对某些议题的赞同程度获得。[⑤]其隐含的基本假定是，具有特定意识形态的人一般持有类似的态度和观点，由此，研究大多通过话语预测意识形态。

但是，网络数据除了话语之外，还包括各种行为数据，如关注、转发、评论等行为，以及人们的网络消费行为。这些很大程度上也反映了特定的意识形态。有研究将网络用户的商品消费评论与评论者个人建立联系，并认为评论者的个性特征会影响评论的组织方式。

---

① FIORINA M P. Culture war? The myth of a polarized america[M]. New York: Pearson Longman. 2005;SNIDERMAN P M, BULLOCK J. A consistency theory of public opinion and political choice: the hypothesis of menu dependence[M] // SARIS W E, SNIDERMAN PM(Ed.)Studies in public opinion: attitudes, no attitudes, measurement error, and change. NJ: Princeton Univ. Press, 2004:337 - 57;ZALLER JR. The nature and origins of mass opinion[M]. New York: Cambridge Univ. Press. 1992

② JOST J T, FEDERICO C M, NAPIER JL. Political ideology: its structure, functions, and elective affinities[J]. Annual review of psychology.2008, 60(1).

③ JUDD C M, KROSNICK J A. The structural bases of consistency among political attitudes: effects of expertise and attitude importance[M] // PRATKANIS A R, BRECKLER SJ, GREENWALD AG(Ed.)Attitude structure and function. Hillsdale. NJ: Erlbaum.1989:99 - 128.

④ FREE L A, CANTRIL H. The political beliefs of americans: a study of public opinion [M]. New Brunswick, NJ: Rutgers University Press, 1967.

⑤ LEE J K, et al. Social media, network heterogeneity, and opinion polarization[J]. Journal of communication.2014, 64(4).

研究发现，相比于保守主义者，那些持自由主义态度的评论者会运用更多的复杂语言、更多元的论据对商品进行评论。[①] 也有研究者从100万网络书籍合购数据的分析中发现，意识形态偏好在学科内和学科间都存在。在所有领域，那些自由主义消费者都偏爱技术科学（如物理学、天文学、动物学），而保守主义者则偏爱应用和商业科学（如犯罪学、药学、地球物理学）。同时，在学科内部，那些保守主义消费者倾向于购买其他学科的书，而这些学科类型较少，且都处于边缘地位。[②] 也就是说，政治左派和右派普遍对科学感兴趣，但是其消费类型呈现出显著的意识形态差异，网络消费行为在很大程度上可以预测人们的意识形态偏好。

3. 从个体媒介实践走向宏观意识形态图景建构

从媒介二元性的角度看，新媒体为用户的媒介使用提供了多种可能，用户的媒介实践反过来构建了整个意识形态图景。互联网技术的结构性主要体现在其具有连接线上线下、连接不同个体的中介性功能。在新媒体使用中，人们通过互联网的连接性而得以联通，在网络中实践意识形态。个人在虚拟与现实的穿梭中，参与并作用于意识形态的日常化，强化了现实意识形态，这是一种机械地将个人集合为整体意识形态的图景。同时，个人通过网络共享现实，寻找与自己身份一致的意识形态群体和信念，这是一种有机的、超越了现实情况进而产生于虚拟空间的媒介实践，它影响了意识形态图景。

值得注意的一个现象是，个人的网络使用行为是注意力的表征，在其网络信息流中，通过转发、互动等扩大相关议题的讨论，这特别体现在对帖子内容细节的具体分析当中。例如，相关研究大多运用主题模型识别重要的讨论议题，借助于常用的话题模型（如LDA，Latent Dirichlet Allocation），可以从帖子中抽取有意义的话题类型，也可以从微观的个体词汇归纳出宏观层面的话语框架；也能够呈现个人议题是如何成为公众议题的。由此，个体的日常媒介话语实践通过连接线上线下、汇聚个体注意力等而得以成为宏观意识形态图景。

4. 从理论驱动走向理论与数据驱动的结合

对于大数据分析与传播规律把握的关系，理论驱动还是数据驱动始终存在争论。一方面，理论是分析意识形态现象的基本出发点和立足点；另一方面，对数据的分析也可以发现一些传播现象和规律，对其的解释也要建立在理论基础之上。目前，在网络意识形态的分析中，最常采用的方法是机器学习法。该方法可以直接从数据中辨识和提取特定的类型，基于实证数据做出智能决策。很多研究运用分类方法自动探测社交媒体中的帖子，以确定民主党和共和党的政治话语。例如，有监督的学习算法运用训练集建构数学模型，然后用该模型预测测试集。训练集由很多人工标注和编码的语料库组成，如政治态度和倾向等。由此可以通过有监督的机器学习对帖子的政治倾向进行分类[③]，进而探测特定意识形

---

① TARUN G, et al. Political ideology as a predictor of online consumer review characteristics[J]. Social science electronic publishing, 2016.

② FENG S, et al. Millions of online book co-purchases reveal partisan differences in the consumption of science. [J]. Nature human behavior, 2017, 1(4).

③ ELANOR C, ROZZA A, ARVIDSSON A. Echo chamber or public sphere? Predicting political orientation and measuring political homophile in twitter using big data[J]. Journal of communication. 2014, 64(2).

态类别、识别主要的对话机制。

当然，对于数据背后反映的深刻意识形态内涵，还需借助对意识形态话语、政治状况等的深刻阐释。在大数据与意识形态分析中，首先需要正视大数据分析中数据驱动存在的问题，在此基础上正确理解大数据所反映的意识形态内涵。不过，通过对特定时间内特定主题的情感、行为或传播特征和现象的系统化、实时性的分析，可以更加深刻地认识其意识形态的某些面向。由此，数据驱动技术可促使意识形态分析达到预测和洞见这两个更高的研究目标。

问题十　复杂网络：新媒体舆论研究和引导的理论框架*

陈　彬　李兴兵　艾　川　邱晓刚

一、网络科学视角下的复杂网络

1. 复杂网络的基本概念

网络科学（Network Science）是专门研究复杂网络系统定性和定量规律的一门崭新的交叉科学，其研究涉及复杂网络的拓扑结构及其性质、复杂网络动力学特性和宏观涌现行为、网络动态演化趋势及其产生机制、网络上各种动力学行为和信息的传播、预测与控制，以及工程实际所需的网络设计原理与应用研究，其交叉研究内容十分广泛而丰富①。

复杂网络（complex network）是指具有自组织、自相似、吸引子、小世界、无标度中的部分或全部性质的网络。通俗一点来理解的话，复杂网络是指呈现高度复杂性的网络，这种复杂性主要表现在如下方面：一是结构复杂，表现在网络节点数目巨大，网络结构呈现多种不同特征；二是网络具有进化性，表现在网络节点及节点之间连接的产生与消失，如互联网中网页或链接随时可能出现或断开，使得网络结构不断发生变化；三是网络连接的多样性，即节点之间的连接权重存在差异，且有可能存在方向性；四是网络动力学复杂性，如网络节点集可能属于某类非线性动力学系统，其状态随时间发生变化；五是节点的多样性，即复杂网络中的节点可以代表任何事物，如人际关系构成的复杂网络中节点代表单独个体，而互联网组成的复杂网络中节点可以代表不同网页。以上各类型复杂性之间相互融合、相互影响，会导致更加难以预料的复杂结果。例如在设计一个电力供应网络时，需要考虑网络的进化特性，而进化过程又会影响网络结构，同时，两个节点之间频繁的能量传输会导致二者之间权重增加，利用这种信息可以通过不断的学习与记忆逐步改善网络的性能。②

复杂网络的高度复杂性造就了研究内容的多样性，因此，复杂网络的研究内容涉及网

---

* 本文作者陈彬、李兴兵、艾川、邱晓刚，分别为国防科技大学系统工程学院副研究员、博士后、博士生、教授。

① 李维斯，路易斯，陈向阳．网络科学：原理与应用 [M]. 北京：机械工业出版社，2011.

② 刘建香．复杂网路及其在国内研究进展的综述 [J]. 系统科学学报，2009,17(4).

络的几何性质、形成机制、演化的统计规律、网络模型性质、结构稳定性、演化的动力学机制等诸多方面。从自然科学的角度对复杂网络进行测度研究，主要涉及度（degree）分布特性、度相关性、聚合程度及其分布特征、最短距离及其分布特征、介数及其分布特征、连通集团的规模分布等概念。当前研究较多且具有典型代表性的两类复杂网络分别为小世界网络和无标度网络。

小世界网络的提出源于对特征路径长度和聚合系数两个特征量的测度。其中特征路径长度（characteristic path length）是指：在网络中任选两个节点，连通这两个节点的最少边数定义为这两个节点的路径长度。而网络中所有节点对的路径长度的平均值，则定义为整个网络的特征路径长度。聚合系数（clustering coefficient）是指：假设某个节点有 k 条边，则这 k 条边链接的 k 个节点之间最多可能存在 k(k–1)/2 条边，用实际存在的边数除以最多可能存在的边数得到的分数值，定义为这个节点的聚合系数。所有节点的聚合系数的均值即网络的聚合系数。聚合系数是网络的局部特征，反映了相邻两个人之间朋友圈子的重合度，即该节点的朋友之间也是朋友的程度。

根据特征路径长度和聚合系数，我们可以对网络进行分类。在“小世界网络”的概念被提出以前，人们认为网络分为完全规则网和完全随机网，这两类网的特征具有明显区别。规则网具有较大的特征路径长度和聚合系数，而随机网具有较小的特征路径长度和聚合系数。这样自然而然会产生一个疑问：是否较大（小）的特征路径程度一定伴随着较大（小）的聚合系数呢？答案是否定的。事实上，在现实世界中即存在这样一类网络，其特征路径长度小，接近随机网络，而聚合系数依旧相当高，接近规则网络。网络科学家将这一类网络定义为“小世界网络”。1998 年，邓肯–瓦特和斯托加茨首次提出并从数学上定义了小世界的概念，且预言该种类型的网络在社会、自然、科技等领域具有重要研究价值。随后的实证研究也表明，现实世界中存在的许多网络，诸如电力网络、社交协作网络、脑神经网络等，均具有这种小世界特征。小世界网络的概念描述了大多数网络尽管规模很大但是任意两个节点间却有一条相当短的路径的事实。以日常语言看，它反映的是节点间相互关系的数目可以很小但却能够连接世界的事实。例如，在社会关系网络中，相比于社会中的总人数来说，一个人认识的圈子是很小的，但是要问社会上任意两个人之间要通过多少个人才能相互认识？20 世纪 60 年代美国哈佛大学的心理学家斯坦利·米尔格拉姆（Stanley Milgram）进行了著名的小世界实验，给出的答案是不超过 6 个人。也就是说，一个人要想与世界上任何一个角落的另一个人建立联系，平均来说中间只需要通过 5 个人的传递，这就是著名的六度分割推断。这种现象反映了社交关系网络中的小世界特征。

无标度网络是一类度分布呈现特殊幂律分布的复杂网络。在复杂网络中，与某节点相连接的边的数目称为该节点的度，而所有节点的度的散布情况则称为度分布。显然，度指的是网络中一个节点与其他节点关系的数量，而度分布描述的是所有节点之间度的横向比较或统计规律。无标度网络中节点的度分布没有一个特定的平均值指标（即大多数节点的度在此附近），故称其为无标度特性。

在研究无标度网络的度分布时，巴拉巴西（Barabasi）等人发现其遵守幂律分布，即随机抽取网络中的一个节点，该节点的度 d 是自然数 k 的概率正比于 k 的某个幂次方，这个幂次一般是负数。显然，k 的取值越大，d=k 的概率也就越低。无标度网络的典型特征是在网络中的大部分节点只和很少节点连接，而有极少的节点与非常多的节点连接，这些与大量其他节点连接的节点形成网络中一个个集散中心。

在过去十几年的研究中，网络科学家们在很多不同的系统中都发现了无标度网络结构。例如，在科研合作关系网络中，美国密歇根大学安娜堡分校的纽曼（Newman）研究了包括物理和计算机等一些学科在内的科学家之间的合作关系网络，发现该网络具有无标度特性，即网络中某些个体属于集散节点，与大量的其他个体之间存在合作关系，而大多数个体则只和少数节点有合作关系。同样，在商业领域也存在无标度网络结构。例如，美国斯坦福大学的W. 鲍威尔（W. Powell）、加州大学的R. 怀特（R. White）、亚利桑那大学的W. 科普特（W. Koput）和密歇根大学的史密斯（Smith）等人共同研究了美国生物技术产业联盟网络的形成，发现Gerlzyme、Chiron和Genintech等公司在网络中属于集散节点，其所拥有的合作关系数量与其他公司相比多得不成比例。相同的现象还出现在娱乐界，例如有研究者将演员个体定义为节点，将演员之间共同出演的合作关系定义为边，对其形成的网络进行分析发现，这样一个合作关系网络也是由少数集散节点所支配的，即大部分演员只与为数不多的其他几个人相连接，而少数演员所拥有的连接数却高达数千个，呈现出明显的无标度结构特征。

2. 复杂网络的应用

复杂网络存在于人类生活的方方面面。通过合理的抽象和描述，我们可以得到形形色色的复杂网络结构。如社会学领域的人际关系网、通信网、信息传播网、企事业合作关系网、计算机互联网，交通运输领域的航线网、公路网、铁路网、河流水路网，生物学领域的食物链网络、生物神经网、新陈代谢网、基因网等，都可以采用复杂网络的统计、建模和分析方法进行深入研究，这就注定了复杂网络的广泛应用。

在信息通信方面，可以建立基于复杂网络的通信网络结构模型，分析通信网络性能，研究针对特定信息的防范和控制策略。例如，针对移动通信中用户行为特征的不同，可以采用无标度网络作为潜在的用户网络模型，设定一个用户的熟人数目服从幂律分布，基于该网络模型进行计算机仿真，来预测和分析移动通信系统的性能，为移动通信网络设计和优化提供参考a；针对移动通信中垃圾信息的识别和过滤问题，可以采用复杂网络方法对信息发送 / 接收网络进行形式化描述，在此基础上以真实的短信发送 / 接收和通话关系数据为例，统计和分析短信发送网络的网络特性，分析和挖掘垃圾短信用户在网络上发送和接收信息的异常行为模式，并指导设计相应的过滤算法b；针对手机病毒等有害信息在短信网络内的传播，可以在复杂网络信息传播模型的基础上，结合短信网络的小世界特征，建立用于模拟手机病毒在短信网络传播的复杂网络模型，研究用户预免疫、病毒变异与短信网络内局部社团结构对手机病毒传播的影响，据此提出手机病毒的有效防治策略c。

在电力网络设计优化方面，可以基于复杂网络理论建立电力网络仿真模型，支持对电力网络的脆弱性分析和鲁棒性设计。例如，以复杂网络理论为指导，对电力网络进行拓扑建模、基本参数计算和网络特性分析，结合电力网络业务特点，依据度数、介数等指标分析网络的脆弱点，以实际电力网络结构为例进行网络特性分析，针对不同的故障模式对其

① 谭伟文，刘崇明，谢智刚. 复杂用户网络在移动通信方面的应用研究 [J]. 力学进展，2008,38(6).

② 黄文良，刘勇，钟志强等. 基于复杂网络的垃圾短信过滤算法 [J]. 自动化学报，2009,35(7).

③ 刘文，吴传生，刘勇. 手机病毒在短信网络上的传播研究 [EB/OL].(2008-10-04)[2008-10-21].http://www.paper.edu.cn/releasepaper/content/200810-499.

进行脆弱性仿真，给出提升电网健壮性的有效建议。[①] 通过提炼和分析复杂网络与实际供电网络的共性，可以抽取出有效的复杂网络特征参数，进而建立电力系统停电模型、临界自组织状态模型、电力系统线路脆弱性评估以及小世界模型等，对电力网络的设计、优化和性能分析给予全方位的支持。[②]

在信息传播方面，从传播节点及节点间关系的视角考察传播结构与传播网络，为传播学研究提供了一种新的思路。从网络结构的角度引入网络科学方法研究传播问题，用结构思想和社会网络分析的数学与计算模型来考察传播网络，用复杂网络的研究方法来思考传播规律，通过分析作为传播媒介的每一个个体之间的关系和连接，对信息传播趋势和规律进行预测和分析。[③]

针对不良信息传播和控制问题，可以通过引入复杂网络的概念对不良信息传播行为和规律进行建模，从网络结构演化角度探讨新闻传播控制策略，指导制定具体的新闻传播控制策略。[④]

针对微博舆论传播问题，可以采用复杂网络分析方法，构建互联网中微博舆论传播的复杂网络拓扑结构模型，分析其结构特征和演化机制。结合具体话题，分析微博舆论传播的网络结构稳定性、网络中心节点的权力权重及其对网络关系链路的掌控程度，探讨多层级转发、群体内信息传递等特定的舆论传播模式。[⑤]

针对微博网络舆情的控制和引导问题，可以采用基于复杂网络的图谱分析方法，以微博用户之间转发和评论某一话题下的用户关系数据作为基础研究数据，生成用户节点网络关系图谱，通过对微博网络模块化图谱、路径图谱和中心性图谱分析，评估和识别出舆情活跃度高、传播范围广、传播速度快的微博用户节点，作为控制微博舆情的传播、引导舆论导向的关键用户节点。[⑥]

针对微博网络中信息的“裂变式”传播模式，可以在无标度网络的基础上建立舆情传播的 SIR 模型，综合考虑微博传播特性以及舆情话题的衍生性，基于该模型进行仿真分析，有效揭示微博用户关注关系所形成的复杂网络中的舆情传播演化机理。[⑦]

针对微博舆论传播的演化动态及其运行机制，可以考虑采用跨学科视角和复杂网络分析方法，建构微博舆论传播的拓扑结构及其演化机制，探究微博舆论场的观点演化模型，研究微博舆论场对于民意的影响和促进作用。[⑧]

二、新媒体舆论的复杂网络特征

相比于传统媒体，微博、微信等网络新媒体的广泛应用，极大地扩展了人与人之间的

---

① 郭静，王东蕊．基于复杂网络理论的电力通信网脆弱性分析 [J]. 电力系统通信，2009(9).
② 肖军，刘天琪．复杂网络理论在电力系统中的运用与研究 [J]. 四川电力技术，2009(2).
③ 沈洁，杨璇，杨一冰．传播学研究新思路：复杂网络与社会计算 [J]. 科研信息化技术与应用，2014(2).
④ 贾国飚．基于复杂网络的新闻传播控制策略研究 [J]. 新闻界，2009(2).
⑤ 李卫东，贺涛．微博舆论传播的复杂网络拓扑结构模型及其演化机制 [J]. 新闻与传播研究，2013(11).
⑥ 贾红雨，赵雪燕，邱晨子．基于复杂网络的微博网络舆情图谱分析方法研究 [J]. 现代情报，2015(3).
⑦ 朱恒民，李青．面向话题衍生性的微博网络舆情传播模型研究 [J]. 现代图书情报技术，2012(5).
⑧ 杨柳，朱恒民，马静．考虑近次邻影响的微博舆论观点演化模型 [J]. 情报分析与研究，2014（12）.

社会交往和信息传递渠道。借助于新媒体，人与人之间的关系也突破了以往基于现实接触的社会关系范畴，而呈现出更加复杂的网络化特征，基于新媒体的舆论场表现出明显的复杂网络特征。

1. 新媒体舆论场是一个基于关系的复杂网络

从关系论的视角审视新媒体舆论传播问题可以发现，新媒体舆论场实际上就是一个基于关系的复杂网络。无论是微博、微信，还是QQ、Facebook，这些新型媒体被广泛应用的一个重要因素就是它们为人与人之间的沟通和联系提供了极大的便利，而这种沟通和联系的便捷增加了使用新媒体的人之间发生信息交流关系的复杂性，从而造就了基于关系的新媒体舆论场网络。显然，这里所说的“关系”并不是指经典社会学概念中“作为社会资本或社会资源”的关系，而主要是指个体之间基于新媒体而产生的信息交流和互动。根据媒体类型的不同，个体之间的这种信息交流和互动可以表现为不同的形式，网络的节点和连边也就具有不同的含义。例如，基于电子邮件而形成的关系网络，每一个电子邮件账户对应网络中的一个节点，而节点之间的关系主要表现为两个账户之间发送了一封电子邮件；基于微博而形成的关系网络，每一个注册并经过认证的微博账户即对应网络中的一个节点，而两个微博账户之间的关注、点赞或转发行为即可表示二者之间产生了关系。这种基于新媒体产生关系而形成的复杂网络，是新媒体舆论场在网络科学视角下的一种具体表现形式。

新媒体舆论场网络的复杂性首先体现在其节点的多样性。在互联网用户急剧扩张的大背景下，基于新媒体参与信息传播和舆论扩散的个体数量非常庞大，且类型繁多。以微信用户数为例，根据中国互联网络信息中心（CNNIC）发布的调查报告，截至2018年12月，我国网民规模达8.29亿，普及率达59.6%，手机网民规模达8.17亿，网民通过手机接入互联网的比例高达98.6%。而腾讯公司业绩报告显示，截至2019年一季度，微信及WeChat的合并月活跃账户数达11.12亿，QQ的智能终端月活跃账户数已达7亿。规模如此庞大的用户群基于互联网进行信息交流而产生关系所形成的网络，其节点和关系无疑也是非常复杂的。

节点和关系的复杂性造就了网络拓扑结构的复杂性，从而引起互联网逻辑下舆论传播生态的解构与重构。在网络科学视角下，各种新媒体平台的用户都被高度节点化，节点成为信息生产与传播的双重主体，而节点之间的关系借助于新媒体的优势被赋予平等、开放、互动等特性。与传统媒体传播方式相比，新媒体舆论场中的信息资源与传播权力结构被重新配置，一些在现实中的“非中心化”节点，借助于网络传播的便捷有可能形成网络世界中的新型舆论中心，如拥有数量庞大粉丝数的各类网络“大V”账户，其在新媒体舆论传播中往往能够起到现实中所不具备的“意见领袖”作用。因此，基于新媒体所形成的舆论传播关系网络，其拓扑结构也发生中心节点迁移、节点之间关系的线上重构等变化，展现出区别于传统媒体网络的复杂特征。

2. 新媒体舆论演化具有复杂网络特征

借助于便携式电脑、智能手机等新兴移动终端的支持，网络用户可以随时随地发布和接收信息，规模庞大的用户群构成了无处不在的信息源，自媒体比重大大增加，使得新媒体舆论的形态更加错综复杂，其传播和演化也呈现出一些新的特点。新媒体舆论场网络属于典型的复杂网络，其演化和传播也可以借助于复杂网络的传播动力学加以描述。

首先，新媒体舆论场表现出典型的非线性动力学特征，信息传播呈现裂变式传播特点。以微博、微信为代表的网络自媒体，操作便捷简单，深受各种文化层次的用户青睐，对社会群体具有强大的聚合能力。基于网络自媒体的信息流动，将原本分散、孤立的社会个体，以不同的关系组合成众多的小群体，如微信朋友圈、微博粉丝群等。数量庞大的信息源经由各种各样的小群体分享和转发，构成无以数计的传播渠道，使信息传播成几何级数对外扩散，产生裂变式的非线性传播效果。2016年春节期间，一则关于“上海姑娘嫌弃男友家年夜饭逃离江西”的帖子在网上热传，引发了一场网络大讨论，甚至连新华社、《人民日报》等官方媒体也相继发声参与。该事件起源于网络社区篱笆网一篇题为《有点想分手了……》的帖子，发帖人称不顾父母阻力来到江西农村男友家过年，看到了男友家的第一顿晚饭粗陋不堪、卫生条件堪忧，决定分手回家。该网帖发出之后立即引发了网络热议，在短短几天时间内迅速发酵，媒体和公众争论的关注点很快超越了帖子内容本身，有人关注发帖者个人修养，有人关注爱情婚姻是否应该门当户对，有人关注人口流动中的社会阶层问题，有人关注中国城乡之间仍然存在的差异，等等。但事后调查表明，帖子内容所述事件根本是子虚乌有，自称“上海女孩”的发帖者不是上海人，而是某省一位有夫之妇，她春节前压根儿没到过江西，走红网络的帖子则是其发泄情绪所为。这充分说明，新媒体时代的舆论传播速度快、覆盖范围广、信息碎片化描述和裂变式转发的特点，使得网民情绪往往被一些不经意的甚至是虚假的信息点燃，并且迅速扩张到整个网络和现实世界，给社会稳定、民众生活带来严重影响。

其次，新媒体舆论场中的节点及其关系的异质性，导致舆论形态呈现加剧分化趋势。各种类型新媒体平台的用户节点分布及其关系具有明显的异质特性。例如，微信平台用户群中，基于节点间关系的亲疏、强弱，形成一种不均匀的关系网络，而这种不均匀显然会导致信息流动和扩散的导向性，同样一种信息，在微信朋友圈内流动显然要比在整个微信群中的流动强度更大，速度也更快。而在微博舆论场中，一条信息经由网络“大V”转发之后，其流动强度和速率也会呈现急剧增长的态势。作为网络意见领袖的网络“大V”往往在舆论生成和传播的过程中起到至关重要的作用。人们熟知的大V涵盖多个职业领域，包括文体明星、教授、记者、警察、医生等。作为新媒体舆论传播网络中的重要节点，这些大V们接受和转发信息的舆论效应不容忽视。这种由节点异质性所导致的分化行为，对于新媒体舆论的引导和管控显然具有启发意义。

3. 新媒体舆论引导要依托复杂网络研究思路，实施软性的、开放式的引导

新媒体舆论传播网络是一个由海量节点以及节点之间交互而形成的开放的复杂网络系统。这种开放的复杂网络系统同时具有小世界网络和无标度网络的特征。一方面，网络中的大多数节点与其他节点之间的直接连边都很少，但互不相干的两个节点之间要取得联系又非常容易。尤其是在新媒体类型众多的情况下，两个陌生人基于网络新媒体非常容易产生信息上的交流。另一方面，网络中有少数节点与其他节点之间有非常密切的连边，如拥有众多粉丝数和好友数的网络“大V”、意见领袖、公众人物账户等，而绝大多数网络节点与其他节点的直接连边非常少，使得整个网络总体上呈现一种松散状态。这种网络结构对于一般性的阻断式攻击来说具有很好的抗毁性，管控方很难通过简单的禁网、禁言等方式完全杜绝信息在网络上的流通。但同时也应该看到，如果管控方能够深入理解网络信息传播的动力学特性，认识到少数作为集聚中心的节点在信息传播中的重要作用，则可以有

针对性地设计信息疏导策略，对其实施软性的、开放式的舆论引导，实现对新媒体舆论传播网络的有效管控。

新媒体舆论的引导要立足于其传播网络的复杂性这一事实，依托复杂网络传播设计思路，合理制定管控和引导措施。首先，要转变舆论管控观念，摒弃粗暴干涉、堵塞民意的不理智做法，加强对新媒体舆论传播的认识和引导。鉴于互联网无所不在的覆盖特性，单纯采取传统媒体传播时代的封锁消息、禁止言论发表等方式已很难实现对网络舆论的有效管控。作为舆论管控方来说，它只能积极适应新媒体舆论传播的广泛参与特性，认真研究新媒体舆论传播规律和传播的复杂性，变消极的、刚性的管理式干预为积极的、软性的参与式引导。

其次，要抓住关键节点和关键环节，增强新媒体舆论引导的针对性。针对网络舆论传播中民众参与度高、容易盲从的特点，网络舆论引导要充分发挥意见领袖的功能，注重培养专业型的意见领袖，集中力量打造特定领域的民意主导者，在保证其拥有基本道德和法律底线的基础上，重视其在特定行业的权威性，发挥其在网络中的主导影响力，使之成为网络舆论信息流的引导者和社会民众意见流的汇聚者。通过这些网络意见领袖实施对新媒体舆论场的宏观引导和控制，能够起到事半功倍的效果。

最后，要针对新媒体舆论场的开放性特点，增强舆论引导和管控的参与意识。作为舆论管控方的政府部门和官方媒体，要充分利用网络舆论传播的开放性，积极参与到新媒体舆论传播中来；要注重发挥新媒体信息传播快、受众面广的特点，加快官方媒体从纸媒向网络媒体的重心迁移。官方媒体也要通过注册公众号、搭建官网信息平台等方式，主动成为新媒体舆论传播中的重要节点，通过与网民互动积极参与舆论信息的传播和引导。同时，管理部门也要善于借助新媒体信息的透明性和公开性，积极推进政务信息公开，确保公民的知情权和监督权，从根本上减少民众对官方媒体的逆反式怀疑心理，提高官媒在社会民众中的认可度。就网民共同关注的舆论热点问题，官方媒体要及时发布有效性、权威性信息，提前监控网络舆情，随时掌握并处理网民关注的事件和议题，适时介入、主动参与，通过互动式交流提高管理部门在新媒体舆论传播中的参与度和公信力，从根本上改善新媒体舆论引导的效率。

三、复杂网络思想在新媒体舆论中的应用

以跨学科的复杂网络为理论工具，从关系论的视角考察新媒体舆论的演化与生成机制，分析新媒体舆论的关系网络与生态特征，是研究新媒体环境下舆论演化动态及其动力学机制的一种新思路。

1. 复杂网络理论对认识新媒体舆论具有重要启示

从方法论的角度来说，复杂网络理论本质上是对系统论的坚持。系统论的核心思想是系统的整体观念。任何系统都是一个有机的整体，它不是各个部分的机械组合或简单相加，系统的整体功能是各要素在孤立状态下所没有的性质。系统中各要素不是孤立地存在着，每个要素在系统中都处于一定的位置，起着特定的作用。因此，系统论关注的核心问题是复杂系统的整体性和涌现性。组成系统的个体之间通过非线性作用，可以在宏观层次上出现新的时空结构和功能。而复杂网络作为刻画系统要素之间相互作用的基本工具，可以为

构建系统模型、研究系统性质和功能提供基础性支撑。新媒体舆论场作为一种基于关系的复杂网络，其模型构建、结构和功能研究等也要坚持系统论方法，尤其是要建立新媒体舆论研究的大系统观。

首先，要坚持用整体性的大系统观审视新媒体舆论场的构成要素及其功能。互联网的普及拓展了社会个体能够接触的空间范围，使得任何一个能够使用互联网的人都可以作为信息源发布信息。因此，新媒体支撑下舆论传播的时空范围都极大地扩充了，来自不同地区、不同行业、不同阶层的社会个体可以借助新型媒体实时、便捷地交换各种信息，舆论传播的“蝴蝶效应”更加明显，这在客观上要求新媒体舆论研究把网络能够覆盖到的所有个体和群体都纳入同一个超大媒介系统中来审视。2011 年 3 月 11 日，日本东海岸发生地震造成福岛核泄漏事故，但令人始料不及的是这竟然在中国引起了一场令人咋舌的抢盐风波。从 2011 年 3 月 16 日开始，中国部分地区开始疯狂抢购食盐，许多地区的食盐在一天之内被抢光，期间更有商家趁机抬价，市场秩序一片混乱。后经警方查明，始作俑者居然是浙江省杭州市某数码市场的一位网名为“渔翁”的普通员工，他于 3 月 15 日中午在 QQ 群上发出“日本核电站爆炸对山东海域有影响，并不断地污染，请转告周边的家人朋友储备些盐、干海带，在一年内不要吃海产品”的消息。这是一起典型的由网络谣言引起的突发事件，普通个体借助 QQ 散布和传播的不实信息经由各种新媒体传播，居然可以掀起一场席卷数省的抢盐风潮。这充分说明，对新媒体舆论的研究要具备更加广阔的视野，不但要关注主流媒体、典型群体和组织等在舆论传播中的作用，同时也要关注参与到新媒体舆论系统内的普通个体和社会大众。从系统构成的角度来说，组织和个人、主流媒体和自媒体都是新媒体舆论场必不可少的组成部分，在信息获取、信息发布、信息传播等功能方面并无本质上的不同。

其次，要运用系统理论和方法研究与解释新媒体舆论的发展和演化问题。系统理论坚持的一个重要观点是系统的动态演化和自组织特性，认为一个复杂系统在一定条件下会通过组成要素之间的协同、反馈和突变作用自动地由无序走向有序、由低级有序走向高级有序。作为系统论的一个重要分支，耗散结构理论指出，一个远离平衡态的非线性开放系统通过不断与外界交换物质和能量，当系统内某个参量达到一定阈值时，通过涨落，系统可能发生突变，从而由原来的混沌无序状态转变为一种在时空上或功能上的有序状态。这种自组织有序结构被称为耗散结构。

如果把信息看作一种能量的话，新媒体舆论场也是一个具有耗散结构特征的系统，其动态演化过程具有大系统的自组织特性。这主要表现在如下几点。

第一，耗散结构理论强调系统的开放性，这样系统才能通过与外界交换物质或能量而形成有序结构。新媒体舆论场无疑也是一个开放系统。任何一个社会个体通过网络终端注册新账户，都可以随时随地加入舆论场中参与信息交换。同时，新媒体舆论场中的信息，如网络舆论动向、网民观点、网络谣言等也随时会输出到外部，进入现实世界并产生影响。因此，利用这种持续的、开放的信息交换特性，可以通过对新媒体舆论场注入特定信息而引导其从无序走向有序。

第二，耗散结构强调要远离平衡态，从无序走向有序。系统论中的平衡态指的是一种完全无序状态，系统理论对其采用“熵”的概念进行描述。当系统处于平衡态时熵量增至最大，无序程度也达到最大。新媒体舆论研究也可以借助“熵”的概念，通过定义针对某一特定事件的信息熵来描述舆论观点的有序与无序程度。信息熵越大，无序程度越高，此时舆论观点必然是五花八门，信息碎片化严重，网民参与度高而对事件真相和全貌的了解很少；信息熵降低，则信息有序程度提高，舆论观点逐渐趋同，特别是随着权威、客观信息的披露，事件真相逐步浮出水面。事实上，大多数网络舆论热点事件都会经历“网民报料（新媒体发布）—舆论发酵（碎片化信息增多，网民参与度高）—传统媒体跟进（对外界输出信息）—权威部门调查真相（信息披露）—舆论反转（观点嬗变、聚合）—舆论平息（舆论趋于一致，真相浮出水面）”这样一种从无序到有序的舆论演化过程。这体现了新媒体舆论场从有序走向无序、又从无序走向有序的演化过程。

第三，耗散结构理论强调系统内要素之间的非线性作用。系统内各要素之间具有自我放大的变化机制，一个微小的输入有可能引起系统突变和协同效应，引发系统以异乎寻常的方式自我重组，实现有序。这是形成耗散结构的必要条件。新媒体舆论场也具有类似的非线性作用特征，如网络舆论信息的裂变式传播、由极少数个体发布谣言而引发的“蝴蝶效应”，都是由于系统组成要素之间的非线性作用所致。

2. 新媒体舆论分析与复杂网络研究相一致

过去十几年来，复杂网络研究得到了飞速发展，研究内容涉及对复杂网络的测量、分析、建模、预测与控制以及网络可视化等各个方面。业界研究人员结合不同领域的实际网络，深入探讨了复杂网络的几何性质、形成机制、网络演化的统计规律、网络模型性质、结构稳定性、动力学机制等具体理论问题，形成了一些可供借鉴的研究成果。这为运用复杂网络思维研究新媒体舆论提供了理论支撑。具体而言，复杂网络研究与新媒体舆论分析在以下几方面体现出共性。

一是结合实际数据发现复杂网络特征，运用复杂网络理论解释现实网络中的现象。基于实际统计数据的复杂网络特征发现和实证化研究，一直是复杂网络研究领域的重要内容。前期研究中涵盖了社交关系网络、电力网络、病毒传播网络、科研合作网络等诸多领域，采用统计分析的方法对各领域现实抽样数据进行挖掘、分析，得出了其所具备的小世界或无标度等复杂网络特征。在新媒体舆论分析领域，这同样是一项值得深入研究的课题。当前社会是一个高度信息化的数据时代，各种可供研究的海量数据越来越丰富，基于大数据的定量化分析成为一种至关重要的研究手段。在新媒体舆论分析方面，基于各种新媒体平台而产生的用户信息和行为数据都在爆炸式增长。如何利用这样一个数据宝库来挖掘和分析新媒体舆论传播的复杂网络特征、新媒体舆论传播的网络结构以及验证其是否具有某些典型复杂网络的统计特征，这是将复杂网络与新媒体舆论研究相结合的一个着力点。

二是基于数据统计特征分析和再现复杂网络结构，设计合理的构造算法生成复杂网络模型。复杂网络研究中的两类经典网络模型，BA 网络模型和小世界网络模型的构造算法，在后续研究中被不断引用和改进。事实上，结合实证数据的统计分析特征和具体领域网络的现实特性，研究和设计复杂网络模型生成算法，是复杂网络研究中非常关键的一项工作。构造复杂网络模型是复杂网络拓扑结构可视化、网络预测与控制的前提和基础。新媒体舆论分析的一项重要内容也是发现舆论传播网络的拓扑结构，并将其以网络图的形式展示出来。在此基础上，可以借助复杂网络传播算法对其进行深入分析，发掘新媒体舆论传播网络中的社团结构、局部小群体、观点集聚中心等具有明显几何意义的关键网络节点和网络结构，为新媒体舆论分析提供定量化、理论化支撑。

三是基于网络数据进行网络演化趋势预测，提出对网络行为的控制策略。基于采集到的实际网络数据，一方面可以通过信息挖掘得出网络拓扑结构，另一方面也可以针对网络的时空发展特性，通过数据挖掘和分析对其趋势进行预测。现实中的网络大多数是随时间和空间持续变化的，结构完全固定的网络非常少见。在新媒体舆论传播网络中，个体之间的联系与交互也不是一成不变的，而是遵循一定的时空统计规律。要探寻参与新媒体舆论传播的个体之间联系遵循怎样的统计规律，则要依赖于对现有时空信息的数据挖掘和分析，在此基础上对信息传播中的个体行为进行预测和分析。此外，精准的预测使得对网络发展趋势的控制成为可能。系统预测的目的就是为了能够对其实施人工干预，或者说是控制。对于新媒体舆论传播网络来说，其可控性和控制方法研究能够为新形势下的舆论引导和管控提供有力支撑。研究新媒体舆论传播网络是否可控、网络构成要素之间能否实现自反馈控制、如何实现最小成本和最少人工干预的舆论管控等问题，显然是新媒体舆论分析研究的重要课题。

四是从网络组成要素的微观入手，研究网络系统从微观到宏观的涌现性。复杂性科学研究的核心理念之一就是深刻理解从微观基本单元到宏观系统结构和统计规律之间的涌现机制。复杂网络研究中的许多问题都与网络系统的整体涌现行为相关，如复杂网络的宏观动力学方程、网络演化数据的宏观统计规律等，都是通过海量的网络组成要素之间的联系和反馈机制而产生的。研究复杂网络的宏观行为，首先就要对其微观个体有深刻而清晰的认识。网络中的不同节点和连边在网络的动态演化过程中往往扮演不同的角色，如何有效地衡量节点、连边的重要性，以及节点和连边在网络动力学过程中的具体角色和意义，是复杂网络研究的重要问题。具体来说，要分清哪些是重要节点和重要连边，要能够针对不同的网络宏观行为和特性准确找到重要的节点和连边。对于新媒体舆论分析来说，同样也要重视从微观个体入手，通过分析个体作用以及个体之间的相互联系，研究系统的宏观行为是如何产生的。要结合新媒体舆论的宏观态势及其发展演化趋势，深入分析对舆论发展产生重要影响的少数个体和节点，在此基础上识别出舆论信息源、助推舆论发酵的重要网络意见领袖等信息，分析突发事件网络舆情是如何借助于各种新媒体账户之间的信息传播而发酵的。这种从微观到宏观的复杂网络研究思路，对于新媒体舆论分析提供了很好的方法论支持。

3. *新媒体舆论动力学分析可以借助复杂网络理论进行定量化描述*

新媒体舆论的有效引导和管控，离不开定量化分析和建模技术的支持。而复杂网络研究中相继提出的一系列传播动力学模型，对于新媒体舆论的定量化分析和描述提供了有力的支撑。新媒体舆论定量研究的基本思路是从一系列假设出发，通过数学建模来描述新媒体舆论的动态演化过程，运用数学演算、推导或计算机仿真等方法得到关于新媒体舆论发展的一般性结论。结合复杂网络的研究进展可知，借鉴传染病模型的复杂网络传播动力学SIR模型，对于定位新媒体舆论场中的节点角色、定量化描述节点之间的相互影响关系具有很好的启发意义。下面结合SIR模型在新媒体舆论分析中的应用，说明如何引入复杂网络理论和方法研究新媒体舆论分析问题。

如果把网络谣言、不良信息等看作一种能够借助于网络传播的病毒，则新媒体舆论传播的动力学行为也可以采用流行病传播模型SIR来描述。在新媒体舆论传播中，该模型的三种状态S、I、R可以分别代表“不知道消息的人群”“知道消息并有能力继续传播消息的人群”，以及“知道消息但已经失去传播能力或兴趣的人群”。

假设新媒体舆论传播网络上有 N 个节点，每个节点代表一个可传播消息的人，如果某节点得到一个消息（I 态），那么他就有兴趣把这个消息传播出去。在传播过程中，他将随机地从邻居中选取一人并将消息传给他；如果邻居不知道该消息（S 态），则该邻居得到该消息（I 态），并进行下一轮传播；如果他的邻居已经知道了这个消息，那么传播消息的人会认为该消息失去了继续传播的价值，并失去传播该消息的兴趣（R 态）。整个过程可以描述为以下关系：

$$I(i)+S(j)\rightarrow I(i)+I(j)$$
$$I(i)+I(j)\rightarrow R(i)+I(j)$$
$$I(i)+R(j)\rightarrow R(i)+R(j)$$

假设初始情况下在一个有限网络中所有的节点都处于 S 态，在某一时刻突然有一个节点得到了一个新的消息，该节点将成为 I 态。按照上面所描述的规则，则这个消息将在网络中传播，直到最终网络中没有 I 态为止，即达到了舆论传播的最终状态。

上述模型可以用微分方程描述，用于计算最终状态下的消息传递覆盖人群、消息传递速率等相关指标。SIR 模型可以应用于不同的传播网络结构，如均匀网络、无标度网络、多层网络等，得到不同网络的信息传播阈值和相变函数等，基于此研究不同的引导或管控策略下新媒体舆论场的传播动力学规律。

采用 SIR 模型对新媒体舆论进行建模和分析，是一种典型的从微观入手研究宏观现象的思维方式。要建立科学合理的 SIR 模型，使之符合实际的新媒体舆论传播行为特征，需要详细分析新媒体舆论传播中作为节点的个体、群体和组织的属性与行为。新媒体舆论场中的个体属性主要表现为个人的媒介素养有所区别。在一般性的 SIR 模型运行中，每个时间步内每个个体都要进行接收和发送信息，这与真实情况是不符的。在真实的舆论传播网络中，个体节点接收、处理和发送信息的能力与个体的媒介素养有关系，个人的生理心理因素、价值观、政治立场、社会地位等因素都可能影响其媒介素养，进而导致不同的信息接收和传播行为。要体现个体之间的这种差异化，就需要采用合理的处理方式，如对其信息接收和转发行为赋予一定的概率，对不同个体的行为进行差异化描述等。此外，在真实情况中，每个人接发信息的活动也不是同步进行的，在信息传播的时间序列上也会出现差异化，对这种差异化也要给出合理的描述方式。

采用上述 SIR 模型进行新媒体舆论研究，可以基于两个或多个舆论场网络对信息人群关系进行描述。例如，考虑民间舆论场网络和熟人舆论场网络的信息传播。民间舆论场对应于整个社交网络模型，网络中的个体可以接收到所有邻居节点的信息，同时个体自身的状态也会影响到所有个体；而熟人舆论场主要对应个体在现实生活中的实际接触网络，个体在某一时间只会受到某些个体的影响，个体的状态只会影响到周围个体。通过对上述两种舆论场传播行为进行分析，可以对比舆论的线上传播和线下传播在动力学方面的不同，更好地认识新媒体应用带来的舆论传播规律的变化。

此外，从舆论引导和管控的角度来说，可以引入免疫概率对 SIR 模型进行免疫条件改造。传统的 SIR 模型中，当 I 态节点遇见 R 态节点就会转变成 R 态，这与实际情况也是不符合的。实际情况中，并不是每一个个体接收到信息就会发生状态转变，而是会有一定比例的个体节点具有对信息的免疫特性。个体是否处于免疫状态，与信息属性、信息途径、接收到的信息次数以及个体自身素质都有关系。因此，设计新媒体舆论传播网络的免疫策略，要综合考虑个体素养、网络传播动力学特征、信息内容和传播途径等多方面要素，在此基础上基于SIR模型对其节点免疫行为进行仿真和分析，研究和验证适合新媒体舆论传播实际情况的管控和引导策略。

【延伸阅读】何凌南，赖凯声：大数据时代的网络舆情研究范式变革①

基于大数据的网络舆情研究是一个值得跨学科、跨界研究者共同关注和努力的潜力方向，未来研究可重点从研究理念、研究方法和研究情境方面入手，具体包括：

1. 创新研究理念，数据驱动与理论驱动相结合的“双驱动”

大数据不仅可为网络舆情研究提供传统实证研究意义上的数据资料基础，它还可进一步为其研究设计提供新的路径和方向。大数据丰富的数据资源以及海量文本分析等技术手段，使得直接基于海量数据分析提取有理论和现实价值的信息逐渐成为可能。基于数据驱动的大数据研究，在一定程度上挑战了传统基于假设出发的实证主义研究范式。对于网络舆情研究而言，数据驱动的研究理念意义尤为突出。网络舆情研究关注的对象涉及大规模网民群体，其心理结构及其作用机制复杂，因此传统相关研究的理论思考和小样本实证研究成果在群体层面成果相对较少、进展也相对缓慢。基于数据驱动的网络舆情大数据研究，则为直接描述、揭示群体层面的社会心态、舆情态势及其作用机制提供了新的路径。

另外，未来研究还应同时重视理论驱动的作用。目前的网络舆情大数据研究大多仍以具体实践问题为驱动，以数据汇集和监测为主要内容，因而容易遭受“问题深度不够”“结论不够稳健”等质疑和批评。缺乏理论关怀的研究，不仅容易受到结论不够稳健的质疑，还往往容易让研究者迷失在混乱的数据结果中，难以发掘问题的本质性规律。因此，理论驱动的研究理念也是未来网络舆情大数据研究突破研究深度困境的重要方向。新闻与传播学、政治学、心理学等众多学科领域积累的丰富理论资源，可为理解和探索当前互联网空间存在的错综复杂的网络舆情问题和现象提供重要的理论指导。

未来研究还应灵活处理数据驱动和理论驱动的关系，二者并非相互排斥，反而可以相互补充和促进，形成“双驱动”的良性循环。一方面，既有的理论基础可以为网络舆情研究提供新的假设，为其研究结果提供理论解释。例如，经典的议程设置理论，可为启发和指导开展新媒体时代媒体与大众的关系研究提供理论支撑。另一方面，数据驱动的视角又为丰富和拓展既有理论提供可能，从而修正或完善既有理论体系，继而又为后续研究提供理论基础。例如，基于数据驱动的微信朋友圈谣言传播路径研究，通过分析大数据涌现出来的传播规律，有望提炼基于社交媒体圈层关系网络的谣言传播新理论。

2. 灵活运用研究方法，挖掘和理解数据背后的价值

如何高效地处理海量网络舆情大数据，深入挖掘潜藏于大数据之下的信息关联与舆情规律，是未来网络舆情大数据研究在方法层面需要重点关注的问题。随着计算机科学、仿真学等相关学科的发展，大数据的分析方法也取得了较大进展。但目前这些方法还尚未广

① 何凌南，赖凯声．大数据时代的网络舆情研究范式变革[J]．现代传播（中国传媒大学学报），2017（5）．

泛地应用和推广到各学科领域和重要的网络舆情问题研究中。因此，灵活发挥各种大数据研究方法的优势，也是突破当前研究面临重监测而轻分析、事前预测乏力等困境的重要突破口。

（1）海量文本分析技术。我们现在主要积累了文本情感分析和网络舆情话题发现技术，以实现对海量文本内容的自动化分析。[①] 在文本情感分析方面，研究者基于自然语言的大数据处理技术，主要针对带有主观感情色彩的文本，对其进行相应的分析、处理、归纳和推理。目前主要有基于词典和基于机器学习这两类方法。其中，基于词典的情感分析方法将网络舆情文本分解为单个词汇，根据词典对文本中的情感词进行搜索，并为情感词标注相应的情感得分，从而计算出该文本各类情绪指数，例如“语言询问和词汇计数系统”（Linguistic Inquiry and Word Count, LIWC）、“通用询问系统”（General Inquirer, GI）等。基于机器学习的情感分析方法将情感分析作为一个分类的过程，研究者通过标注训练语料和测试语料，使用支持向量机、随机森林和神经网络等分类器进行文本情感分类。也有研究者开始将基于词典和基于机器的两种文本情感分析方法组合运用，并取得不错的效果。[②] 在网络舆情话题发现方面，现已有“潜在狄利克雷分配模型”（Latent Dirichlet Allocation, LDA）、单遍（Single-Pass）法等针对文本数据的成熟聚类算法模型。其中，LDA 将文本隐含的网络舆情主题转化为词汇的概率分布，将单个文本表示为这些隐含主题的概率分布，从而将文本投射到相应的主题空间内，该方法在进行大规模数据处理时的空间降维方面具有明显优势；Single-Pass 聚类算法采用增量聚类的方式，通过计算文本与种子话题内的报道相似度，进而迭代生成新的种子话题，并以此来对网络舆情文本进行主题聚类。

由于文本分析方面的技术相对较为成熟，目前大数据网络舆情的研究对象主要以文本内容为主。但随着计算机科学针对语音识别和图像数据识别分析技术的快速发展，图像与音频自动化分析技术在未来的网络舆情研究中也将发挥越来越重要的作用，为网络舆情大数据研究构建更立体、全面的舆情信息分析系统。

（2）数据可视化技术。作为分析方法的可视化技术，在网络舆情大数据分析中也具有巨大潜力。可视化技术不仅仅是对结果进行展示的一种简单方式，更是人们基于可视化结果总结规律、发现问题和解决问题的重要途径。可视化技术借助易于理解的图形、图像将网络舆情大数据中的核心内容以及网络舆情主体间的社会关系结构进行可视化呈现，从而揭示网络舆情的分布、发展和演化规律，实现化繁为简的研究效果。常见的大数据可视化分析技术主要包括基于关键词的网络舆情文本内容可视化、时序性网络舆情文本信息可视化等。[③]

（3）仿真模拟技术。由于网络舆情的瞬时性与多变性，有研究者将计算机建模与仿真技术引入网络舆情演化机制研究中，即利用计算机技术来模拟网络舆情系统整体环境，并对网络舆情演化机理进行仿真预测。基于多智能体仿真技术的舆情动力学研究旨在考察舆情的形成机制，以及探索人们意见改变等演化规律。网络舆情的形成与演化是一个典型

---

① 朱廷劭，汪静莹，赵楠，等．论大数据时代的心理学研究变革 [J]. 新疆师范大学学报（哲学社会科学版），2015,(4).

② Golder SA, Macy MW. Diurnal and seasonal mood vary with work, sleep, and day length across diverse cultures[J]. Science, 2011, 333(6051).

③ 张伟．可视化分析技术在网络舆情研究中的应用 [J]. 现代情报，2016(11).

的复杂适应性系统，不仅受到个体性格、历史经验等自身特征的影响，还受到媒体、人际交往等外部因素的影响。因此，网络舆情传播机制问题是典型的涉及多智能体系统的问题。基于多智能体系统的舆情仿真技术对于探索宏观群体层面的网络舆情演化规律以及应对策略，增强事前预测能力提供了重要的研究途径。

3. 回归中国情境，紧扣中国网络舆情生态

未来研究要深入理解中国网络舆情规律，还需紧扣中国网络舆情生态这一基本情境。而要真正把握好中国网络舆情生态，既需要政治学、社会学、传播学领域研究者提供关于中国社会在政治、经济、社会和文化等方面的宏观分析，也需要心理学等领域的研究者提供关于个体在心理与行为层面的微观分析。同时，这还需要计算机科学、复杂网络科学、仿真学等领域的研究者提供能够打通宏观和微观分析水平的数据和技术支持。值得注意的是，紧扣中国网络舆情生态，不仅对致力于理解中国特殊国情、文化和社会结构的政治学、社会学、心理学等社会科学提出了本土化的理论和实践要求，也同样对计算机科学等自然科学提出了一定的挑战。例如，由于文字和语法的特殊性，中文的自动化分词、语义分析问题，一直是中文文本分析和自然语言处理研究领域的一大难题和挑战。当然，它也是计算机科学相关领域研究者和语言学、心理学等研究者开展深入合作的潜力空间。因此，紧扣中国网络舆情生态，不仅是未来研究开展跨学科合作的基本出发点，更是中国网络舆情规律研究和网络舆情治理实践的客观需要。

问题十一
重大舆情的应对经验、不足与改进策略*

张志安　曹　洵　章　震

近年来，重大舆情事件时有发生（见表 11-1）。这些舆情事件主要触及以下问题：高官违纪中的政治信任问题、重大项目实施中的基层治理问题、城市灾难事故中的公共安全问题、中产阶层的社会心态问题以及跨境政治中的社会思潮问题等。不难发现，这些问题深刻影响着国家安全和社会稳定，并对舆情治理的理念、方式提出挑战。因此，有必要总结十八大以来重大突发事件舆情应对的成功经验和不足，分析舆情生成和演变规律，尽早研判舆情风险点，进而提升今后舆论引导工作的科学性和实效性。

表 11-1　近年来部分重大舆情事件及其类型

年度	重大舆情事件	事件类型
2012 年	王立军薄熙来案	政治权力和意识形态
	广东“乌坎事件”	地方治理和基层民主
	多地非法集资案	经济安全和社会稳定
	四川什邡市钼铜项目	重大项目与基层治理
	江苏启东市造纸厂排污项目	重大项目与基层治理
	浙江宁波 PX 项目	重大项目与基层治理
2013 年	南方周末事件	言论自由与舆论管制
	薄熙来案	高官违纪与政治信任
	厦门公交大火	个体抗争与社会稳定
2014 年	昆明火车站暴恐事件	恐怖袭击和民族分裂
	台湾学生攻击立法会	政治认同和意识形态
	香港学生占领中环	政治认同与意识形态
	周永康案	高官违纪与政治信任

* 本文收录于《互联网与国家治理发展报告 (2018)》（社会科学文献出版社），原文标题《十八大以来重大舆情应对经验、不足与提升路径》。曹洵为苏州大学传媒学院副教授，章震为中山大学传播与设计学院政治传播专业博士生。

续表

年度	重大舆情事件	事件类型
2015 年	天津港爆炸事件	重大事故与公共安全
	“东方之星”沉船事件	重大事故与公共安全
	上海踩踏事故	重大事故与公共安全
	令计划落马	高官违纪与政治信任
	《穹顶之下》引发热议	环境安全与政治信任
2016 年	人大硕士雷洋事件	公共安全与社会心态
	百度魏则西事件	公共安全与社会心态
	和颐酒店女子遭袭事件	公共安全与社会心态
	A 股熔断机制实施后暂停	公共安全与经济秩序
	帝吧表情包大战	跨境政治与意识形态
	连云港反核群体性事件	重大项目与基层治理
2017 年	山东于欢案	非法集资与公共安全
	郭文贵海外报料造谣	政治信任与意识形态
	邓相超言论争议事件	社会思潮与意识形态

一、十八大以来重大舆情应对的成功经验

十八大以来，各级政府、相关机构在应对和处理各种突发事件、舆情热点的过程中积累了一些成功经验，这主要得益于两个因素：一是政府新闻发布、信息公开等相关制度的完善和实施，为中央和地方政府在应对重大突发舆情事件中“及时讲真话”提供了制度保障；二是政府通过大力建设政务微博、政务微信、政务微头条等新媒体传播平台，提高了舆情应对处置过程中快速发布、高效覆盖的传播力和影响力。具体来说，成功经验主要体现在下述四个方面：

1. 实施新闻发布制度，有效平衡信息公开和有序管控的关系

当前，网络舆情回应已经得到各级政府的高度重视，主动披露事实、及时澄清谣言逐渐成为危机事件处理的常规化手段，舆情回应的信息公开制度从中央到地方逐步落实。从信息发布的速度来看，政府新闻发布更加快速有效，并充分利用多种新媒体平台发布权威信息。如 2014 年在云南昆明发生的火车站暴力恐怖案中[①]，当地政府部门及时公布受害者名单，对案件原因和后续处置事宜进行新闻发布，有效缓解了此次暴恐事件中民众的恐慌情绪，起到了维护社会稳定的作用。同时，政府部门坚持信息公开和有序管控并重，既避免负面舆情过度扩散，又通过新闻发布来减少公众疑虑。如 2013 年厦门公交起火案发生时，政府部门对海外媒体采访准入进行适当限制，防止国际舆论对事件进行随意解读，同时，通过新闻发布和主流媒体报道，及时回应社会关切。

① 袁媛 . 突发事件政府新媒体信息传播路径分析——以 3・1 昆明火车站暴力恐怖案为例 [J]. 新闻研究导刊 ,2016(7).

2. 突发事件舆情处置过程中，逐步建立“标本兼治”的工作目标

近年来，在突发事件舆情处置过程中，越来越多的政府部门能够站在全局视野，统筹处理突发事件本身和舆情事件处置两个层面的问题，注重通过应急措施、改善政策、解决路径等方式，来追求“标本兼治”的效果。如 2015 年深圳发生山体滑坡安全事故，政府首先出动世界最先进的雷达生命探测仪搜救遇害人员，展现了政府救援的决心和诚意。[①] 其次动态发布伤亡人数、事故原因、抢救进展、后续补偿等重要信息，回应质疑和关切。最后根据调查组的反馈，对同类隐患进行科学评估和整改，深入解决事件背后的深层次问题。

3. 善于运用微博、微信、微头条等新媒体平台发布信息和舆论引导

目前，已有数十万个各级政府部门积极入驻微博、微信等社交媒体平台，通过政务新媒体的运营，服务于舆情研判和新闻发布。据统计，在政府响应的 400 起社会舆情事件中，借助政务新媒体作为信息回应渠道的占 41%，[②] 成为舆情响应与信息互动的主要阵地。如 2016 年 7 月北京出现特大暴雨，政府部门利用多种移动平台和新媒体及时、滚动发布实时路况和交通信息，形成公共信息的传播矩阵，有利于阻击谣言、稳定人心。在诸如薄熙来案、刘铁男案等一些高层反腐案件的审理过程中，政法部门通过微博直播的方式，滚动发布案情审判结果，一方面实践了信息发布的及时有效、公开透明，另一方面也实现了以我为主、自主发布的有效掌控。

4. 对国内舆论场和国际舆论场进行必要分割，尽量避免外部风险倒灌

随着中国的快速发展和崛起，国际舆论场对中国崛起过程中的人权、自由、民主和政治等问题关注度很高，在“香港占中”“帝吧出征”等舆情事件中也可以看出，跨境政治和舆论场的互动日益突出。一些海外媒体习惯于借人权问题、新闻自由问题、城乡建设和拆迁等地方治理问题来批评中国体制和政治生态，通过国际舆论场来给国内舆论场施压并继而进行意识形态的互联网渗透。面对这种挑战，有关政府部门通过主动安排采访、限制外媒炒作、加强“防火墙”、限制 VPN 访问技术等措施，针对重大敏感突发事件对国内舆论场和国际舆论场进行必要分割，避免了外部意识形态倒灌和意识形态安全风险。如 2013 年“乌坎事件”中，政府部门通过管制境外媒体采访，避免了相关事件的国际舆情扩散；在 2016 年“东方之星”沉船等重大事件中，又主动安排外国媒体记者乘船实地勘察事故现场，以便于他们发出相对真实的声音，避免流言在国际舆论场的传播。

二、重大舆情应对工作存在的问题与不足

纵观近年来重大舆情的应对表现，以下问题仍比较突出，尚未从根本上得到解决。

1. 重大突发事件的新闻发布的责任主体不够明确，协同机制有待加强

在一些重大突发事件中，政府新闻发布的责任主体不够明确，党政一把手担当意识不够，面对媒体和公众的质疑和提问，一些政府部门还存在相互推诿的现象，由此，不仅无

---

① 深圳山体滑坡：事故现场的救援官兵 [EB/OL].(2015-12-04)[2017-05-27].http://pic.people.com.cn/n1/2015/1224/c1016-27969318.html.

② 刘鹏飞 . 从近年案例看舆情引导规律 [J]. 新闻与写作 ,2017(3).

法实现突发事件的舆情引导，还严重影响了政府公信力和声誉。如2015年天津港爆炸案发生初期的新闻发布，地方党政一把手迟迟不露面，参加发布会的官员习惯于回避关键问题，延误了信息公开和舆论引导的最佳时机，还产生了“次生舆情”[①]，造成了负面的社会影响。2017年丽江发生伤客事件，政府部门的信息通报缺乏说服力，加上丽江法官在网上发表不当言行，与网民对骂，也引起部分网民的反感。

2. 一些重大突发事件发生后，涉事部门仍存在“封堵删”的惯性思维

一些政府部门在应对重大突发事件舆情时，仍然采取简单粗暴的“封堵删”管理方式，由此激起网民愤怒情绪和反感，非但不利于舆情风险的化解，反而增加了舆情治理的难度。比如2016年雷洋事件发生后，当地警方通过电视采访所发布的信息，与事实真相有所出入；2017年韶关新丰托养中心自闭症少年死亡事件发生后，地方政府初期发布的信息经媒体调查后也存在失实之处；2017年红黄蓝幼儿园涉虐童事件发生后，大量报料帖被删除，“封堵删”的做法也引起诸多不必要的猜测。总体上，重大突发事件的舆情处置应坚持“宜疏不宜堵”的原则，避免因事实不清、真相缺失而激发非理性的网络舆论。

3. 针对重大项目的实施和评估，缺乏足够的舆情风险意识

近年来，以核电、PX项目、垃圾焚烧厂等为代表的重大项目实施往往面临社会公众的反抗风险，主要问题在于部分政府部门、企业没有做充分的公共沟通，不顾当地群众感受仓促上马项目，重大项目论证实施过程中缺乏足够的舆情风险评估意识，由此引发当地群众的强烈抵制以及“邻避效应”的产生。比如2012年发生的四川什邡市钼铜项目、江苏启东市造纸厂排污项目、浙江宁波PX项目等多起事件，教训都很深刻。重大项目往往涉及群众的安全、健康等切身利益问题，如果不对群众的担忧和疑虑进行有效的答疑解惑，急于推进项目上马，最终结果往往适得其反，在引发重大舆情事件后需要投入更多的成本和精力去做沟通。

4. 地方党政一把手的舆论引导意识和公共沟通能力需要持续提升

如今中央政府层面的新闻发布逐渐走向常态化，但一些地方政府的新闻发布工作还较为落后，部分地方政府党政一把手的舆论引导意识和公共沟通能力还有待提升。地方党政一把手应敢于进行新闻发布，鼓励主要领导走上前台参与新闻发布，同时要给新闻发言人一定的自主空间，宽容他们可能出现的失误，允许事后纠错，让他们能够更加从容、自信地面对媒体和公众，从而发挥新闻发布披露真相、答疑解惑，澄清谬误、化解矛盾的作用。[②]尤其是发生负面重大舆情事件后，相关新闻发布不宜太过突出领导重视、上级批示等信息，而要突出伤亡情况、应急措施等公众关切的信息，避免因主次颠倒、正面表扬式新闻发布引起公众反感和舆论批评。这方面决策和把关的关键，在于地方政党一把手的责任担当意识和舆论引导水平。

三、未来一段时间重大舆情的风险点研判

结合近年来国内外形势，特别是国内社会矛盾的主要焦点，我们认为，未来一段时间

---

① 刘勇，王雅琪．公共危机中“次生舆情”的生成与演化——基于对“8·12天津港爆炸事故”的考察[J]．国际新闻界，2017(9).

② 张志安，周嘉琳．谁来说、说什么、怎么说——新闻发布的制约因素及其保障机制[J]．新闻与写作，2017(1).

内重大舆情风险主要存在于以下方面：

1. “塔西佗”陷阱的长期存在，对政府公信力和舆论引导力的影响仍不可小觑

政府在重大舆情应对中面临的“塔西佗”陷阱尚未从根本上被解决。在一些事件的舆情处置过程中，不同地方、不同层级的政府部门出现“双重标准”“地方规矩”，由此透支社会公信力；又如，近年来社交媒体出现各种新闻反转的闹剧，谣言四起、真相缺席，进一步加剧了公众对相关政府机构的不信任心理。此外，一些地方政府针对正面议题的宣传引导往往因过于正面而存在说服力不够、可信度欠缺的问题，而在应对负面议题时又习惯性采取信息控制手段，导致舆论场中本应存在的公平、理性、开放探讨缺乏足够的条件保障。因而，涉及政府公信力的议题，特别是官员腐败、权力滥用等方面的事件仍是舆情高发的敏感区。

2. 重大突发事件因处置不当、公开不力，易引发舆情扩散的“蝴蝶效应”

一些地方性的突发事件因处置不当，小道消息泛滥，谣言盖过真相，小事件演变成大问题，事件本身从社会管理问题质变为地方政府执政水平问题，产生影响范围扩大、舆情烈度升级的“蝴蝶效应”。如四川泸州中学生坠亡事件、云南丽江旅游宰客伤客事件、湖南宁乡垃圾焚烧项目等，地方政府在舆情应对过程中处置不当，信息公开不充分、不及时，导致负面社会影响，有损政府形象。可见，基层政府部门在舆情的研判、统筹与执行能力等方面参差不齐，也存在引发次生舆情的风险。

3. 社会议题的泛政治化解读，容易催生网络舆情乃至意识领域的风险

各类社会议题发酵和形成舆情的过程中，泛政治化解读和针对体制的批判倾向依然存在。一些本来属于民生与公共管理领域的议题，在舆论发酵过程中泛政治化，进而转向对政府和制度的批评。如借教育、医疗、环境、人口政策等话题，抨击改革“资本化”“精英化”“权贵化”①，否定以往政策，甚至攻击社会主义制度，质疑党的领导。

以娱乐化、戏谑、反讽等方式进行的网络表达和话语抗争，将伴随亚文化现象不时发生，存在消解主流意识形态的潜在风险。因此，针对重大突发事件的舆情引导，要避免网民进行泛政治化的解读和批判。

4. 主流媒体影响力整体下降，针对重大舆情进行引导的有效载体和话语能力不足

除了少数中央媒体外，大部分地方传统媒体面临广告下滑、阅读量流失、传播渠道边缘化的困境和挑战，宣传话语体系相对陈旧，媒体产品的形态创新思维滞后，由此，对地方舆情特别是突发性事件的议程设置能力和舆论引导力下降，难以充分满足当下舆论工作的需要。尤其是针对重大突发事件的舆情引导，往往需要专业的分析、理性的阐释和充分的对话，单纯沿袭过去正面宣传报道的手法和方式，可能会起到适得其反的效果。

5. 网络社会思潮的多元化和碎片化，导致主流意识形态整合的难度加大

当前，不同社会阶层和群体的利益进一步分化，网络舆论呈现出分层特征，各种职业群体如警察、医生、媒体人、律师、干部、学者、公益人士等经常“抱团”，诉求各自利益。这使得各种社会思潮都有其群众基础和代表性声音，以主流意识形态统合舆论的难度不小。

值得一提的是，港澳台跨境政治风险的外部渗透和意识形态倒灌风险依旧存在，比

① 祝华新，潘宇峰，陈晓冉 .2016 年中国互联网舆情分析报告 [R]// 李培林 . 社会蓝皮书：2018 年中国社会形势分析与预测 . 北京：社会科学文献出版社 ,2017:243.

如2014年发生的台湾学生攻击“立法会”、香港学生“占领中环”等事件。因“港独”议题、“台湾民主”等议题引发的内地青年网民与港澳台青年网民之间的冲突，以及相伴随的跨境“帝吧出征”等网络集体行动，既容易进一步加剧网络意识形态的分化，也容易带来外部意识形态的倒灌。

6. 公检法司违规违纪、网络金融安全等领域，是重大突发舆情的高风险区

近年来，长期存在的劳资纠纷、征地拆迁与群体维权等矛盾焦点引发的热点舆情呈现回落态势，比如2012年的多地非法集资、2016年的A股熔断机制实施后暂停等。而涉及公检法司等部门的腐败、违规执法等事件容易形成舆情引爆点，因为这类事件关乎生命财产安全与尊严，触及社会公平正义的底线。同时，由于经济面临的巨大压力以及区域间经济发展的不平衡，我国在去产能行业的人员安置、人民币贬值与普通公众的财富安全感等方面出现新的挑战，[①]可能引发群体利益受损或社会动荡，在非法集资、网络金融、网络信贷等相关议题引发的舆情，均有上升趋势，这方面的舆情风险值得高度关注和警惕。

四、增强防范及化解重大舆情风险能力的对策建议

针对上述舆情风险点，针对如何防范和化解重大舆情风险，我们尝试提出以下对策建议。

1. 完善重大突发事件舆情分级、应对和新闻发布制度

目前，以伤亡人数判定重大突发事件舆情级别的标准不完全适应网络舆情发展特征，因此，建议要根据事件性质、涉及部门、影响范围等指标设置舆情反应等级标准，以便有针对性、快速高效地进行舆情处置。同时，重大舆情事件的新闻发布工作，需要更加严格遵循“谁主管谁负责”的原则，特别要强调新闻发布的第一责任主体是涉事政府部门，而非宣传管理部门。[②]此外,重大突发事件中的新闻发布还需要中央政府和地方政府密切配合，强化新闻发布的协同机制，形成一致意见，向社会权威发声。

2. 强化和提升各级领导部门和主管部门的“舆情风险意识”

互联网上舆论事件此消彼长，很多话题不断循环往复，有些话题尽管看起来不算特别敏感，但一旦被政治化解读和无限放大，其意识形态风险性仍然很大，不能小觑。因此，相关部门需要针对不同类型话题的舆情演化规律进行深度、持续研究，对舆论场上的话题和事件进行必要的舆情风险评估，对那些“易燃易爆”的话题设置风险类型排行，逐步建立重大事件的舆情案例库和事件库，提前做好应对预案。

3. 进一步做好重大舆情事件背后的社会心态解读和研判

网络社会心态既是整体社会心态的构成和表征，也是某种特定社会心态的放大和反应。我们应透过网络热点事件，从长远、深层次的角度观察并培育健康的社会心态。据《社会心态蓝皮书：中国社会心态研究报告（2017）》显示，中国人的幸福感、安全感总体处于中等水平；中上阶层的安全感、国家认同最高，自认为下层的各项指标

① 李培林 . 社会蓝皮书：2018年中国社会形势分析与预测 [M]. 北京：社会科学文献出版社 ,2017:243.

② 张志安 , 周嘉琳 . 谁来说、说什么、怎么说——新闻发布的制约因素及其保障机制 [J]. 新闻与写作 ,2017(1).

均最低。[①] 其中，公众对“安全感”排序从高到低分别是：财产安全、人身安全、劳动安全、医疗安全、交通安全、环境安全、信息安全、食品安全。同时，食品安全、信息安全、环境安全的深度焦虑，在线上和线下空间中都同等明显地表现出来，而财产安全、人身安全的焦虑情绪在网络空间中的体现更加集中甚至会被过度渲染。[②] 因此，相关议题的重大舆情应对既需要把握好新闻发布、舆论引导的分寸感，更要立足长期的社会心态调适、建立有效的沟通机制。

4. 重视中层网民诉求，发挥其融通上层和下层群体社会心态的主体作用

中层网民是中国最稳定的凝聚社会共识的主力结构，正在成为今天网民结构中的主流阶层。2016 年以“人大硕士雷洋案”为代表，一线城市居民和中等收入阶层在一些突发事件和股市、住房、教育、个税等热点问题上表现出焦虑不安情绪，对于社会走向产生观望心态。c 所以，国家要真正培育积极的网络社会心态，应更加重现中层群体对法治、财产安全、言论自由等问题的合理诉求，让中层网民成为连接上层和下层、连接网上和网下、凝聚社会共识、培育理性积极的网络心态的主力军。主流媒体要牢牢抓住中层群体的议题关注兴趣，通过理性、专业的报道来强化这个群体对社会的正确认知和平和心态。d

5. 警惕和防止正面宣传庸俗化与“高级黑”制造的负面舆情

一些地方政府为了宣传主流意识形态，做出一些流于形式主义的宣传，如江西“新婚之夜抄党章”、沈阳街头设置“跟党说心里话”留声亭，极易被部分网民拿来进行反讽、嘲笑，形成“高级黑”效应，从而对主流意识形态产生负面影响。这些现象提醒宣传管理者和新闻工作者，要注意把握正面宣传与社会情绪释放之间的平衡，避免政治宣传庸俗化，防止过分的正面宣传或“高级黑”效应对舆论引导带来不利影响。

6. 防谣辟谣仍是网络舆情应对中的重要工作和严峻挑战

《科学》杂志最新研究成果说明，假新闻的传播速度、深度和广度都远超过真实的新闻，其中时政类谣言更是最容易传播的谣言类型。[⑤] 而网络谣言的主要滋生地和传播平台是微博、微信、论坛等社交媒体平台，为此，应在社会舆情应对中将信息权威发布和辟谣放到重要位置。近年来舆情传播规律显示，谣言主要高发于人身健康与财产安全、信息安全、食品药品安全、公共卫生疫情、生态环保、政策走向等涉及公众切身安全领域。[⑥] 其背后是新媒体把关和平台监管责任缺失，而依法治网又将真正步入推进发展的“快车道”。因而，第一时间发布权威真实信息，搭建辟谣平台、实施专业科普、及时辟谣与公开监控视频，成为应对谣言最常用的方式方法。[⑦]

7. 发挥“意见领袖”和自媒体联盟舆论引导的协同效应

针对不同领域、不同行业常见突发的重大舆情事件，有关部门可牵头培育不同领域

---

① 王俊秀 . 社会心态蓝皮书 : 中国社会心态研究报告 (2017)[M]. 北京 : 社会科学文献出版社 ,2017:1–16.

② 张志安 . 大数据中的网民心态与媒体舆论引导 [J]. 新闻战线 ,2018(2).

③ 祝华新，潘宇峰，陈晓冉 .2016 年中国互联网舆情分析报告 [R]// 李培林 . 社会蓝皮书：2018 年中国社会形势分析与预测 . 北京：社会科学文献出版社 ,2017:243..

④ 张志安 . 大数据中的网民心态与媒体舆论引导 [J]. 新闻战线 ,2018(2).

⑤ VOSOUGHI S, ROY D, ARAL S. The spread of true and false news online[J] . Science, 2018(359).

⑥ 刘鹏飞 . 从近年案例看舆情引导规律 [J]. 新闻与写作 ,2017(3).

⑦ 刘鹏飞 . 从近年案例看舆情引导规律 [J]. 新闻与写作 ,2017(3).

和行业具有影响力的网络意见领袖，形成“联盟化”运作机制，有效团结各类型、各区域的自媒体集体发声、相互呼应，更好地发挥正面舆论引导的协同效应。比如，国家卫计委成立的医疗自媒体联盟，规模达到数千家，包括各地医院、医生和医疗行业的大V，通过微信群讨论、联盟“军规”和专题论坛等形式，面向突发事件发挥舆论引导的正面作用。

8. 积极运用网络传播大数据，健全重大突发事件意识形态风险评估体系

借助计算机和信息科学技术手段，综合运用网络数据，对引发热点舆情的地区、人群分布等特征进行动态跟踪，对不同网络社群关系和互动机制进行观察，分析不同网络社群的互动和演变规律。在此基础上，建立基于大数据挖掘与仿真模拟技术的网络舆情风险与社会心态监测系统，从而实现对网络意识形态风险的研判和预警。这方面，上海交通大学、中山大学、暨南大学等高校已形成了一定的基础数据库和研究成果，可委托相关高校牵头，联合全国各地的数据、人力和学术资源，建立“重大突发事件意识形态工作学术联盟”。

【延伸阅读】李彪：当前中国社会舆情的新特点与新变化[①]

纵观近年来的综合演变过程，中国社会舆情可以概括出以下几个新特点和新变化。

1. 舆论生成模式：爆米花模式成为主流爆发形式

舆论的生成模式主要分为五种：爆米花模式、风吹浪起模式、飘雪模式、瀑布模式和沉默的螺旋模式。[②] 随着自媒体的“遍地开花”，信息传播呈现出秒传播的趋势，舆情生成也不再是由多级主体参与的缓慢形成过程，爆米花模式成为主流模式，并且呈现出一定的规律性，从全天24小时来看，22时成为社会热点事件的集中刷屏阶段。

据中国人民大学新闻与社会发展研究中心发布的《中国网民的信息生产及情感价值结构演变报告》[③]，社会舆情事件的集中爆发阶段在晚间的21—23时，社会热点事件传播的活跃度几乎是白天的一倍，尤其是晚间22时睡前阶段，是网民全天打字最活跃的时刻。这是人们一天紧张工作后相对清闲的时间，是自媒体账号信息生产最为频繁的时间，也是社会舆情热点事件发酵和传播最重要的时间。图11-1是雷洋事件发生后的第二天，微博上相关雷洋事件的话题讨论帖子的24小时分布图，可以看出，该事件集中爆发点为22—23时，即睡前两个小时，这是UGC信息生产最高峰的时段，也是舆情事件发展的关键时期。这是近年来自媒体账号强势崛起之后社会舆情的爆发点变化的重要特征，相较于以往19—20时的舆情爆发阶段具有了显著后移的变化，这是自媒体时代社会舆情时间分布的重要特征之一。

---

① 李彪. 社会舆情生态的新特点及网络社会治理对策研究[J]. 新闻记者，2017（6）.

② 刘建明，纪忠慧，王莉丽. 舆论学概论[M]. 北京：中国传媒大学出版社，2009:64-67.

③ 张艳玲. 中国网民日均打字350亿“亲爱的”系最常用网络称谓［EB/OL］.(2016-11-19)[2017-05-27]. http://news.china.com.cn/txt/2016-11/19/content_39742847.htm.

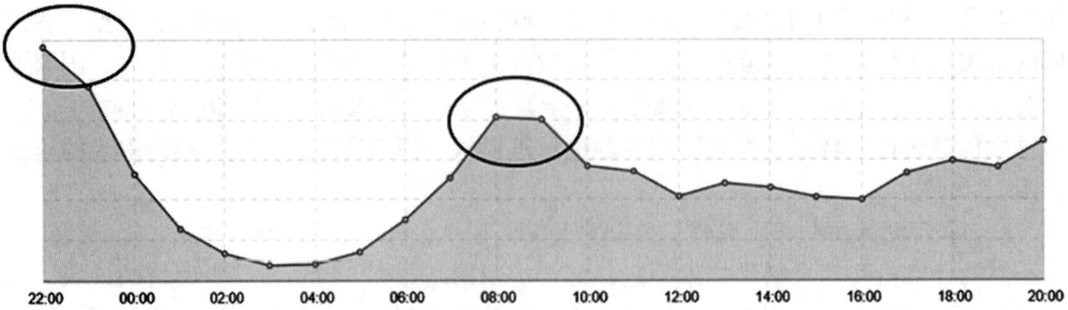

图 11-1 雷洋事件的话题讨论帖子的 24 小时分布图

2. 舆情生态：更加复杂多变，不同意见竞争更加激烈

新媒体平台不再仅仅是“两微一端（微博、微信和客户端）”，随着新技术的不断发展，知乎、网络电台、AB 站弹幕、网络直播、网络字幕组、笔记类分享应用（如印象笔记等）等已然兴起，并且在公共事务中开始起着重要的源头作用。如雷洋事件最早就是出现在知乎社区，进而传播到人大校友微信朋友圈引爆整个社会话语舆论场的，这种“新技术平台报料—微信刷屏—微博跟进—传统媒体报道—新闻门户客户端打通最后一公里”的接力传播模式已成为近年来网络热点事件传播的主要模式：以知乎为代表的新型技术平台作为信息源头；微信则是自媒体人观点齐发的话题酝酿和讨论的地方；微博则扮演信息二传手，最终形成社会话题的“平台联动”和“情绪共鸣”；传统媒体则将事件进行“仪式化”报道……这使得网络舆论生态更加复杂多变，并且这些新技术平台是目前公开舆情监测所兼顾不到的，传统的舆情监测与预警往往很难抓取到新技术平台的封闭数据，造成危机舆情只能被动应对。

3. 关注领域：公私领域界限越来越模糊

私人领域叠加在公共领域之上，公共领域愈来愈呈现出私人属性。网络围观是中国人使用互联网后经常采用的行为模式，网络流行语“地命海心”就是形容中国网民更多的心思用在社会公共事件的关注中。但随着自媒体平台的崛起，民众对社会公共议题的总体关注度在下降，越来越关注自己的生活和境况，社会情绪的表达也从公共事件拓展到伦理、社会信任、社会审美等领域，私人领域议题越来越公共领域化，购物、娱乐等以往事关私人的事情越来被放在公共话语场讨论。如王宝强事件中，大家在关注娱乐事件本身的同时，也有上升到爱情、阶层、家庭伦理等角度的讨论。在讨论中并非简单地以事实说话，情感表达与宣泄在公共传播中越来越重要，也越来越具有私人属性。

近年来私人领域与主观世界的表达越来越多，公共领域与私人事务之间的界限越来模糊，这使得公共舆论表达并非理性，很多会呈现出社群之间的价值预设与刻板印象。因此，这很容易造成以下两个现象：一是在很多公共事件发生后，当事人和家属并不在第一线，往往是以年轻人为主的中产阶层结成表达行动共同体。现代化社会不仅仅需要物质世界的丰富，更需要社会不同群体之间的情感、伦理等领域的价值认同和情感共鸣；二是翻转舆情层出不穷，无论是“上海女逃离江西农村”事件中的农村与城市人，还是安徽“肾离奇失踪”事件中的患者与医生，都凸显了社群之间的价值预设和群体刻板认知。

4. 网络社群："抱团"极化趋势加剧

线下与线上社群的"抱团"极化现象使得公众从简单的"社会表达者"升级为复杂的"社会行动者"。新技术平台的不断细分化，使得基于社交媒体与人际关系形成的社会话语舆论场中，各社群对社会公共议题的探讨有"抱团"趋势，观点以"赞同性反馈"为主，容易造成观点极化。某些观点固化形成社会群内普遍共识时，易形成"社会认同"效应，难以被打破，加上线上线下的互动、共振和极化，极易从线上衍生到线下，公众从简单的社会表达者很容易升级为复杂的社会行动者。如在雷洋事件中，以校友群体为代表的中产群体共同发布联合声明，甚至为雷洋事件提出司法路线图；在连云港核废料处理事件中，虚拟社群通过微信群、QQ 群等形成"弱势群体心理"共识，很容易转化为线下真实社会的行动者。未来这种基于血缘、业缘和趣缘等而结成的熟人网络、陌生人网络会进一步加大"抱团取暖"的社群极化现象，当线上社群感觉自己群体、阶层的利益受损时，它会下意识地产生应激反应，演变成积极的社会行动者和参与者。因此，未来要充分实现官民对话，重大公共决策需要民众的真正参与和体验，进而实现整个社会范围内"价值共创"的可能性[①]，因为无论网络社会还是现实社会都需要"程序合法性"。

5. 社会关系："社群的茧房化"效应凸显

"50 后""60 后""70 后""80 后""90 后"甚至也有"00 后"的加入，虚拟社会空间已经被割裂成了"世代"人的代名词，成为"小众"的 势力范围。还有的以血缘、地缘、学缘、业缘与趣缘等形成的网络社群，个人在群际之间、代际之间以自己和社群为中心划圆，相互戒备甚至有时相互敌视，形成一个个断裂的社会族群。这些断裂的社会族群之间是"不通约"的，"你唱你的，我说我的"，彼此没有共同的话语体系，不是互相倾诉和对话，而是戴着面具隔空喊话、互相质疑、互相辱骂乃至相互怨恨，进一步增加了社群的刻板印象和众声喧哗，各种"键盘侠""地域炮""爱国贼"横行，虚拟社会关系出现了进一步紧张化的趋势。

6. 参与主体：资本力量介入，网络"民粹化"表达加重

网络"大 V"退场、资本力量直接介入社会舆论表达场使得社会舆论表达更加"民粹化"。近年来在很多公共事件中都可以看到资本的身影，无论是网络约车政策出台时滴滴打车等网络平台在背后"煽风点火"，还是在雾霾事件中个别资本力量介入炒作。这与西方社会中资本力量的表现形式完全不同——西方资本力量通过在公共话语表达领域寻找代理人的方式隐匿在背后，而中国的资本力量则直接赤膊上阵，冲在第一线，为本来已经波谲云诡的舆论生态增加了更多的不确定性。

7. 社会情绪：中产阶层"弱势认同心理"蔓延

互联网的标签化表达使得"弱势认同心理"蔓延到更广群体，社会中产群体的焦虑感、不安全感集中释放。如家事件中的"旁观人群冷漠""警方不作为""单身女性"等标签、广东"杀医"案的"陈主任""患者家属"、魏则西事件中的"电子科大高才生""无限前途"、雷洋事件中的"人大硕士""环境专家""中产阶级""初为人父"等都被过度"标签化"和"归类化"，成为网络舆论中的"兴奋点"，瞬间引发群体刻

---

① 刘康 . 对话的喧声：巴赫金的文化转型理论 [M]. 北京 : 中国人民大学出版社 ,1995:59–60.

板印象，使得“弱势认同心理”蔓延，刺激网络热度。“弱势认同心理”使得以往被认为社会中产阶层的人群容易产生“推己及人”的同理心，身份代入感强，很容易形成群体内部的“受害者心理”。这已经引发了中产群体的焦虑和不安全感，恰好这部分群体是掌握社会话语权的主力，拥有舆论话语表达的主导权，如雷洋事件中 78 级、88 级与 92 级校友等。

问题十二　舆论、心态与社会结构：舆论治理的三维框架 *

张涛甫　王智丽

起步于20世纪80年代的中国社会转型，松动了原先板结的社会结构，改写了业已形成的社会利益格局。在当今中国，利益格局变迁非常迅速，各个社会利益群体正在分化、解组、重新组合。[①]社会结构趋于多元，致使社会张力加大，社会矛盾升级。有研究者发现，利益因素与心理因素交织，个人意识凸显与制度缺陷共存，是当前社会矛盾生成的新特点。随着改革向纵深推进，人们对利益的需求不断丰富和饱满，一些传统的没有被意识到的利益被唤醒而走到了前台，利益诉求的复杂化、多元化成为一个新的特点。与此同时，由于贫富差距问题、腐败问题、发展的公平正义问题等交织在一起，尤其是行业收入差距和城乡收入差距呈现不断加大的趋势，部分群体心理不平衡感上升；相关部门一些民生政策不完善、执行措施不到位，直接致使一部分群众利益受损，从而令其对社会发展的感知不一致。这些都极易造成一种不和谐的社会心理态势，在利益因素和心理因素的双重交织下，减弱了群众的获得感，从而延伸到对党和政府的政策产生不满情绪，往往为了一点小事就不罢不休，制造事端，从而引发社会矛盾。[②]

加之，互联网引起的第四次传播革命，空前增加了社会治理和舆论治理的难度。这场新传播革命，本质上是传播革命资源的泛社会化和传播权力全民化。这场新传播革命具有“去中心—再中心”的特征。所谓“去中心化”，指互联网技术本质上是以个人为中心的传播技术，具有天然的反中心取向。[③]新传播革命通过解构国家对传播权力的垄断，使传播力量由国家转移到社会，从而削弱了国家在信息、技术和意识形态上的主导地位，因而，它对国家组织和治理能力形成严重挑战。新媒体与生俱来的技术活性，本能地解构外来的控制力量。新媒体星罗棋布的信息节点、病毒式传播，这些都给舆论治理增添了极大的难度。互联网表现出的技术活性消除传统中介形式，催生了社会活力，颠覆了传统权力结构，改

---

* 本文发表于《现代传播》2016年第9期，原标题为《中国舆论治理的三维框架》。本文系国家社科重点项目“增进当代中国价值观念的国际理解与国际传播策略研究”（15AZD026）系列成果之一。张涛甫为教育部长江学者特聘教授，复旦大学新闻学院教授、博士生导师；王智丽为复旦大学新闻学院2015级博士生。

① 李培林，李强，孙立平．当代中国社会阶层研究报告[M]．北京：社会科学文献出版社，2002．

② 刘建明．当前中国社会矛盾和社会问题的新特点[N]．学习时报，2016-05-19(1)．

③ 李良荣，郑雯．论新传播革命——“新传播革命”研究之二[J]．现代传播（中国传媒大学学报），2012(4)．

变了传统封闭、科层化的传播权力结构。互联网技术环境下的新媒体具有惊人的破茧能量，它能摆脱来自社会制度和资本的控制，打破既存的权力秩序，从而实现新媒体赋权。新媒体赋权使曾经那些远在传播权力之外的“沉默的大多数”获得了空前的权力。“弱者的权力”不再是无声的反抗，而是有声的抗争。在线下社会得不到的自由和权力，即会转向网络空间寻找替代性补偿。线下社会空间得不到的诉求，转身走向网络空间，借助网络可以得到声扬。[①] 在这种背景下，社会治理就从原先的线下治理扩展到线上、线下的双重治理。越来越多的网上事件，给治理者带来了前所未有的压力，舆论治理业已成为当下中国社会治理的严峻任务。

舆论是生活于一定社会结构、形成某种社会心态的民众在某种特定情境下的意见表达。具体来讲，舆论是一定社会心态的表现和反映，社会心态是其内在的因素。[②] 同时，不得不承认中国目前舆论“旺盛”的形势，根本在于长期存在的结构性矛盾。所以，从治理的角度看，舆论治理需要由浅入深，由浮于表面的社会舆论深入社会心态，甚至寻找结构性解决路径。

一、表层：社会舆论

1. 民间舆论场与官方舆论场的博弈

在传统媒体时代，舆论被控制在体制性框架内，意见协商、构筑认同的过程主要发生在传统媒体的引导下。[③] 社会上的其他声音处于压抑或者沉默状态，这些声音可能会自生自灭，形成不了大的舆论冲击。[④] 因此，在传统媒体主宰的舆论场域中，舆论失控造成的意外风险相对较小，引发危机的概率更小。但在新媒体语境下，舆论就溢出了体制轨道，成为不易控制的变量。新媒体在舆论活动中的运行机制完全不同于传统媒体。传统媒体往往是在一个相对封闭、稳定、体制化的语境下呈现、建构舆论的，而新媒体则是在一个开放、变动、脱嵌的语境下呈现、建构舆论的，其影响变量远远多于前者，舆论表达的变数陡然增多，舆论风险自然会加剧。[⑤]CNNIC 第 37 次《中国互联网络发展状况统计报告》显示，截至 2015 年 12 月，中国网民规模达 6.88 亿，互联网普及率为 50.3%。手机网民规模达 6.20 亿，全年增加 6,303 万人，手机上网人群占比由 85.8% 提升至 90.1%。[⑥] 这一数据意味着，移动互联网已经渗入中国公众的日常生活，成为其获得信息和发表意见的重要平台。周瑞金将这些关注新闻时事、在网上直抒胸臆的网民称为“新意见阶层”。“新意见阶层”具有巨大的舆论能量，对中国社会发展的不健康现象，特别是针对社会不公的现象，会在很短的时间内凝聚共识、发酵情感、诱发行动而影响社会。[⑦] 新媒体具有移动性、碎片化、

---

① 张涛甫 . 新传播技术革命与网络空间结构再平衡 [J]. 南京社会科学 ,2015(1).

② 王俊秀 . 社会心态理论 : 一种宏观社会心理学范式 [M]. 北京 : 社会科学文献出版社 ,2014.

③ 岳璐 , 袁方琴 . 新媒体时代网络舆论引导策略初探 [J]. 传媒评论 ,2015(5).

④ 张涛甫 . 媒介化社会语境下的舆论表达 [J]. 现代传播 (中国传媒大学学报),2006(5).

⑤ 张涛甫 . 舆论“流动性过剩”的风险考量及其化解之道 [J]. 天津社会科学 ,2014(1).

⑥ 中国互联网络信息中心 . 中国互联网络发展状况统计报告 [R/OL].（2016-01-02）［2019-03-07］.http://www.cnnic.net.cn/hlwfzyj/hlwxzbg/.

⑦ 周瑞金 .“新意见阶层”在网上崛起 [J]. 炎黄春秋 ,2009(3).

融合性的特点，一旦出现任何社会热点，就有海量的碎片信息从四面八方汇聚而来，对其进行多维度、多角度的解读，如人肉搜索、网民围观、集体点赞、疯狂转发等网络集体行动。相比之下，部分主流舆论引导则显得相对落后，其反应速度、信息透明度和深度无法和民间自发舆论相比。针对普通公众关切的社会问题，一些地方政府被动应战，在谣言四起、实在无法压制住网络信息之后，才有选择性地公开信息；同时，回应的内容往往经过删减过滤，这非但不能博得网民的认可，反而会引发不满，使得政府公信力受到极大损害。显而易见的是，在新媒体舆论场中，尽管政府仍然拥有一定的传统主导优势，但倘若政府没有及时地发布信息、回应疑问，就不可避免地会受到网民的质疑、诋毁甚至谩骂。① 在民间舆论场与官方舆论场的博弈中，民间舆论场拥有更大的话语权，一定程度上受互联网之助。底层社会依靠新媒体赋权，获得"无权者的权力"，拥有民间舆论的话语权。相比之下，面对民间舆论场环形包围的官方舆论场，则沦为舆论场上的孤岛。在官方舆论与民间舆论进行碰撞、交锋、冲突时，政府如能抓住时机、与对方充分协商，就能化冲突为合作、化对立为交融，从而建立意见统一战线、分享共同意识、构筑集体认同。

2. 舆论的"流动性过剩"

互联网打破了传统社会中自上而下的科层制组织结构，通过网络重构行动中心、话语中心和舆论中心。② 互联网为中国社会开辟了新的权力空间和表达空间。原先受制于传统权力格局和传播权力格局的社会力量和声音，纷纷逃逸到互联网空间，寻求替代性补偿。于是，互联网在中国获得了失速扩张。互联网在中国遭遇技术、市场、社会力量的三轮驱动，在网络空间内开辟疆土、野蛮生长，对中国既有的治理结构形成了前所未有的挑战。多样化的传播主体之间在跨越时空中所形成的复杂关系，对权力宰制中心的分化、转移、传播已成为权力的主要来源，传播在一种不稳定、不确定的过程中，导致权力与权利的不稳定性，这对习惯于统一、秩序化的权力管理方式提出了挑战。③

所谓舆论"流动性过剩"，是指在一定社会语境下，舆论表达过度活跃，溢出了社会正常的可承受限度，致使舆论表达过热。舆论学意义上的"流动性过剩"有风险隐患，失控时则变为舆论危机。舆论上的鸦雀无声是不正常的，但舆论的过热也是非常态的。当下中国，正面临着一个特殊的舆论生态环境。一方面，舆论表达的冲动在广度和强度上前所未有，出现了舆论表达的"井喷"现象，甚至会导致舆论表达的失控与无序。舆论是"即兴"的社会意识，流动性是其天然属性。但若舆论的流动性过于突出，致使舆论表达过热，会存在风险之忧。如果舆论的"流动性过剩"超出了特定语境可承受的限度，就可能造成舆论"决堤""溃坝"。从时下的舆论表达态势来看，无疑存在一定程度的舆论"流动性过剩"。舆论易燃点多，且燃点极低，舆论事件易燃易爆。表现在舆论场上，舆论泡沫激增，致使舆论事件还没来得及展开，就被尾随而至的另一个舆论事件赶超。舆论的"断头"和"追尾"现象严重。特别是在互联网上，眼花缭乱的舆论事件扎堆出场，一些舆论事件为了搏出位，会以夸张、戏剧化的方式吸引人们的眼球。④ 由于网络舆论存在"激化"偏向，

① 岳璐，袁方琴．新媒体时代网络舆论引导策略初探 [J]. 传媒评论，2015(5).
② 李良荣，郑雯．论新传播革命——"新传播革命"研究之二 [J]. 现代传播（中国传媒大学学报），2012(4).
③ 师曾志，胡泳．新媒介赋权及意义互联网的兴起 [M]. 北京：社会科学文献出版社，2014:4.
④ 张涛甫．舆论"软风险"正急剧上升 [J]. 人民论坛，2014(25).

网上的舆论表达时常会偏离理性轨道，进而沦为非理性的舆论事件。

如今中国的舆论生态呈现出一种恶性循环，表达与控制双方的冲动都很强烈，存在双重不理性，激化了表达与控制之间的矛盾。要化解双方的紧张关系，首先需要管理者从控制的冲动中冷静下来，以包容之心对待舆论，哪怕一些舆论情境与管理者的预期存在很大距离，也不能以高姿态加以遏制。高压手段即便会奏效一时，也不是治理风险的根本之策，反而可能会引发舆论的反弹。这就要求管理者不把舆论表达者作为麻烦制造者加以防范、控制，而是将其作为合作的对象进行互动与协商。

二、中间层：社会心态

社会心态是在一定时期的社会环境和文化影响下形成的，社会中多数成员表现出的普遍的、一致的心理特点和行为模式，并成为影响每个个体成员行为的模板。[①] 社会心态是社会精神系统的重要内容，属于低水平的、无形的、隐性的、无序的、零乱的社会意识，隐藏在人们心灵深处的，通过价值取向、思维方式、行为模式等显现出来。在概念界定上，把社会心态看作是一种宏观的超越个体的心理现象是社会心理学的主要倾向，也是揭示社会心态概念本质的重要向度。西方心态史学的开拓者吕西安·费弗尔不仅认为将心态的考察与社会割裂是错误的，而且指出人的心态更主要的是受到当时的整体性精神结构的影响与限制，因而只有从那个时代所有人共有的精神结构出发，社会心态才能得到正确说明。[②] 在一个剧烈变动的社会中，社会心态既是社会变迁的表达和展示，也是社会建构的一个无法忽视的社会心理资源与条件。正因如此，“民意”“民心”的重要性总是作为执政者的行政基础不断被提及。可以说，社会心态是社会的“晴雨表”和“风向标”。通常把社会心态分为社会认知、社会态度与价值观念、社会情绪和社会行为策略，但实际上这些内容是时刻融合在一起的。[③]

社会心态是社会问题的折射。改革开放以来，伴随着社会的深刻变革，我国的社会心态也经历了一系列明显的变化。[④] 当社会出现问题、产生矛盾、发生冲突的时候，如果处理失当，矛盾得不到化解，可能会在传播中加速、强化甚至异化，并借助群体的力量，弥散为一种普遍性的集体意识或群众心理，渐渐固化，形成一种常态化的社会心态，从而产生更大的社会影响。

1. 当前中国的社会心态特征

关于当前的中国社会心态，学者王俊秀认为存在如下特征：社会不信任扩大化、固化；阶层意识成为社会心态和社会行为重心；社会群体分化加剧；社会情绪引爆点低；社会共享价值缺乏。

社会不信任扩大化、固化。社会信任分为系统信任和人际信任。系统信任表现为官民

---

① 王俊秀 . 关注社会情绪 促进社会认同 凝聚社会共识——2012~2013 年中国社会心态研究 [J]. 民主与科学 ,2013(1).

② 马向真 , 张廷干 . 社会心态的伦理审视 [J]. 伦理学研究 ,2009(6).

③ 王俊秀 . 中国社会心态 : 问题与建议 [J]. 中国党政干部论坛 ,2011(5).

④ 李有发 . 我国社会心态的变化趋向及其相关问题 [J]. 兰州学刊 ,2009(12).

之间、警民之间、医患之间、民商之间等许多主要社会关系之间的信任，而人际信任则表现为不同社会群体成员之间的相互信任。近年来在社会上层出不穷的拆迁、医患以及其他冲突事件不断刺激社会各群体、各阶层脆弱的神经，屡屡引致“舆论风暴”，扩大和固化社会的不信任，致使社会的内耗和冲突加大。

阶层意识成为社会心态和社会行为重心。每个人属于哪个阶层并非仅仅是一个统计学上的归类，更重要的是人们对阶层的自我认同以及自我感觉到的在社会中的位置。当前中国社会仍存在比较普遍的底层认同、弱势群体认同现象，也就是阶层认同向下层移动，这其中包括一些按照经济收入和社会地位应该归属于更高阶层的人。①

社会群体分化加剧。随着社会的分化，相同利益、身份、价值观念的群体不断分化出来，这些具有相同群体特征的人们要表达他们的诉求、保护或争取他们的利益时会越来越多地采取群体形式，群体之间的摩擦、冲突也会相应增加。②

社会情绪引爆点低。特别是负向情绪引爆点低，爆发激烈，指向性明确，如食品安全引发的社会普遍焦虑，长期雾霾天气引发的民众怨愤情绪。大量的社会事件导致社会情绪的耐受性和控制点低，一旦出现诱发因素，情绪强度迅速升高，产生极其消极的后果。③

社会共享价值缺乏。人们的社会认知、社会情绪和社会行为与社会价值观念深刻关联。近年来，一些社会思潮的出现造成社会价值观的多元化，人们对同一件事情往往会有不同的声音，甚至会出现“社会噪音”，很有可能干扰健康正常的社会心态，并对主流价值形成冲击之势，其重要原因就是社会共享价值的缺乏。

2.“结构性紧张”

美国社会学家默顿曾提出“社会紧张”，指的是这样一种社会状态：社会文化所塑造的人们渴望成功的期望与社会结构所能提供的获得成功的手段之间，产生了严重的失衡。当下社会转型释放了巨大的社会力量，同时也带来社会结构的断裂和无序化。有研究者认为，当下中国面临着突出的“社会结构紧张”。“结构性紧张”是指社会结构不协调，社会群体之间的关系处在一种对立的、矛盾的或冲突的状态，或者说，社会关系处于一种很强的张力之中。在这样的一种状态下，社会矛盾容易激化，社会问题和社会危机更容易发生。④

中国正处于社会转型的非常时期，渐进式改革推进了这么多年，很多问题累积到今天，出现结构性拥堵，微观层面的修修补补显然无济于事，而伤筋动骨的重大调整则举步维艰。因此，这个时期最容易引起社会的群体性情绪反应。“结构性紧张”是由“结构性诱因”引发的。随着社会张力的加剧，这种“结构性紧张”变得越来越突出，长期淤积的社会积怨也越来越大。不断积累的社会情绪成为社会舆论的土壤。在很多情况下，社会情绪处在隐伏或休眠状态。不过，一旦遇到“概化信念”的产生或者“诱导性事件”的出现，社会情绪就会被激活，表现为活跃的社会舆论。当下中国正处在社会情绪的高位态势，在这种情况下，外部性诱因一旦出现，极易产生舆论险情。⑤社会心态不仅能够折射出社会变迁

① 王俊秀 . 当前值得注意的社会心态问题和倾向 [J]. 中国党政干部论坛 ,2015(5).
② 王俊秀 . 当前值得注意的社会心态问题和倾向 [J]. 中国党政干部论坛 ,2015(5).
③ 王俊秀 . 当前值得注意的社会心态问题和倾向 [J]. 中国党政干部论坛 ,2015(5).
④ 李强 .“丁字型”社会结构与“结构紧张”[J]. 社会学研究 ,2005(2).
⑤ 张涛甫 . 舆论“流动性过剩”的风险考量及其化解之道 [J]. 天津社会科学 ,2014(1).

过程中的诸多社会问题，也是了解社情民意、社会热点和社会情绪的重要变量。① 只有准确地把握社会心态及其在社会转型和新媒体发展中的变化，才能做好有效的舆论治理。

三、底座：社会结构

中国改革推动的中国社会结构的深刻转型，主要表现为由原先的二元社会结构向多元社会结构转型，进而沦为“断裂社会”。

1.“断裂社会”

有研究者将中国社会学界关于社会结构变迁的主要理论模式概括为以下四种：第一种是孙立平提出的“断裂社会”观点，认为目前的分化已走向两极分化。第二种是陆学艺等人提出的“中产化现代社会”，认定趋向于中产化的现代化社会结构正在出现。第三种是李路路的“结构化”论点，认为边界日益分明的阶级阶层结构已然形成。第四种是李强、李培林的“碎片化”观点，强调分化的多元特征而阶级阶层结构难以形成。② 上述四种观点有分歧，也有“交集”，我们在认同“断裂社会”的同时，也部分认同结构化和碎片化观点。

我们认为，中国改革开放 40 多年，是一个从原先的二元社会结构转向“去二元社会”结构的转型过程，在中国特色的社会转型过程中，社会结构趋于分化，沦为“断裂社会”的结构开始形成。“断裂社会”表现在以下几个方面：其一，在社会等级与分层结构上，一部分人被甩到社会结构之外，而且在不同阶层和群体之间缺乏有效的整合机制；其二，在地区之间，“断裂社会”表现为城乡之间的断裂；其三，社会的断裂会表现在文化以及社会生活的诸多层面。③“断裂社会”同时伴有以下特征：结构固化和碎片化。从表面上来看，结构固化和碎片化存在矛盾，但在断裂的中国社会中，结构固化和碎片化往往是并行不悖的：一方面结构性的断裂在不断加固，成为难以板结的结构；另一方面，某些领域或空间，因缺乏结构化的凝聚和支撑而成为碎片化的状态。因此，社会治理面临着双重任务，既要打破一些固化的障碍物，也得要聚合那些碎片化的社会结构。

2. 滞后的“存量”改革

随着社会分化的加剧，“增量”政治的增长速度滞后于日益膨胀的社会变革诉求，“增量”政治改革严重滞后，“存量”政治会面临合法性危机。结果是，精英政治与底层政治的张力越来越大，由此产生的“结构性怨恨”淤积得越来越深。与现实社会空间相比，网络空间具有空前的自由度，成为一个远离于现实社会控制的“飞地”。有了互联网这个“飞地”，底层社会就从这里寻找出口。当“增量”政治的发展速度赶不上社会发展以及媒介技术升级的速度时，在现实政治中受阻的大众政治诉求会在虚拟空间中谋求报复性的表达，造成网上舆论的“流动性过剩”。④ 因此，海量的社会主体聚集于网络空间，并被赋予新的身份：“网民”。作为网络“新大陆”的新移民，在网络规则尚未成型之前，

① 李有发 . 我国社会心态的变化趋向及其相关问题 [J]. 兰州学刊 ,2009(12).

② 孙立平 . 中国社会结构的变迁及其分析模式的转换 [J]. 南京社会科学 ,2009(5).

③ 孙立平 . 中国社会结构的变迁及其分析模式的转换 [J]. 南京社会科学 ,2009(5).

④ 张涛甫 . 新媒体语境下大众政治勃兴与协商民主建设 [J]. 南京社会科学 ,2014(7).

网民在开掘网络空间之时，时常伴有犯禁的快意，“流动的空间”被蜂拥而至的新移民们分割，形成新的活动区间，并被赋予新的意义和规则。网络空间秩序的治理也存在滞后性。管理者习惯用原先网下“存量”空间的治理逻辑去治理网络空间，这就引致一系列的问题。

四、三维框架下的舆论治理

社会舆论、社会心态、社会结构构成了中国舆论治理的三维框架。这个三维框架构建了中国舆论治理的理论逻辑和实践基座。此前，无论是在理论层面，还是在实践层面，均将三者割裂开来，造成了理论和实践的双重局限。社会舆论是悬浮于社会心态和社会结构之上的流体意识，是社会态度和社会情绪的即兴表达，是公众对当下公共话题的即时反应，也是从社会结构和社会心态河床上涌出的社会意识。社会舆论浮游于公共空间，显现于公众视野，它是看得见的社会意识景观。但活跃的社会舆论是流动、易逝、感性的，它变动不居，存活周期较短，因此，把握难度较大，对舆论风险的预判和防范难度也很大。在三维框架中，社会心态是“中间层”，它在社会舆论和社会结构之间充当中间变量。社会舆论与社会心态的联系比较直接，有什么样的社会心态，就会有什么样的社会舆论，也就是说，社会舆论是社会心态的即时表达，当某种社会心态被某个公共话题引爆，就会以舆论的形式表现出来。前文提及的“结构性紧张”，是当下中国社会转型期社会心态的表现症候，这种结构性紧张是一种黑色的社会心态，它经过长期淤积、发酵、沉淀，会转化为“结构性怨恨”，从而成为社会化激情的土壤。若遇到宣泄的出口，就会奔涌出来，形成舆论波澜，甚至会兴起舆论风暴。在互联网语境下，这种社会心态就会在网络空间呈现出来，且更具有传染性，表现更为明显。尤其是在互联网“极化”机理驱动之下，极端社会心态野蛮扩张。社会结构则是舆论治理的底座。它处于社会舆论和社会心态的底层，成为支撑社会舆论、社会心态的基础硬件。社会结构若是断裂的，意味着社会河床也是断裂的，那么处于它之上的社会舆论和社会心态，不可能是平静的，有什么样的社会结构，可能就有什么样的社会意识。正如马克思所说，社会存在决定社会意识。要准确地把握舆论逻辑，仅仅在社会舆论的小逻辑中寻找答案，其局限性是毋庸置疑的。

进行舆论治理，必须超越单一维度的小逻辑，从社会舆论、社会心态、社会结构的整体框架中寻找系统性的大逻辑，为破解舆论治理难题找到求解的正确路径。由于存在理论和实践上的双重误区，没有意识到社会舆论、社会心态和社会结构的整体性关联，单方面从社会舆论维度入手，就会造成理论的偏向和实践的误区。比如，进行舆论治理，我们仅从舆论层面展开动作，没有从社会心态和社会结构层面进行系统治理，即便在舆论层面投入了大量成本，也是事倍功半，甚至事与愿违。舆论治理不能拘泥于单一的舆论逻辑，需考虑其他两个不可或缺的维度：社会心态和社会结构。社会舆论只不过是裸露在外面的水流，决定水流的流向和流速的关键是其下的河床，社会心态和社会结构构成了社会舆论的河床。若我们只看到河床之上的流水，对河床视而不见，或不尊重河床的结构规律，不整体性地观照问题，就容易在实践中走错方向。在舆论治理实践中，如果只做表层结构的工作，不顾及中间层和底座，不能从三维框架出发进行系统治理，那么，舆论治理也难以实现根本性改观。

【延伸阅读】张志安，张美玲：社会心态调适与网络舆论引导[①]

一

若要推动科学、长效的舆论引导，则不能单纯沿袭传统信息调控为主的舆论引导做法，更不能以此过度约束负面观点的表达和负面情绪的宣泄。因此，舆论引导可以将社会心态的调适作为切入点，探讨科学引导的新范式、新理念和新做法。关于社会心态的调适，概括来说主要从两方面入手：一方面，需要对网民社会心态进行科学的研究和预判，通过对网民社会心态进行研究和预判，了解网民拥有什么样的社会心态，帮助舆论引导进行策略优化，从而便于沟通和引导；另一方面，需要进行长效的引导和调适，在掌握网民社会心态的基础上，舆论引导应着眼于长远目标：改变公众的社会心态，建立基于心态调适的舆论引导策略。

1. 把握公共议题，注重从“问题单”的角度进行引导

舆论引导的议题选择只有了解网民最为关注的社会话题，抓住网民最为关心的“问题单”进行舆论引导，网民才会感兴趣，愿意主动交流。即舆论引导工作需要主动把网民议题转换为舆论引导的议题，并围绕一些“公共议题”进行持续的对话，以便于更深入地沟通和引导。这样做还可以弥补当前舆论场更多以“事件主导”的结构性缺陷，将其逐步过渡为“问题主导”的舆论场生态。

同时，还需要找准他们的认知偏见、刻板印象。比如在针对一些地区的富有争议的垃圾焚烧厂选址项目中，主流媒体应该长期设置专题报道栏目，持续进行报道。具体而言，首先，主流媒体要引发公众对此问题的持续关注，在关注中介绍发达国家的做法、传播垃圾焚烧的知识，通过现场报道、科学报道等方式，逐步建立“垃圾可烧”的共识；其次，再探讨如何烧、在哪里烧，选择相对适合的地点征求民意，甚至让公众参与选择地点；最后，持续对垃圾焚烧厂的建设进展、环保标准、监督机制等进行报道，并引入更多的第三方社会组织、公民监督等。主流媒体要在一定的阶段，围绕这样重要的公共议题，持续地进行报道，在报道中进行舆论引导。

2. 改变公共话语，以“对话感”的语态来进行传播

有效对话必须要改变公共话语，以“对话感”的语态进行传播。舆论引导不能“自说自话”，在一些新闻发布会上，部分政府官员的“官话”和“套话”常引起公众反感。为此，有必要采用网民接受的话语方式与他们进行交流。如在大学生网民群体中，他们的话语特征可能包括“时尚潮流”“休闲娱乐”“有趣、有料、有内涵”“国际视野”“人文关怀”等。舆论引导工作要熟悉这套话语体系，用他们喜闻乐见的、有亲切感的方式来进行对话。

在这方面，人民日报微博关于农民工的微博报道就摸索出了办法、取得了实效。这些报道建构了“农民工作为主体，呼吁关爱”的一系列话语包，如：发布组图微博展现农民工的生活艰辛，文后加上“你心痛了吗？”体现出对农民工群体关心的话语；发布“微倡议”，号召网友参与的“若支持，请转发”等帮助性话语，在订票、让座等日常生活中也积极帮助农民工群体。人民日报微博还给农民工话语如“阿姨，什么是羽绒服啊？”提供

---

① 张志安，张美玲．网民社会心态与舆论引导范式转型 [J]. 社会科学战线，2016（5）．

发声平台，这些话语调适起到了良好的舆论引导效果。①

可以看出，“对话感”方式的传播更加依赖于新媒体的舆论导向功能，传统媒体在“对话感”的体现上有着天然不足，因此，要多借鉴社交媒体、自媒体的话语形态，用符合网络传播规律的方式来达到舆论引导的效果。

3. 强调资源协同，实现“联动性”的效应

着眼于社会心态调适的舆论引导，还要整合线下、线上多种渠道和平台资源，进行协同引导，实现“联动性”的效应。对于线上的网络平台来说，一方面，舆论引导需要了解网民最喜欢在哪种网络平台上进行舆论表达，以及在哪个网络平台上表现最为活跃；另一方面，还需要充分利用各类新媒体平台，结合这些平台的传播属性进行有针对性的舆论引导。

比如，微博是相对开放的社交平台，适合快速传播信息、澄清谣言，也适合设置议题、引发舆论；微信是相对封闭的，适合向网民提供精准服务、实现密切互动，另外它还可以承载一定的深度，对观念引导具有积极作用；而微信群是更加窄众的，适合社会关系网相对密切的群体进行深度沟通或密切交流。

针对大学生等网民群体的舆论引导，还要整合线下的平台资源。如，对学生来说，线下的名师课堂具有很强的权威性和说服力；青年人喜欢的沙龙空间，有利于学生在彼此交流中增进理解和强化认知。应认真研究这些平台的传播规律，有效加以组合运用，进行协同引导。

此外，值得一提的是，受众对机构化的新媒体平台难免有过于权威、严肃的刻板印象，加上当前社会存在的低信任感，权威信息的传播很难取得预期效果。因此，还有必要培育、建设和发展网络中的“新媒体代表人士”或网络意见领袖，让他们发挥重要的理性表达和社会参与的示范作用，形成积极的引导态势。

二

把握网民社会心态、实现长效舆论引导并非易事。政府部门需要对传统的舆论引导方式进行反思和改进，网络舆论引导不应该只遵循“事件导向”的引导模式，还应过渡到以“问题导向”的角度来引导，科学、细致地研究网民社会心态，抓住他们最为关心的问题，进行有效对话、逐步凝聚共识。同时，我们应该熟悉互联网传播的规律，传统的舆论引导从内容生产的源头把关，但是内容在传播的过程中，由于长尾效应，不同的解读和阐释会出现，不一定能达到预期的舆论引导目的。在今后的舆论引导实践中，我们还将面对一系列的挑战、隐忧和反思。

就挑战而言，传统的舆论引导主体熟悉传统媒体，从渠道和内容上很容易进行把控。在新媒体的环境中，传播渠道的复杂性和内容的不可控性使得信息管控变得更加困难。我们的舆论引导主体不熟悉互联网文化和网络传播的规律，我们所面对的网民已经成为互联网的“原住民”，他们的社会心态也呈现出持续变化和日益分化的动态变迁。因此，对于舆论引导主体而言，要尽快改变传统的以“管控”为主的舆论引导观念，逐步转向以“调适”为主的舆论引导观念，顺应互联网时代的潮流，融入互联网文化中，在平等对话和开

① 龙强．政权调适视野下党媒话语模式变迁研究——以人民日报微博为例 [D]. 中山大学 ,2014.

放互动中凝聚社会共识、放大主流舆论。

就隐忧而言，网络舆情不等于网络民意，如何超越负面舆情的表象，让网络成为真实民意汇聚的平台，还有待观念上和机制上的多重突破。网络抗议、网络戾气、少数极端情绪和极端态度人群在特定公共事件中被放大，互联网平台上经常参与政治议题讨论的用户对党的政治信任度依然保持较高水平，中国社会改革和进步的希望被寄托在“国家”身上，沉默的大多数仍然追求“秩序”和“稳定”。[①] 这也就意味着，舆论环境将更加复杂化，许多真实的网络民意被隐藏在“众声喧哗”中，甚至理性思考者被迫在网络中消音，由“水军”、极端态度人群所建构的舆情在网络中“虚高”，故意夸大或者混淆真正的网络民意。对舆论引导而言，呈现不了真实民意则难以准确把握社会心态，看不清舆论背后的社会真相则无法进行有效的引导。

就反思而言，我们还要进一步反思社会心态和舆论引导的关系。首先，网络社会的管理是一个系统性工程，需要把短期的舆论引导和长期的心态调适加以组合；其次，心态调适的前提是对网民社会心态进行科学的研究与预判，所以在研究社会心态上，不能只靠网络数据分析，还要做到整体把握；最后，针对一些复杂的社会心态和不良心态的调适，如低信任感、群体性怨恨心态等，关键不是靠网络舆论引导，而是靠现实社会状况的改变，因此不能舍本逐末。负责舆论引导的部门，必须清楚地意识到，调适社会心态的基本前提是社会现实状况的积极改变，因此，舆论引导的目的不是为了单纯控制负面信息或遮蔽社会现实，而是为了实现公众评价和社会现实的一致性，其背后，一个更加健康、积极、向上的社会环境才是最终目标。

① 郑雯，桂勇．网络舆情不等于网络民意——基于“中国网络社会心态调查 (2014)”的思考 [J]. 新闻记者，2014(12).

附录　突发事件舆情处置、新闻发布与舆论引导机制 *

张志安

一、一个事件带来的教训和启示

首先，我用一个比较典型的案例给大家剖析一下突发事件处置中的一些主要技巧和策略，然后结合这个案例讲一讲现在的舆情态势。

前年，在四川某县的一所中学，一个学生从楼上坠落摔死。事情被调查清楚后，大家了解到他是失足从楼上坠落，而非被人欺凌或遭到殴打坠楼。但这件事情发生以后，一些复杂的情况出现了。首先，不少人借势传播谣言，比如说他是被五个同学打死的，这样的谣言在网上引发了部分老百姓的质疑。其次，孩子家长在事情发生的前几天，未同意对孩子进行尸检，导致死因鉴定结论无法做出。最后，该事件发生过程中，当地政府并没有做好新华社等主流媒体的接待工作，导致负面舆情进一步扩散。从这件事中，我们能得到哪些教训和经验启示？

1. 第一条经验，突发事件的处置、调查的部门如何确立？

事件发生的第二天，所在地的市公安局迅速成立了调查组开展调查工作。一个突发事件发生后，到底应该由谁来牵头调查呢？这分两种情况。第一，应该是这个事件涉及的主要部门。但如果这个事件涉及多个部门，那么最好的选择就是最直接利益相关部门。其实地方政府在处置时，会有另外一种选择策略，这要看我们对这个事件性质的界定。如果这个事件涉及多个部门，比方说上述案例既和教育部门相关也和公安部门相关，就要看公众的关注角度。如果公众更多地关注教育的角度，那就可以由教育局牵头来调查；如果公众更多地关注案件调查的角度，那可以由公安局牵头。

从事件调查和处置部门的层级角度来讲，一般来说，越是基层的政府部门做调查的主管部门越好，这样可以把事件性质界定为基层事务。但是这里面临一个问题，负责调查的基层政府部门是否和这件事情存在利益冲突？如果有冲突的话，让上一级的政府部门来调

---

* 本文首发于《城市党报研究》2019 年第 6 期“名家论道”栏目，原标题为《媒体生态新格局和舆论引导新机制》。本文是作者做客无锡市“梁溪大讲堂”的讲座实录，由夕土根据讲座录音整理，有改动。

查会显得更权威、更独立。由此，我们可以得出结论，突发事件的主管部门通常应由不存在利益冲突并且直接主管、符合公众心理预期的部门来牵头调查处理，这样比较合适。

2. 第二条经验，突发事件的新闻由谁来发布会比较合适？

一般来说，应该由负责调查的政府部门来发布。如果宣传部门要帮助进行传播，也应该在负责调查的政府部门的微博或微信发布之后，用宣传部、外宣办的官方账号来进行转发，由此体现出“谁主管、谁发布”的原则及其角色明确和责任担当。如果负责调查的政府部门坚决不肯发布，宣传部门在发布信息时也可以采取援引政府部门消息的方式来发布，比如在发布稿中注明“据市公安局调查”。

3. 第三条经验，突发事件新闻发布的节奏如何掌握？

突发事件的新闻发布有一个基本原则，就是边调查边发布，但一定要快报事实、慎报原因。因为原因没有那么快可以确认，必须要有确凿的证据才能确认和说明原因。另外，如果一个事件结果刚出，就公布原因，公众会觉得结论下得比较草率。在这种情况下，如果要第一时间就给出调查结果，就必须把详细的调查过程、调查依据、确凿证据充分地告诉公众，只有这样公众才会相信你的结论是真实的。

4. 第四条经验，突发事件处置过程中怎样接待媒体记者采访？

某中央媒体记者赶到当地进行采访，被当地政府围追堵截。我后来了解到，是当地负责处置这件事的领导刚刚（从地方）调上来，他虽然地方工作经验很多，但是对媒体舆论、宣传工作的经验却不足。主流媒体的记者本来是可以通过沟通去配合做好舆论引导工作的，但是当地的做法却激怒了媒体记者。

5. 第五条经验，面对谣言传播应该如何有效辟谣呢？

要有据有理，据在先，理在后。如果地方政府只是简单地发布消息，说涉嫌传谣的网民已经找到并且接受处罚，那么，一小部分的公众仍然会怀疑——这个做法是否存在掩盖真相的企图，部分公众仍然会感到疑惑——到底这些谣言从何而来。所以，最有效的办法在于说明谣言的不实之处或传播源头，让公众真正相信这的确是谣言。

这个事件尘埃落定后，当地市委书记召开新闻通气会，由一把手正式通报，这样的新闻发布会是高规格的。一把手进行新闻发布，既体现了当地政府对此事的重视态度，也体现了地方主要负责人的担当和责任意识。

总的来说，从这个案例我们至少可以得出如下启示和教训：简易的发布是无法解疑释惑的。公众情绪激动的时候，政府要采取灵活的发布方式。谣言四起的时候，辟谣要更加有据有理。阻挠记者采访显示出政府部门的不自信。突发事件发生时，记者既不是政府部门的领导，也不是下属。记者应当是政府部门在应对突发事件过程中的挑战者，以其专业调查挑战政府部门进行专业处置和回应的能力。此外，这个案例也有一些值得总结的教训：为什么公众会相信谣言？我们一定要在突发事件的处置中有换位思考的意识，要知道谣言背后公众有着怎样的认知特点。只有对公众的风险感知和社会心态有一个整体把握，我们才能比较有针对性地理解和回应处置的可能。

二、新媒体环境下的公共沟通策略

我们已经进入互联网是舆论主战场的新常态，我们已经进入各大平台舆论分化的新常态，我们还已经进入习惯于不同利益群体存在不同诉求的新常态，以及突发事件舆情处置不能够做到政府发布后就获得百分之百赞同的新常态，因为整个社会的利益和价值观在一定程度上分化了。那么，在这些新常态之下，我们政府的公共沟通应该怎么办呢？

1. 对象转换

过去我们主要是跟主流媒体沟通，它们是我们舆论工作的重要中介。但现在，我们不得不有压力，有时候要直面公众。所以，很多和公众联系紧密的政府部门都有自己的微博、微信、微头条，可以直接和公众沟通。但是我们也会遇到一些问题，比如人力和物力不够、专业化程度不高。还有一点，如果是涉事部门发布信息，就算对事件真相是抱着负责态度的，独立性总是不够的，在公众看来，政府部门还是从自己的利益诉求出发进行回应的，而主流媒体这个时候有所介入、报道和发声，可以保持相对独立的立场。

2. 观点赛跑

过去，政府部门认为自己讲一个意见，一锤定音，而现在公众有各种理由怀疑，因此，自我的意见、反对的意见和边缘的意见都会相互竞争。以前，政府部门在应对舆情时，主要的新闻发布策略是讲事实。而现在，讲事实是不够的，公众对政府部门有更高的期待。政府部门在讲事实时，所表达的情感是真诚的还是傲慢的？没有真挚的情感作为支撑的新闻发布，有时候公众是无法接受的。除了事实披露和情感表达这两点，还需要有更高的站位，也就是正确的价值观。你的“三观”正不正？你在阐述这件事情时，是否站在为人民服务的立场上，是否站在一个国家依法治国、国家治理现代化的理念上？总之，在当下的舆情处置和风险沟通的过程中，事实、价值和情感这三个要素变成越来越重要的三个变量。只有做到以上三点，才能在观点赛跑中不败下阵来。

3. 坚持底线

不说谎、不躲避、不出丑。有可以不说的真话，但是绝不说假话。这是非常重要的技巧也是底线，要做到不容易。举个例子，天津港爆炸事件发生后，初期新闻发布最主要的问题是缺乏足够的重视和担当，让基层干部出来讲话，相关部委负责人和市领导不愿意出来。第三天召开新闻发布会时，记者问“这次爆炸事故的总指挥是谁”时，主持发布会的领导回答“要详细了解后才能答复”，这个回答马上引起了次生舆情，因为它给公众留下了“没有人在真正负责”的感受。其实，即便暂时没有确定由哪个部门的领导来做总负责人，也可以改变一下表述方式，避免造成负面的公众感知。比如，“情况是这样的，总指挥的确定，既要考虑事故调查的专业性，又要考虑组织救灾的便利性，截至目前，这次爆炸事故由中央部委和市政府协同指挥”。这样的回答，或许既可以描述客观事实，又可以避免招致误会。

国际上有个舆情应对和新闻发布的 3T 原则：Tell it fast；Tell it your own；Tell it all。这三句话翻译过来就是及时告知、主动告知、充分告知。为什么不是全部告知，因为要考虑到社会环境和政策制约；充分告知，即尽量告知但未必能百分百告知；再加上反复告知——针对一些复杂问题，需要多次解释和说明，“及时告知、主动告知、充分告知、反复告知”，这 16 个字就是我们新闻发布的基本原则和主要策略。

三、网络舆论的基本格局和主要特征

接下来，我将重点给大家剖析一下网络化社会——包括微博、微信、抖音、知乎等不同互联网平台的舆论格局，以及在此基础上，通过一些案例讲一下在今天的舆论格局之下，我们如何跨学科地超越对舆情的简单认知，而能以一种更高的战略眼光看舆情背后的社会心态和意识形态。

当前，网络舆论的生态格局是怎样的？我们如何在舆论的基础上去做社会心态的研究？如何把社会心态和意识形态联系到一块，让我们的舆论引导变得更加有针对性和实效性？

具体到舆情研究或网络舆论研究，首先涉及如何有效地认识网络舆论。舆论是什么？舆论要有很多人参与，并且在参与过程中形成相对一致的看法。中国人民大学新闻学院的陈力丹教授讲，没有三分之一的人讲话就不叫舆论，没有三分之二的人形成共识性观念就不叫主导舆论。很多情况下，我们现在的网络舆情只是部分网民针对一件事的反应，我们的舆情太多聚焦于事件而不是围绕着话题，这是中西方舆论的差异之一。

首先，我们要重视网络舆论、敬畏网络舆论，但是不宜盲从和顺从舆论。浙江某地爆炸发生后，当地区政府快速处置危机，动态发布事实，但是在发布事实时，却没有提到领导重视，结果有网民说领导不重视，这就出现了来自内部的压力。于是，当地外宣部门专门补发了一条关于领导重视的新闻。

这件事情最大的教训是什么？我们的确要回应质疑，但是不能因为质疑乱了阵脚。如果复盘的话，我们应该正常通报事故进展，在正常通报中放上一段话，来适当体现各级领导对事故处理的高度重视。

现在微博热度有所下降，但依然是主流平台，负面情绪、批评声音减少，但依然是观点交互的空间，突发事件发生后，爆炸式传播的力量还是非常强大的。地方政府还是不要放弃微博平台，微博基本上是能相对开放地看到完整的舆论、听到开放声音的平台。可以说，微博是形成网络舆论为数不多的公共广场之一。

如今要了解真实的舆情特别是隐性舆论，微信群变得越来越重要，很多话有时候不适合在公开平台说，就变成主要在微信小群里面说，微信群变成了解潜在舆论的重要渠道。微信有 10 亿网民在用，信息扩散速度极快，情感动员力极强。当然，微信也有一个挑战，小而散的公众号无法完全规范管理，所以会成为负面信息传播的主渠道。另外，敏感议题在群里面传播监控的难度比较大。总之，微信是局部生成舆论的客厅后院，有一定的封闭性，也有很强的开放动员性。怎么去做微信舆论引导？我们既要开自己的账号，也要有效地监测微信群。有一个危机处置的基本原则是尊重人心，否则舆论引导工作就做不好。网络意识形态不是传统意识形态机械的网络化，而是碎片化、娱乐化、生活化的传播。

四、突发事件新闻发布的关键策略

最后，我将结合重大突发事件的新闻发布得失给大家进行一个策略方面的介绍。

1. 危机发布的基本原则就是及时讲真话

危机处置部门是站在前面的，宣传部门的工作是统筹协调，是站在后面的，不要随便把宣传部门推出去。

举个例子。前些年，上海的闵行区倒楼事件发生后两个小时就开了发布会，发言人介绍了三句话：一、几点几分倒了楼；二、马上成立了三个小组，包括事故调查小组、居民疏散小组和媒体沟通小组；三、这个事故归根结底是一起安全生产事故，但是请买了房的老百姓放心，政府一定会切实维护好你们的权利。危机处置中有很多具体的技巧和做法，需要心思细密才行。

2. 要掌握合理的发布节奏

先要表达遗憾，然后进行及时补救，再进行必要偿还，最后是给出改革举措。大部分地方政府最容易忽略的就是第四个环节：改革。什么是改革？要从事件中吸取教训，哪怕是完善某一项制度中的一个举措，也比什么都不做要好。看一个地方舆情工作做得好不好，最直接的就是看这个地方总结了什么经验教训、从地方治理角度出发有什么新的做法。给出一个举措、做出一个姿态的转变或调整策略，比什么都不做要好。

在信息传播和内容传达方面，现在特别强调情境意识，要具体事件具体分析。每一次处理危机，既要看利益相关者，也要看危机史。如果这个危机第一次发生，比较好处理。如果同类型危机发生过好几次，就不太好处理。

3. 要建设好媒体平台

微博、微信、今日头条、抖音，各大平台都要做。可以有策略、有选择地运用这些平台进行沟通。

4. 要注意新闻发布的信息协同

很多人问，现在我们还要搞发布会吗？当然要。即便有网络发布，发布会也要开，而且我们要了解不同发布形式的作用。网络发布是动态记录事实，像政务微博。新闻发布会是当面交流关键事实。主流媒体帮我们准确报道核心事实是一锤定音。通过意见领袖引导舆论，这个工作好多地方政府还没有开展，但真的是越来越重要。我们要构建一个包括自媒体、机构媒体在内的舆论引导协同的网络，这样可以为我们整个灵活的、多元的舆论引导方式创造好的条件。所以，要整合资源，要维护与意见领袖的关系。

5. 要持续探索新闻发布的话语创新

我再给大家举一个例子。有一次，中央电视台曝光某地区民间捕杀候鸟的消息。当地市林业局很紧张，马上采取措施，当天晚上准备了新闻发布稿，交给市外宣办。这个稿子写得不算差，但是外宣办一看还是发现了很多问题，如：过于强调领导，有喧宾夺主之嫌；负面用词，没有做到中性化表述；总体框架还是略显被动。

总结一下重大事件的舆情应对，十八大以来我们政府探索了许多行之有效的做法，比如：实施贯彻新方案制度，建立标本兼治的工作目标，善用新媒体，对国际舆论和国内舆论的倒灌进行防范。但是我们存在什么问题呢？这主要包括：责任主体不够明晰；针对重大事件的评估缺乏提前的风险意识；地方党政一把手的舆论引导意识还需要提升。

综上所述，针对数字媒体时代的舆论引导，我们有如下几个建议。第一，完善重大事件的舆情分析和风险评估。我们目前的不足是：判断重大事件根据死亡人数，而实际上重大舆情看的是这一事件是否引发全国关注。第二，强化领导部门和主管部门的舆情风险意识，要做舆情风险评估。第三，要做好事件背后社会心态的解读和长期研判。第四要特别重视中层网民群体的诉求，中层群体是未来中国社会治理的关键。第五，防谣辟谣。第六，重视意见领袖和自媒体联盟。第七，运用大数据健全重大事件意识形态风险评估体系。这就是我们针对重大突发新闻事件做的一些改进和建议。

我们要超越舆论引导的“入眼、入耳”，要更加深刻地走向“入脑、入心”，把复杂心态作为舆论引导的主要目标，把复杂心理的引导作为工作的关键挑战。从议程设置、理性表达和媒介话语创新去探索新的社会心态的调适范式，这样我们才能做到对舆论业态的敏锐把握和舆论引导方式的持续创新。